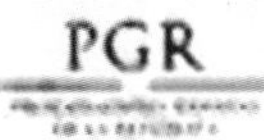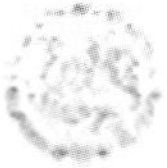

A.P.PGR/SEIDO/UEIDMS/001/2015.

044

ACUERDO DE DILIGENCIA

- - - En la ciudad de México Distrito Federal, el día 11 once de febrero de 2015 dos mil quince, el LICENCIADO ███████████████ Agente del Ministerio Público de la Federación, adscrito a la Unidad Especializada en Investigación de Delitos en Materia de Secuestro de la Subprocuraduría Especializada en Investigación de Delincuencia Organizada, quien actúa en compañía de testigos de asistencia, que al final firman y dan fe: -

- - - - - - - - - - - - - - - - - - - DIJO -

- - - Visto el estado actual que guarda la presente indagatoria y del estudio de la misma resulta menester solicitar a la C. COORDINADOR GENERAL DE SERVICIOS PERICIALES DE LA PROCURADURÍA GENERAL DE LA REPÚBLICA, lo siguiente: "...Me permito solicitar a usted con carácter de URGENTE y CONFIDENCIAL, tenga a bien designar peritos en los en las siguientes especialidades: 1.- VIDEO, para que intervenga en su materia y realice las diligencias conducentes, 2.- FOTOGRAFÍA, para que intervenga en su materia y realice las fijaciones correspondientes, 3.- ANTROPOLOGÍA, para que intervenga en su materia y realice las diligencias conducentes, lo anterior a efecto de que intervengan en dicha diligencia y realicen el dictamen correspondiente, el día 11 once y 12 doce de febrero del 2013 dos mil quince todo ello de conformidad con lo que se solicita en la Coordinación General de Servicios Periciales de esta Institución. Por lo que con fundamento en los artículos 16, 21 y 102 apartado A de la Constitución Política de los Estados Unidos Mexicanos, 8 de la Ley Federal Contra la Delincuencia Organizada, 6 del Código Federal de Procedimientos Penales, 4 fracción I inciso A) de la Ley Orgánica de la Procuraduría General de la República y aplicables del Reglamento es de acordarse y se: - - - - - - - - - - - - - - - - -

- - - ÚNICO.- Gírese oficio a la C. COORDINADOR GENERAL DE LA PROCURADURÍA GENERAL DE LA REPÚBLICA, solicitada en términos del mismo. - - - - - - - - - - - - -

- - - Así lo acordó y firma el LICENCIADO ███████ Agente del Ministerio Público de la Federación, adscrito a la Unidad Especializada en Investigación de Delitos en Materia de Secuestro de la Subprocuraduría Especializada en Investigación de Delincuencia Organizada, actuando en compañía de testigos de asistencia que al final firman y dan fe. -

AF477930

TESTIGO DE ASISTENCIA

presente diligencia concluye a las (20:43) veinte horas con cuarenta y tres minutos del

día en que se actúa; sin que el personal de la Comisión Nacional de Derechos

Humanas, aún no termina con la ███████████████████████ dos con

antelación, manifestando que continu███████████████████████ e febrero

del (2015) dos mil quince. Sin nada █████████████████████ minada la

presente diligencia, firman los que en e███████████████████

- -

LFTAIPG
Art. 13
Fracción IV
Motivación: 1

LFTAIPG
Art. 18
Fracción II
Motivación: 2

PGR

NO CLASIFICADA

VIGENCIA
2014

SUBPROCURADURÍA DE DERECHOS
HUMANOS, PREVENCIÓN DEL DELITO Y
SERVICIOS A LA COMUNIDAD

AUTORIZA

PROCURADURÍA GENERAL DE LA REPÚBLICA
S.E.I.D.O.
UNIDAD ESPECIALIZADA EN INVESTIGACIÓN DE DELITOS EN MATERIA DE SECUESTROS
En la Ciudad de México, DF, 17 de Febrero de 2015
El Suscrito Licenciado
Agente del Ministerio Público de la Federación con fundamento en los Artículos 16
y 208 del Código Federal de Procedimientos Penales

Que las presentes copias
tuvieron a la vista dentro del
fojas útiles, las cuales se corr   correspondientes

PROCURADURÍA GENERAL DE LA REPÚBLICA
SUBPROCURADURÍA

mismas que de acuerdo al artículo 208 del Código Federal de Procedimientos Penales,

se **DA FE** de tener a la vista, en este acto se le devuelve a los oferentes y se manda

agregar a la presente indagatoria copias certificadas de las mismas para que obren en

actuaciones. Quiénes continúan con la consulta de La Declaración del Testigo con

clave de identidad reservada 1711, misma que se encuentra en el Tomo XLIV y la

Declaración de ███████████████████████ misma que se

encuentra en el Tomo XLIX. Por lo que la s███████████████████ les los

expedientes en mención, para los efectos ante███████████████ que la

presente diligencia concluye a las (20:21) veinte ███████████████ día en

que se actúa. Sin nada más que hacer, cons███████████████ resente

diligencia, firman los que en ella intervinieron. ███████████

Marco Antonio Ríos Verber

David Cruz Hernández a (...) "Chino"

Felipe Rodríguez Salgado alias "El Cepillo" o "El Terco",

"Guerreros Unidos"

(...)sio Reyes Landa Alias "Pato",

"Guerreros Unidos" (...) de halcón y su jefe era "El Cepillo".

"El Cabo G(...)"

(...) Felipe Rodríguez Salgado al(...)co".

Marco Antonio Ríos Verber

En principio, por (...) al primer(...) segundo de los elementos integrantes de(...)que(...)an(...) se acredita hasta el momento con las siguientes pruebas:

Con la declaración de

FTAIPG
t. 13
acción IV
ativación: 1

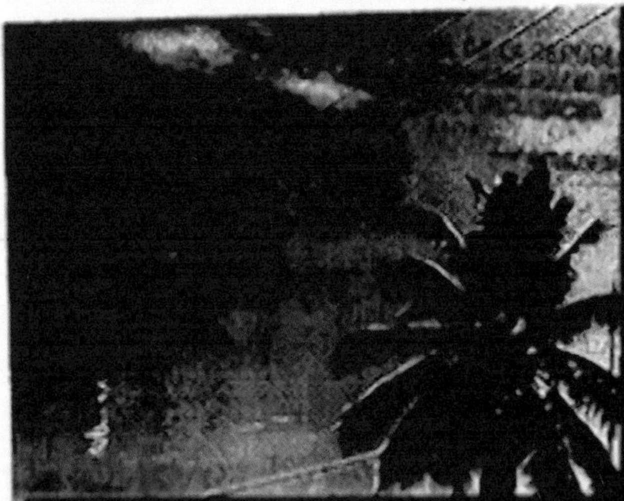

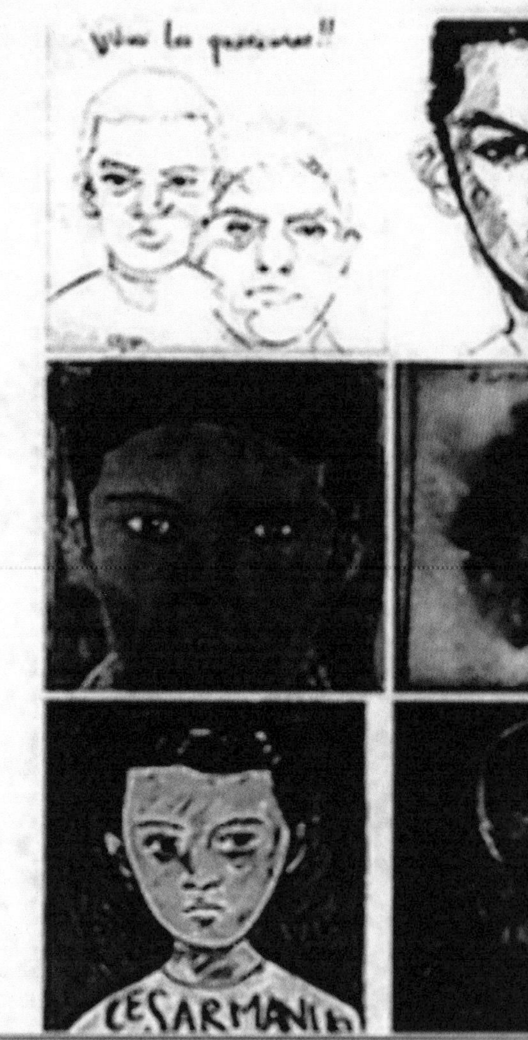
¡Viva la guerra!!
CESARMANIA

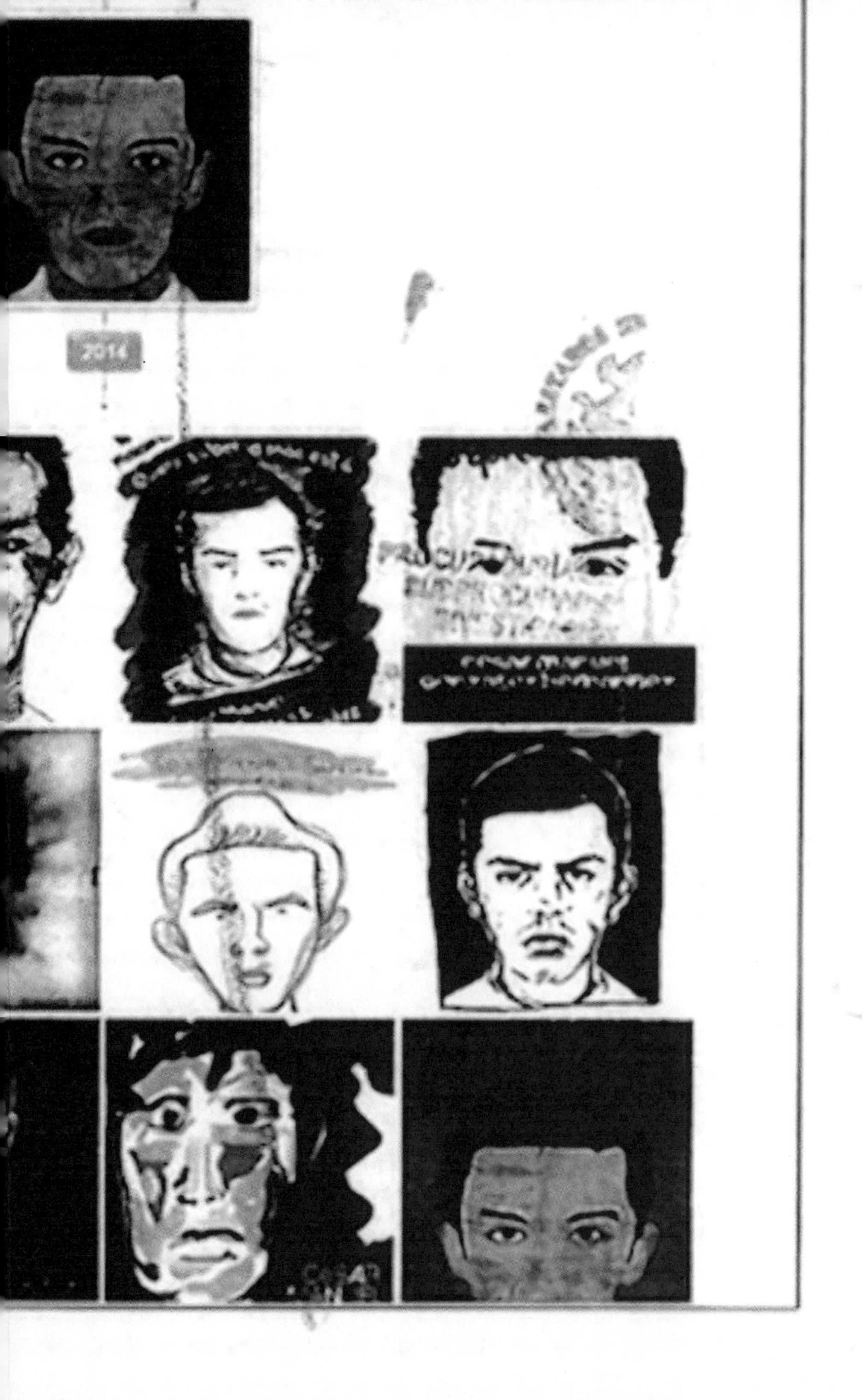
2014

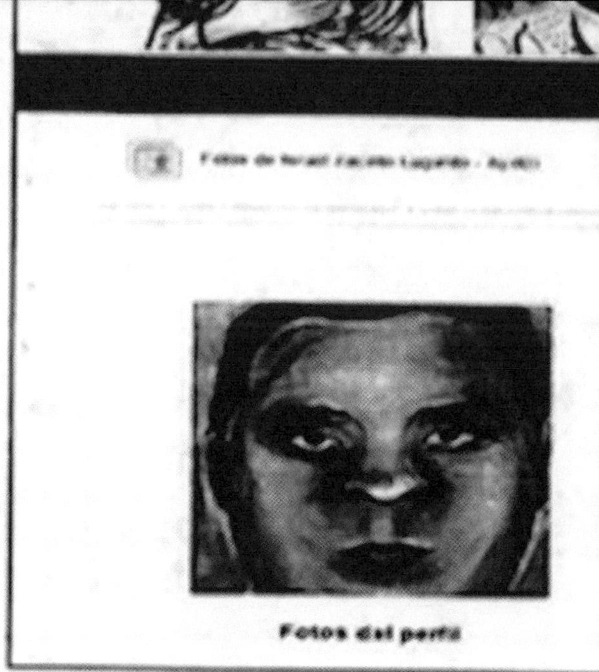

1.2.2. Se seleccionó el segun
Israel Jacinto Lugard

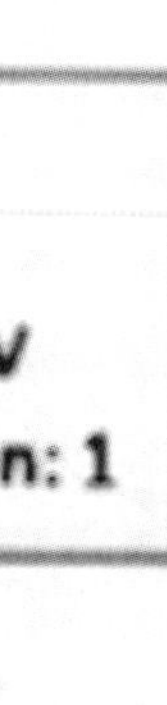

LFT AIPG
Art. 13
Fracción IV
Motivación: 1

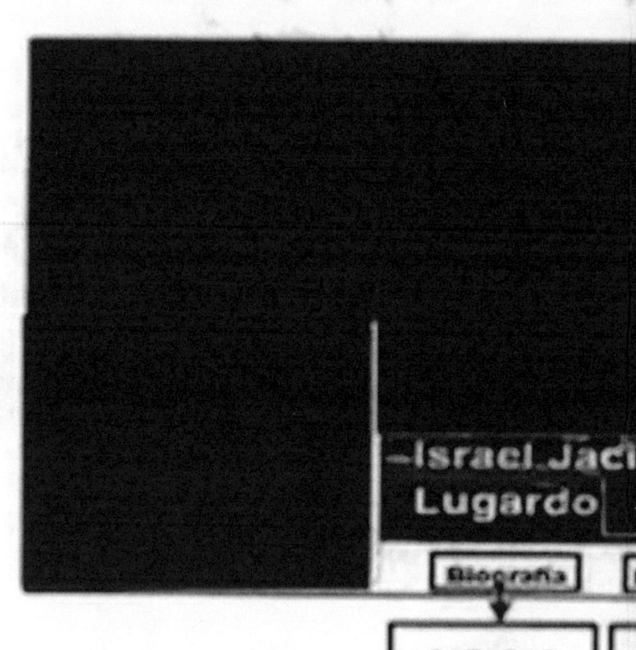

1.2.2.1

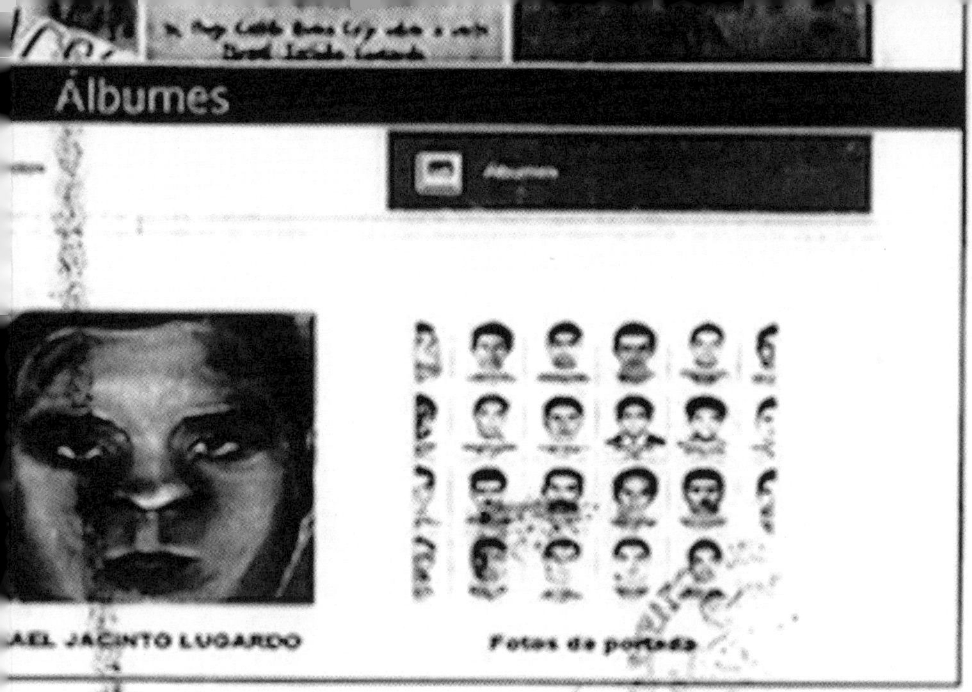

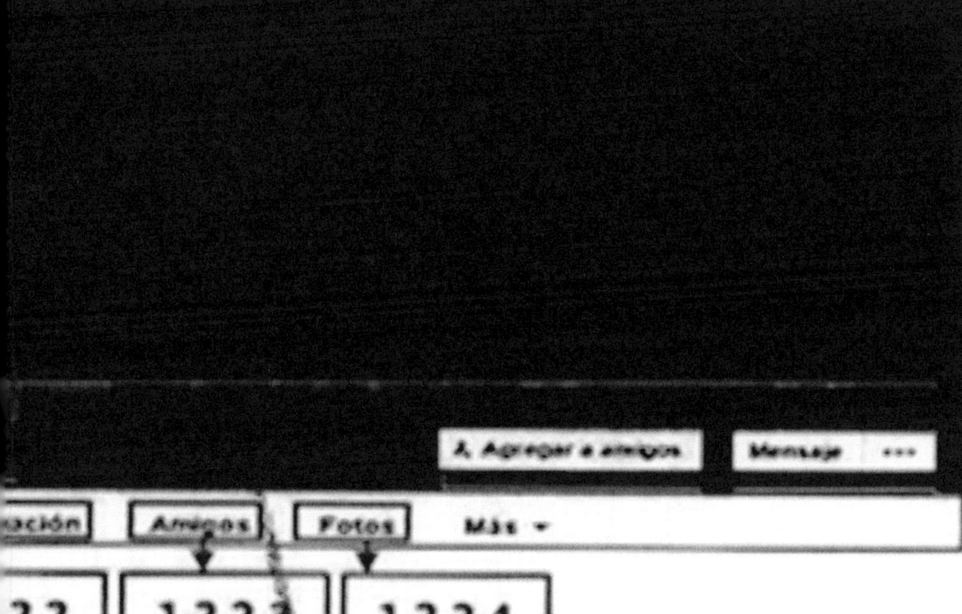

...erfil el cual se observó con nombre de usuario ...al como se muestra a continuación:

1.2.2.2 | 1.2.2.3 | 1.2.2.4

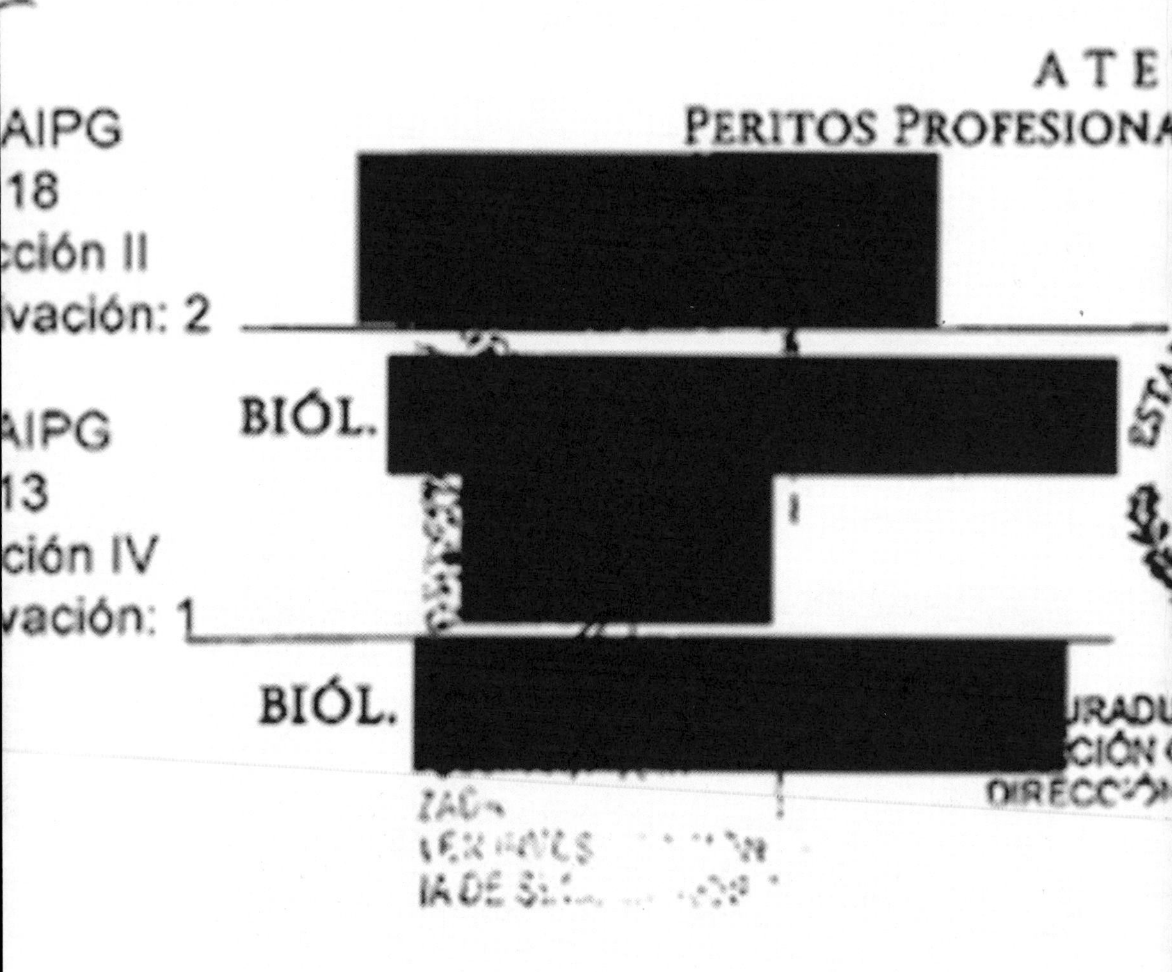

Páginas—Pages 1-13: Fojas de los tomos—Pages from volumes 86,
87, 89 y—and 90 del expediente público de la averiguación previa—
of the public file on the previous inquiry into the "Caso Iguala"

…ver

…acios

…TAMENTE

…JECUTIVO "B" EN GENÉTICA

…BIÓL.

…GÉNERA… …Q.B.P.…

…ERAL DE SERVICIOS …

…NERAL DE LABORATO…

El Museo Universitario Arte Contemporáneo, MUAC, UNAM y—and *Draft* agradecen el apoyo de—thank the support of:

z hdk
—
Zürcher Hochschule der Künste
Zurich University of the Arts
—
Institute for Contemporary Art Research

KHANABADOSH

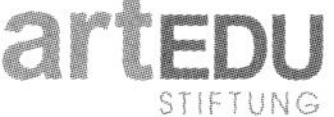

Publicado con motivo del proyecto *En la noche, relámpagos*, transmitido intermitentemente por TV UNAM, y desarrollado dentro de la primera etapa (2015-2018) de *Draft*, un proyecto a largo plazo producido por Khanabadosh, Mumbai, y el Institute for Contemporary Art Research (IFCAR), Zurich University of the Arts.

El proyecto de Teatro Ojo y la presente publicación tuvieron el apoyo de The artEDU Foundation, Zúrich, Suiza. Esta publicación forma parte de la iniciativa editorial de *Draft* publication, la cual incluye diez volúmenes autónomos que representan los proyectos individuales producidos en el contexto de *Draft*.

—

Published on the occasion of the project *At Night, Lightning*, intermittently transmitted through TV UNAM, and developed within the first phase (2015-2018) of *Draft*, a long-term project produced by Khanabadosh, Mumbai, and Institute for Contemporary Art Research (IFCAR), Zurich University of the Arts.

The project by Teatro Ojo and this publication got support from The artEDU Foundation, Zürich, Switzerland. This publication is part of the *Draft* publication initiative, which includes ten autonomous volumes that represent the individual projects produced within the context of *Draft*.

www.draftprojects.info

https://www.artedustiftung.ch/es/inicio.html

Editores—Editors
Helena Chávez Mac Gregor · IIE, UNAM
Cuauhtémoc Medina · IIE-MUAC, UNAM

Textos—Texts
Helena Chávez Mac Gregor · IIE, UNAM
Cuauhtémoc Medina · IIE-MUAC, UNAM
Patricio Villarreal Ávila · Teatro Ojo

Traducción—Translation
Christopher Follett, Christopher Michael Fraga
David Sánchez Cano, Jaime Soler Frost

Dirección editorial—Editorial Direction
Ekaterina Álvarez Romero · MUAC

Coordinación editorial—Editorial Coordination
Ana Xanic López · MUAC

Asistente editorial—Editorial Assistant
Maritere Martínez Román

Corrección—Proofreading
Christopher Michael Fraga, Ana Xanic López · MUAC
Jaime Soler Frost

Diseño—Design
Cristina Paoli · Periferia

Asistente de formación—Layout Assistant
Krystal Mejía

Derechos de autor—Copyright Managment
Lourdes Padilla Cabrera

Las imágenes reproducidas son parte de los ensayos escénicos de Teatro Ojo y reflejan el centro de su quehacer e interés artístico. Todas las opiniones vertidas en los trabajos aquí publicados son de exclusiva responsabilidad de los autores; no necesariamente reflejan ni comprometen las opiniones de la Universidad Nacional Autónoma de México—The reproduced images are part of the scenic essays by Teatro Ojo and reflect the core of their interest and artistic work. All the opinions expressed in these published works are the sole responsability of their authors; they do not necessarily reflect or compromise the opinons of the Universidad Nacional Autónoma de México.

TEATRO OJO

—

EN LA NOCHE, RELÁMPAGOS
AT NIGHT, LIGHTNING

Curado y editado por—Curated and edited by
Helena Chávez Mac Gregor
Cuauhtémoc Medina

Draft
MUAC · Museo Universitario Arte Contemporáneo, UNAM

Presentación

—

HELENA CHÁVEZ MAC GREGOR
CUAUHTÉMOC MEDINA

A inicios de 2015 fuimos invitados por Gitanjali Dang y Christoph Schenker a participar en *Draft*, una iniciativa para cuestionar lo público en el mundo contemporáneo, desde producciones artísticas específicas. El proyecto incluía nueve equipos alrededor del mundo que durante casi dos años trabajaron en sus contextos locales: Beijing, El Cairo, Ciudad del Cabo, Hamburgo, Hong Kong, Ciudad de México, Mumbai, San Petersburgo y Zúrich.

En nuestro caso, Ciudad de México, el equipo estaba compuesto por el colectivo artístico Teatro Ojo, Helena Chávez Mac Gregor, como curadora, y Cuauhtémoc Medina, como investigador. Ante la invitación, no pudimos resistir la oportunidad de trabajar juntos y enfrentar el reto de generar una producción que interrogara el papel público del arte en una ciudad que se encontraba convulsionada entre una enorme protesta social a raíz de la desaparición forzada de los 43 estudiantes de la Escuela Normal Rural de Ayotzinapa y la represión con la que el gobierno local intentaba cancelar las movilizaciones en la calle. No obstante la urgencia de la contingencia, nuestra inquietud no era meramente ocasional: respondía a una conversación que por más de diez años habíamos sostenido, por partes y en conjunto, sobre las posibilidades críticas del arte, la memoria y la catástrofe en la que nos encontrábamos.

Si bien el trabajo de Teatro Ojo hasta ese momento había respondido a problemas de corte histórico y no a la urgencia social, nos propusimos trabajar en pensar la coyuntura inmediata para intervenir en un contexto político en el que el arte, si bien acompañaba procesos sociales, no podía asumirse como sustituto de la movilización y toma de conciencia de la sociedad. A lo más podía aspirar a irrumpir con su propio lenguaje en la situación de la sociedad, en la colaboración y coincidencia con otras movilizaciones y experiencias.

La ambigüedad de la convocatoria acerca del término de lo "público" nos llevó a explorar una diversidad de caminos: la teorización de los "antimonumentos" de las acciones políticas presentes en México, especialmente tras el zapatismo, y la posibilidad de atisbar la convivencia de una serie de esferas públicas paralelas, ajenas a la noción unitaria del "público". Los meses de trabajo y las condiciones de nuestra propia ciudad nos llevaron a interrogar con un cierto grado de escepticismo cómo podría replantearse la

noción de "esfera pública" en un país en el que la profu-
sión de información, voces y contrainformación produce un
ruido interminable del todo ajeno a la ambición de transparencia ilustrada.

Esa complejidad hizo que el proyecto se iniciara con
una especie de simposio teatral —"y se me vinieron muchas
imágenes"— en el que convocamos a diversos agentes culturales a producir un foro vivo para pensar públicamente la
violencia que nos acechaba a partir de una serie de imágenes que habían circulado durante 2014 y 2015, a medida
que la violencia del país se agudizaba, y el dolor colectivo
encontró proyección y alojo en la ira por la desaparición de
los 43 estudiantes normalistas de Ayotzinapa.

La interpelación de ese encuentro entre activistas de
derechos humanos, periodistas y artistas agudizó nuestra
inquietud por la aparente ineficacia de la acción artística
frente a un tiempo de oscuridad y confusión. Es en razón
a la inquietud por hallar vías alternas de intervención estética y política que nos produjo ese encuentro que decidimos
arriesgar un proyecto de intervenciones en video que servi-
rían para ser difundidas en TV UNAM, el canal televisivo de
la universidad, así como en las redes sociales. Esos pequeños
videos de contrainformación y reflexión, que son la principal
contribución de esta experiencia, tienen la aspiración de
generar una iluminación en un tiempo de oscuridad: de ahí
que se nos presenten bajo la figuración de un relámpago.

Esta publicación, fraguada entre la Ciudad de México,
Mumbai y Zúrich, pretende dar cuenta del recorrido de
esta investigación. Por ello, el lector encontrará algunos
de los textos presentados y discutidos en las reuniones del
proyecto *Draft*: "En la noche, relámpagos", un recuento y
balance tanto afectivo como teórico del proyecto del mismo
nombre que se presentó en la reunión de Zúrich en julio de
2016; "Contra-ritmos. Después del fin del mundo", análisis
con el que Teatro Ojo enfrentó en la conferencia en Mumbai
la pregunta por lo público y lo político en el arte en junio
de 2015, y "El regreso de los monumentos", texto con el que
Cuauhtémoc Medina trabajó en la misma reunión la situación del arte público en el contexto de la ocupación de
la Ciudad de México por parte de la protesta social.

Además, reunimos en esta colección un par de textos
contextuales: "Pese a todo, aparecer", de Helena Chávez,

ofrece una lectura del trabajo previo de Teatro Ojo desde un análisis estético-político que pretende dar cuenta de las posibilidades del aparecer como respuesta política a un tiempo violentado, y "Un deslave de imágenes: una historia que no es historia 2014-2015", de Medina, analiza el problema de las imágenes contemporáneas en el régimen de violencia radical que ha sacudido a México en los últimos años.

Dado el carácter colectivo de la experiencia que Teatro Ojo convocó, nos pareció necesario recuperar algunos momentos e intervenciones que sucedieron en el foro "y se me vinieron muchas imágenes" realizado los días 21 y 22 de enero de 2016 en el Museo Universitario Arte Contemporáneo (MUAC). Debido a motivos de espacio, pero también a la imposibilidad de transcribir un evento marcado tanto por las palabras como por los gestos y el sonido, pensamos que era mejor ofrecer citas de las intervenciones que tratar de resumir una experiencia finalmente singular.

La parte sustancial de esta publicación es un registro visual de los videos que produjimos y que dan nombre a todo el proyecto: "En la noche, relámpagos", que se transmitió de manera intermitente por TV UNAM durante el mes de agosto de 2016. Su montaje en estas páginas, en forma de imágenes fijas responde a la idea de recuperar su carácter intempestivo y fragmentario.

Éste es un proyecto que ha tenido como saldo un ramillete de preguntas en lugar de una respuesta unificada. Entender qué papel cumplimos como artistas e intelectuales en un tiempo como el presente es algo que no se puede proyectar, sólo puede atisbarse en actos parciales y quizá también dispersos. Ésta es por tanto una de tantas paradas en una expectativa que nos es común; la inquietud por lo que viene.

Foreword

—

HELENA CHÁVEZ MAC GREGOR
CUAUHTÉMOC MEDINA

In early 2015 Gitanjali Dang and Christoph Schenker invited us to participate in *Draft*, an initiative that sought to question the public dimension in the contemporary world from the standpoint of specific artistic projects. The project included nine teams from around the world who worked in their local contexts for close to two years: Beijing, Cairo, Cape Town, Hamburg, Hong Kong, Mexico City, Mumbai, Saint Petersburg and Zürich.

In the case of Mexico City, the team included the artist collective Teatro Ojo, Helena Chávez Mac Gregor as curator, and Cuauhtémoc Medina as researcher. Having received this invitation, we could not resist the opportunity to work together on confronting the challenge of generating a project that would interrogate the public role of art in a city that had been thrown into upheaval by an enormous social protest in response to the forced disappearance of 43 student teachers from the Escuela Normal Rural de Ayotzinapa and by the repression with which the local government was trying to silence the mobilizations on the streets. The urgency of these circumstances notwithstanding, our concerns were not confined to this particular occasion. Rather, they grew out of an on-going conversation that we have been having in different configurations for over ten years, about the critical possibilities of art, memory and the catastrophe in which we currently find ourselves.

Although Teatro Ojo's work up to that point had responded to more historically oriented problems, rather than the social urgency of the moment, we proposed to work on thinking through the immediate conjuncture, in order to intervene in a public context in which art, although it was accompanying social processes, could not be taken as a substitute for the mobilization and coming-to-consciousness of society. At most, it could aspire to irrupt into the social situation with its own language, in collaboration and alliance with other mobilizations and experiences.

The ambiguousness of the sense of "the public" in the call for participation led us to explore a variety of paths: theorizing the "anti-monuments" of the political actions in Mexico, especially after Zapatismo, and the possibility of perceiving the coexistence of a series of parallel public spheres, alien to the unitary notion of "the public." Months of work on this and the conditions of our own city led us

to interrogate with a certain degree of skepticism how to
reformulate the notion of the "public sphere" in a country
where the profusion of information, voices and counter-information produces an endless noise that is run entirely
counter to the ambition of enlightened transparency.

That complexity led to starting the project with a
sort of theatrical symposium—"and many images came
upon me"—for which we convened a diverse group of
cultural agents, producing a live forum in order to think
through the violence that was stalking us in a public way,
beginning with a series of images that had circulated in
2014 and 2015, to the degree that violence in the country
was becoming more acute, and collective pain was chan-
neled into the rage at the disappearance of the 43 student
teachers from Ayotzinapa.

The interpellation of this meeting of human rights activists, journalists and artists sharpened our concern about the
apparent inefficacy of artistic action in a time of darkness and
confusion. It was out of our concern to find alternative paths
of aesthetic and political intervention that came out of the
symposium that we decided to take the risk of creating video
interventions to be broadcast on TV UNAM—the university
television channel—and disseminate them via social media.
Those short videos of counter-information and reflection,
which are the main contribution from this experience, aspire
to generate an experience of illumination and enlightenment
in a time of darkness: whence their being presented through
the figure of lightning.

This publication, forged between Mexico City, Mumbai
and Zürich, seeks to recount the itinerary that this research
followed. The reader will thus find some of the texts that
were presented and discussed at the meetings organized by
the *Draft* project: "At Night, Lightning," an affective as well
as theoretical retelling and accounting of a project of the
same name, which was presented at the Zürich meeting in
July 2016; "Counter-Rhythms: After the End of the World,"
an analysis with which Teatro Ojo addressed the question of
the public and the political dimensions of art at the Mumbai
conference in June 2015; and "The Return of the Monuments,"
a text presented at the same meeting, in which Cuauhtémoc
Medina considered the situation of public art in the context
of the Mexico City's occupation by social protest.

This collection also includes a pair of contextual essays: "In Spite of Everything, To Appear," by Helena Chávez offers a reading of Teatro Ojo's previous work through a political-aesthetic analysis, which seeks to take stock of the possibilities of appearing as a political response to an age wracked by violence. "A Landslide of Images: A Story That Is Not a History, 2014-2015" by Cuauhtémoc Medina analyzes the problem of contemporary images in the regime of radical violence that has shaken Mexico in recent years.

Given the collective character of the experience that Teatro Ojo organized, it seemed necessary to include some of the moments and interventions that occurred during the forum "and many images came upon me," held on January 21 and 22, 2016, at the Museo Universitario Arte Contemporáneo (MUAC). Given the spatial constraints of a publication like this, as well as the impossibility of transcribing an event that was characterized by gesture and sound no less than by words, we thought it would be better to offer a selection of quotations from the interventions than to try and summarize what was ultimately a singular experience.

The bulk of this publication is a visual record of the videos—that we produced, and which lend their name to the project as a whole: "At Night, Lightning"—which was broadcast sporadically by TV UNAM during the month of August 2016. Its montage in these pages in the form of still images responds to the idea of salvaging something of its untimely, fragmentary character.

The end result of this project is a set of questions rather than a unified answer. Understanding the role we fulfill as artists and intellectuals at a time like the present is something that cannot be projected: it can only be glimpsed in partial and perhaps dispersed acts. This is therefore one of so many waypoints in an expectation that we share regarding what is to come.

En la noche, relámpagos*

—

CUAUHTÉMOC MEDINA

* Originalmente publicado en *Re-visiones*, núm. 6, 2016. Disponible en:
<http://www.re-visiones.net/index.php/RE-VISIONES/article/view/89>.

Al principio había incertidumbre...

Es posible decir que el "arte público", probablemente más
que cualquier otro departamento de producción cultural,
se ha convertido en un campo lleno de incertidumbres.
El claro desacuerdo que los participantes de la conferencia
Draft experimentamos en Mumbai en 2015 —el primer
encuentro en el que nos reunimos todos los equipos para
presentar nuestro trabajo e inclinaciones—, cuando nos
enfrentamos a las diferentes aproximaciones de la noción
de "arte público", no fue del todo remendado por un forzoso
acuerdo de términos y categorías como "esfera pública",
"espacio público", "publicidad" o "la cosa pública de la república". Ello, no sólo por la dislocación entre los discursos
y prácticas de intervención políticas entre norte y sur, sino
simplemente por la imposibilidad de localizar una categoría
fija para una materia de destinación contingente.

Es complicado definir el campo del "arte público" como
una dirección específica de la cultura del arte contemporáneo, en parte porque la politización de las prácticas artísticas lo hace redundante y, por otro lado, porque no parece
posible asignar una técnica, modalidad de operación o género
específico devoto al lado público del arte que sea posible dis-
tinguirlo del arte de manera aparentemente "privado" o cuya
justificación y campo de crítica sea puramente tautológico.

Una vez de vuelta en México y pensando en los
debates, discusiones y expectativas que se generaron en
esa primera reunión en la India, nos encontramos llenos
de dudas sobre cuál podría ser el próximo paso en nuestra
propuesta. Estábamos muy conscientes de la importancia
que un número de gestos e imágenes habían tenido en el
difícil momento de política local que vivíamos, atravesado
por un perpetuo ciclo de violencia política y criminal. Esta
situación se desarrollaba ante el muy visible deterioro de
las instituciones políticas, el avance de los diversos cárteles de drogas, la invasión de nuevas formas de explotación del capitalismo global y la manera en la que la
desesperanza frente a la pobreza y la inseguridad arro-
jaban a la insatisfacción política a círculos de población
cada vez más grandes. Todo ello parecía hacer cualquier
forma de participación política, contradictoriamente, sin
sentido y urgente.

El equipo que formamos llevaba mucho tiempo conversando, por lo que ya habíamos discutido la importancia que las prácticas visuales tienen en la política de duelo y de protesta en nuestro país. También estábamos conscientes de que el trabajo de Teatro Ojo había consistido hasta ese momento en un intento de reorientar la experiencia teatral como herramienta para mejorar las relaciones del público hacia la vida política en relación con la historia y los movimientos sociales. Sin embargo, teníamos claro que las preguntas surgidas en la conferencia de *Draft* en Mumbai exigían que Teatro Ojo repensara su papel en la crítica de las modalidades artísticas de la intervención pública. Ello, pensábamos, tendría que abrirnos a la posibilidad de un cuestionamiento tanto práctico como teórico que, de ser posible, nos haría avanzar en otras actividades y posibilidades de acción.

Mientras que en el pasado una serie de circunstancias (un aniversario, la proximidad de un momento político o la demanda de un estado de cosas en el país) eran parte necesaria del trabajo de Teatro Ojo, ahora nos veíamos con la exigencia de producir un trabajo más que de articular una respuesta en una circunstancia específica. Ello requeriría preguntas que, en otro tiempo, uno hubiera calificado de metodológicas en el sentido de querer responder a la pregunta general sobre el estatuto del "arte público", en lugar de a las ocasiones que producen una intervención pública.

Draft esperaba de cada uno de sus equipos participantes producir un evento local, un simposio, taller o conferencia en los que revisar la situación de los problemas de lo "público" en el arte del presente. Enfrentándonos con la tarea de contribuir a un proyecto que no por pura casualidad había sido nombrado "borrador", decidimos usar la conferencia como una forma de ensayo académico. Ensayo en el sentido de una propuesta argumental pero también de una puesta en escena que se repite y se practica. En vez de la indulgencia de presentar nuestras dudas en ponencias, decidimos convertir nuestras preocupaciones académicas en una experiencia académica-teatral. Teatro Ojo y sus colaboradores decidieron intervenir secuestrando o subvirtiendo el evento para hacer de la invitación una forma de poner en escena y debatir, de actuar y de pensar en público, de poner en cuestión la condición pública de

México y sus predicamentos sociales actuales bajo un claro y definido aparato teatral.

Invitamos a una serie de participantes: Ana María Martínez de la Escalera, Antonio Martínez Velázquez, Dolores González Saravia, Ileana Diéguez, Carlos Amorales y Buró Fantasma; Federico Navarrete, José Luis Barrios, José Antonio Cordero, Cráter Invertido, Elia Baltazar, Israel Martínez, Nadia Lartigue, Juan Francisco Maldonado y Esthel Vogrig, y Manuel Hernández. Bajo los perfiles heterogéneos de activistas, periodistas, historiadores, filósofos y artistas de diferentes tipos invitamos a los participantes del Foro a usar el escenario para responder a una serie de imágenes, que desde nuestra perspectiva, resumían de alguna manera la experiencia de estos tiempos tan problemáticos que vivimos en el país. Un "atlas de destellos", que incluía imágenes extraídas de prensa, redes sociales y videos, fue el punto de partida para las intervenciones. Éstas, aun cuando supusieron un trabajo previo con cada uno de los participantes, sucedieron sin mayor instrucción de nuestra parte.

Decidimos llamar al evento como una particularmente triste y reveladora frase: "y se me vinieron muchas imágenes", palabras que Marissa Mendoza utilizó para describir su reacción cuando vio la imagen del cuerpo de su marido, Julio César Mondragón, con el rostro arrancado, como apareció en Facebook la terrible noche del 26 de septiembre de 2014, el día en que 43 estudiantes de la Escuela Normal Rural de Ayotzinapa en Guerrero fueron secuestrados por la policía local:

> En el Internet, en Facebook, subieron varias fotografías, entre ellas, pues la de Julio César. Entonces, como yo conozco su ropa, conozco parte de su cuerpo y todo, descubrí que era él. [...] Sentí mucha tristeza de que ya no volvería a ver a Julio César y se me vinieron muchas imágenes, así como si yo hubiera estado con él en el momento en que le hicieron eso, de que le quitaron la cara completa, vivo, torturándolo de la manera más cruel, porque ni siquiera tenía impacto de bala, solamente tenía muchos golpes, en la parte del pecho, la cintura, las manos.[1]

—

1— Alejandra Arteaga, "Me preguntaron en el Semefo: ¿está segura que quiere verlo?", *Milenio*, viernes 23 de octubre de 2014. Disponible en: <http://

Lo que intentábamos era compartir con el resto de los participantes la carga de tratar de explorar el predicamento de definir el valor de la cultura y el arte en relación con la peor de las circunstancias. Entendíamos el *locus* de la imagen como central para la experiencia de la re-pública, en uno de sus momentos más oscuros y dolorosos de nuestra historia moderna. Como exploré en el texto "Un deslave de imágenes: una historia que no es historia, 2014–2015", publicada en *Re-visiones*, y que se distribuyó como parte del programa del evento, partíamos de la idea de que las imágenes son parte de la textura del acontecimiento, que, de hecho, las fuerzas de la imagen atraviesan nuestra experiencia política:

> No estamos en el terreno del arte, sino en el de las pasiones desbordadas de la escena pública: en un intercambio de rostros siempre atosigado por la posibilidad de que el espectador pueda pasar a contar como "uno más". Por supuesto, una movilización no la llevan a cabo una serie de objetos visuales, sino los cuerpos y los signos que atraviesan esos cuerpos. Pero aun así me parece difícil argumentar en contra de que una de las características de las movilizaciones que atraviesan la grave crisis social mexicana de esta década es la constatación de los choques del imaginario visual, y la disputa por hacerse cargo de ese espacio de intervención. La puesta en movimiento de un campo político habitado de efigies fantasma.[2]

El foro "y se me vinieron muchas imágenes" tuvo lugar el 21 y 22 de enero de 2016 en el auditorio del MUAC e incluyó una rara y a veces casi insoportable mezcla de pensamiento académico, luto civil, expresión política e incluso un número de actos casi neodadás y parodias brutales. La risa se mezcló con la indignación, y las lágrimas no

---

www.milenio.com/estados/normalistas_asesinados-matanza_en_Ayotzinapa-Normal_de_Ayotzinapa-policia_Iguala_0_382762094.html>. Consultado el 23 de agosto de 2016.

2— Cuauhtémoc Medina, "Un deslave de imágenes: una historia que no es historia 2014-2015", *Re-visiones*, núm. 5. Disponible en: <http://www.re-visiones.net/index.php/RE-VISIONES/article/view/16/54>. Consultado el 23 de agosto de 2016. Publicado en este mismo libro, p. 212.

estuvieron alejadas de la difícil tarea de pensar. Fue catártico y vacilante, inteligente y emocional, desesperanzado y retador, incluso ofensivo en algunos momentos.

Un amplio espectro de respuestas bajo diversas formas culturales emergió en la esperanza de compartir entre nosotros la contradicción de la certeza de la oscuridad y la esperanza de cierta iluminación.

Tormenta

De cierta manera, durante el foro, el equipo restringió su papel al de espectadores y productores del evento. Habíamos inventado y sugerido un teatro para la búsqueda de ideas, esperando salir de ahí con nuevas propuestas y compromisos que no podíamos idear nosotros solos, delegando la inspiración a la magia del escenario. Una cierta fe en la creatividad de los otros nos había inducido a transferir nuestras preguntas sobre la naturaleza de nuestro papel en la esfera pública a nuestros colegas y amigos. Sin embargo, en vez de salir de ahí con nueva inspiración fuimos retados.

Al final del evento, el psicoanalista Manuel Hernández interpeló al equipo, a los artistas y los colaboradores del proyecto *Draft* que nos acompañaban, con un viejo asunto: ¿Cómo podíamos escapar de los confines del mundo del arte y la academia para acceder a grandes públicos? ¿Cómo podíamos infiltrarnos en la real esfera pública para empezar a cambiar una cultura dominada por la épica de la violencia y la propaganda del miedo?

No tiene sentido aquí discutir la pertinencia de la pregunta de Manuel Hernández y su validez académica. Como buena intervención, es más interesante por su resultado que por las premisas o la lógica interna que la produce. Lo que provocó en nosotros fue una discusión interna que se volvió tan intensa que provocó un cisma. Sólo fue cuando uno de nosotros, ante la disyuntiva planteada y nuestra falta de respuesta, manifestó su salida del proyecto que, en un instante, la colaboración fluyó y supimos "qué era lo que había que hacer". Vimos que la estrategia de provocar y cuestionar con la distribución de imágenes públicas había sido poderosa, y que, más allá de transmitir teorías y argumentos, podíamos producir una serie de provocaciones que trabajaran tanto intelectual como afectivamente. ¿Por qué no distribuir estos mensajes poético-políticos como anuncios irrumpiendo tanto en la televisión como en programas en YouTube? Narrativas cortas, algunas más abstractas que otras —como muchos momentos del foro—, que fueran introducidas como publicidad en los canales de redes sociales y que, quizá, pudieran ser transmitidas por algún canal de televisión entre los espacios de las películas, series y documentales.

La idea de la imagen como una especie de relámpago en medio de la noche nos sirvió para dar identidad al material. Al imitar las nuevas estrategias de publicidad del capitalismo y ocupar los espacios del entretenimiento para vender modos de vida y pensamiento, entendimos que la posibilidad de recuperar el territorio de la imagen en la televisión o en internet era un modo de compartir con el público el hecho de vivir en un espacio político de imágenes, pero en vez de dejarlas pasar las detendríamos para que apareciera su temblor. En otras palabras, jugamos con la idea de usar el hambre por el "contenido" en los medios de comunicación como una forma de iluminación política.

Los miembros de Teatro Ojo comenzaron a imaginar diferentes propuestas con la colaboración del cineasta Rafael Ortega, para pensar en qué tipo de imagen necesitaban y cómo trabajarlas. Al tiempo, volvieron con muchos de los participantes del foro para ampliar las redes y trabajar, dentro de lo posible, de manera más cercana con las personas afectadas que demandaban un espacio de visibilidad. Mientras tanto, Helena Chávez y yo comenzamos a negociar con TV UNAM, el canal de televisión pública de la Universidad Nacional Autónoma de México, para encontrar un espacio de transmisión en su programación. Corrimos con la suerte de encontrar una cálida recepción del nuevo director del canal universitario, Nicolás Alvarado, quien tiene presente que la vieja noción de televisión está históricamente muerta y, por tanto, considera urgente la necesidad de repensar el lugar de la televisión pública como una plataforma heterogénea de producción y distribución de diversidad tanto en sentidos como en contenidos.

Hasta ahora, con el proyecto al aire desde el 8 de agosto de 2016, Teatro Ojo ha producido 44 videos. El elemento común a todos ellos es su naturaleza impredecible:

ellos proyectan la sobra de un posible consumidor, suficientemente activo para repensar su posición en el presente en términos de pertenencia a una república hecha de conmociones y conflictos compartidos. Estas son líneas de luz en el vacío: fantasmas de inteligencia en el medio de una pérdida histórica.

Más allá de la geometría

"La esfera (pública) y el cuadrado de lo público que es la plaza". Casi como inaudibles asociaciones inconscientes una implícita geometría define nuestro concepto de lo "público". Como algunos de los debates que este proyecto confirman, parece que estamos frecuentemente entrampados por los arquetipos de los conceptos tradicionales de lo "público". Seducidos por la mitología del Ágora en Atenas, del Foro en Roma o de la Comuna en las ciudades italianas del Renacimiento, la plaza pública se nos aparece como un sitio donde la presencia de cuerpos al aire libre otorga cierta materialidad a la suposición de que nuestro sistema social está todavía política y cívicamente en relación con la ciudad como un referente para todo tipo de políticas, transformando así la plaza en el teatro histórico de la acción y del discurso.

Aquéllos en contra de la naturaleza bidimensional de dicha espacialidad se encuentran seducidos por la música de las esferas públicas: la mirada con la que la burguesía moderna organizó las formas de institucionalización e implementación tecnológica de la opinión pública y el debate. Las políticas de las esferas tienen, sin duda, una condición mucho más inmaterial que la vieja idea de un espacio físico para la convergencia cívica: sugiere una constante expansión del volumen de las interacciones y operaciones, una clase de planeta creciendo al ritmo de las extensiones físicas de la Tierra.

Una característica común a ambos escenarios es la presuposición de luz y aire: las plazas aparecen más emancipadoras durante el día, cuando se sienten vibrantes y vigorosas con el sonido de las masas y las dialécticas de los discursos, ovaciones, carteles e himnos que convierten las manifestaciones en fiestas populares. Mientras, tanto la

idea de la plaza por la noche sugiere tanto el peligro de
la represión como las épicas de levantamientos revolucionarios que ocupan el espacio para desafiar a los poderes
existentes. En contraposición, la esfera pública aparece en
nuestra imaginación como una burbuja transparente sin
peso, hecha de aire y luz como las visiones eróticas de las
naturalezas del Bosco. El tamaño de la esfera pública es
insondable: puede incluir el mundo entero o tan sólo una
gota de transparencia flotando en el agua con dos cuerpos
adentro al modo de los cuerpos que flotan en el jardín de
las delicias. Pero, de nuevo, la esfera no parece existir en
la noche. La delgada, casi no-existente membrana que la
separa del mundo, mágicamente desaparece, dejándonos
en el caótico silencio del vacío. El punto de la metáfora de
la "iluminación" reside en la ambición de extender la luz
hasta que cubra el mundo por medio del imparable poder
de la generalización de la razón, el juicio y el cosmopolitismo. Las esferas de cristal no esconden sucias esquinas
ni extraños pasajes o cuevas subterráneas. Toda su ambición
reside en el triunfo de la geometría de la transparencia.

Cuando una tormenta eléctrica irrumpe en la oscuridad de la noche, sólo hay un par de segundos de visibilidad. Un tiempo muy corto para permitirle al espectador
un entendimiento completo del paisaje. El relámpago no es la
iluminación: son los destellos que brillan como una excepción. Los relámpagos son más efectivos como la imagen
persistente que se queda en nuestros ojos que creando una
geografía iluminada. Muy rara vez estos destellos proporcionan una ruta de escape o una vista estratégica del
horizonte. Cuando mucho, la circulación de estas imágenes
abre paso a fantasmas insistentes. Más allá de ofrecer un
espacio abierto para la reflexión y la observación, de datos
y debate, la luz que atraviesa la oscuridad alimenta la
presencia de poesía y sueño en las imágenes que permanecen. La analogía del viejo plato fotográfico es particularmente correcta. Como la luz química y eléctrica sugieren,
las técnicas fotográficas se desarrollaron encantadas por el
fantasma de la luz irrumpiendo la perfecta penumbra de la
cámara oscura. La sombra dejada por la luz y las imágenes
que persisten tienen algo en común: la huella que dejan en
nuestro pensamiento e imaginación es más profunda y más
perdurable que la experiencia. Son una especie de efigies

y estatuas: monumentos de los fugaces segundos de iluminación que aprehenden la luz y el movimiento previniendo el flujo de tiempo, de las cosas y las palabras. Semejante al trauma, no sólo son de alguna manera permanentes sino que están en un constante peligro de ser invocadas por medio de una imagen fugaz afín a su singularidad.

En buena parte del mundo hoy, sometido al falso paisaje político de la imitación poscolonial de la democracia y el baile de máscaras de orden mundial, plazas y esferas han sido tomadas por diferentes sombras de oscuridad. Vivimos tiempos que se caracterizan por demócratas-dictadores, demagogos electos, constructores del consenso social y de la tiranía de la economía neoliberal. Una combinación de control de medios de comunicación y escepticismo global que se mezclan con una variedad sin fin de formas de nihilismo contemporáneo conspiran para hacer de la esfera del debate y la crítica algo anticuado y sin esperanza.

La crítica y el razonamiento se agotan constantemente en la seducción de la publicidad y en la propaganda del miedo. Como hemos visto en los recientes avances de la derecha popular en lugares como Estados Unidos de América y el Reino Unido, así como en las formas conspiratorias de los reales y montados golpes de Estado como en Turquía y Brasil, el control de las sociedades contemporáneas tiene más que ver con afectos histéricos y representaciones que con razonamientos y hechos. En estas circunstancias, las políticas de la iluminación corren el peligro de ser únicamente formaciones de una élite cultural.

Horrible como aparece a nuestras sensibilidades, la única política de resistencia que parece tomar forma en la imaginación social actual es una mezcla entre la ansiedad y la identificación. Ya sea basada en las formas del milenarismo o en la desesperanza, ambas resistencias están estructuradas en el reprocesamiento del drama. Pareciera que mientras más se preservan las políticas de representación de la política como corrupta, más se refuerza la sensación de que la única posibilidad de lograr legitimidad es por la aproximación personal a la tragedia. El viejo carisma es hoy remplazado por la exhibición de la victimización. En lugares como México, donde el papel de los intelectuales garantizaba cierto grado de honestidad en el ámbito público, dicho papel ha sido transferido a los parientes y gente cercana de aquellos que han sido asesinados y desaparecidos. La única energía que hoy se puede encontrar en la esfera pública es aquella del duelo y de la justicia inalcanzable. Ante estas circunstancias, parecería que no hay espacio para una vida política que no refiera a la violencia y corrupción de una era. Estamos encerrados en un momento en el que el réquiem y la parodia aparecen como las únicas modalidades a mano.

En medio de este territorio, recurrir a las imágenes para provocar momentos de pensamiento puede suponer un intento desesperado de retar qué es lo que constituye las fuentes del exitación social. Con ello, no se pretende una lógica de la predica y conversión, sino compartir con el espectador casual un momento de reconocimiento donde dos inteligencias separadas se encuentran unidas por la preocupación de la escasez del momento histórico y la posibilidad de compartir un espacio común más inteligente. Estos relámpagos no sólo revelan que no estamos aislados en la oscuridad sino que también existe un espacio entre nosotros que no está enteramente colonizado por el *pathos* y la manipulación, sino que, más bien, puede estar ocupado por un diferente tipo de sonido y luz.

At Night, Lightning*

CUAUHTÉMOC MEDINA

* Originally published in *Re-visiones*, no. 6, 2016. Available online at: <http://www.re-visiones.net/index.php/RE-VISIONES/article/view/90>.

In the beginning there was uncertainty...

It is fair to say that "public art," probably more than any other area of cultural production, has become pregnant with endless uncertainties. The lively disagreement that the participants of the *Draft* conference in Mumbai in 2015 experienced when faced with their different approaches to the notion of "public art" was not entirely patched up by a compulsory agreement about terms and categories such as "the public sphere," "public space," "publicity" or "the public thing of the *res publica*." This was not only because of the dislocation between the political discourses and practices of intervention between North and South, but simply because of the impossibility of locating an established category for a matter of contingent destination.

It is hard to define the field of "public art" as a specific direction of contemporary culture, in part because the overall politicization of artistic practices makes it redundant, and also because it does not seem possible to designate a specialized technique, modality of operation or genre devoted to the public side of art so that it would be possible to distinguish it from apparently "private" art, or an art whose justification and field of critique were purely tautological.

Once back in Mexico, thinking about the debates, discussions and expectations that had been generated at that first meeting in India, we found ourselves full of doubts and concerns about the next step in our project. We were well aware of the importance of a gestures and images, in the particularly difficult and stressful moment of local politics that we were living through, traversed as it was by a perpetual cycle of political and criminal violence. This situation was developing in the all too visible deterioration of all kinds of political institutions faced with the advance of organizations trafficking in contraband drugs, the encroachment of new forms of exploitation of global capitalism, and the way in which despair—in the face of poverty and insecurity—was generating political dissatisfaction among ever widening circles of the population. All that seemed to render any form of political participation both meaningless and urgent.

The team we had formed had spent a long time in conversation, during which time we had discussed the importance of visual practices in the politics of mourning

and protest in our country. We were also aware that the work
of Teatro Ojo had involved an attempt to reorient the experience of theatre, as a means to enhance the examination of
the audience's attitudes towards political life and history
of social movements. However, it was clear to us that the questions raised by the *Draft* conference in Mumbai demanded
that the members of Teatro Ojo should somehow rethink their
role in the self-referential critique of the artistic modalities of
public art intervention. It seemed to us that we would have
to open ourselves to the possibility of a practical, as well as
theoretical self-questioning that, if possible, would cause us to
move toward hitherto unforeseen venues of activity and possibilities for action.

While in the past a specific set of circumstances (a certain anniversary, the proximity of a political moment, or the
demand of the state of affairs of the country) was a necessary part of Teatro Ojo's practice, we were now faced with
a somehow abstract demand of producing a work that, rather
than answering to a specific circumstance, would involve questions that at another time in history one would have labeled
methodological, insofar as they pertained to accounting for
the status of "public art" rather than to those occasions that
provoke a public intervention.

Draft expected that each of its participating teams
would produce a local symposium, workshop or conference
to review the situation of the issues of the "public" aspects
of art in the present. Faced with the task of contributing to
a project that had, not by chance, been titled "Draft," we
decided to use this conference as a kind of academic essay
and rehearsal. Rather than indulging in our hesitations and
doubts by presenting them in papers, we decided to turn those
academic concerns into a theatrical-scholarly experience.
Teatro Ojo and its collaborators decided to intervene, hijack
or subvert the conference to render it as an invitation to per-
form and debate, to act and think in public, to question the
condition of the Mexican public and social predicaments of
the day, by a clearly defined theatrical apparatus.

We invited Ana María Martínez de la Escalera, Antonio
Martínez Velázquez, Dolores González Saravia, Ileana
Diéguez, Carlos Amorales and Buró Fantasma, Federico
Navarrete, José Luis Barrios, José Antonio Cordero, Cráter
Invertido, Elia Baltazar, Israel Martínez, Nadia Lartigue, Juan

Francisco Maldonado, Esthel Vogrig and Manuel Hernández. We invited this diverse group of participants (activists, journalists, historians, philosophers and artists of different kinds) to use the stage to respond to an invitation consisting in a set of images that, in our view, summarized to a great extent the experience of the troubled times we have been experiencing in this country. This "atlas of flashes," which included images taken from the press, social media and short videos, was to be a point of departure for the guests' interventions, without further instructions or specifications.

We decided to name the event after a particularly painful and revealing phrase: "and many images came upon me…" Marissa Mendoza had used these words to describe her reaction when she first saw the image of the faceless corpse of her husband, student-activist Julio César Mondragón, as it appeared on Facebook the fateful night of September 26, 2014, the day the students of the Ayotzinapa School in Guerrero were kidnapped by the local police:

> Various photographs were uploaded on the Internet, on Facebook, among them, the one of Julio César. Then, since I recognized his clothes, recognized part of his body and everything, I discovered that it was him. […] I felt very sad that I would never see Julio César again and many images came upon me, as if I had been there with him at the moment when they did that to him, that they removed his face entirely, while he was alive, torturing him in the cruelest manner, because he did not have any bullet holes, only many blows, on his chest, his waist, his hands.[1]

We were deliberately hoping to share with our participants the burden of trying to explore the predicament of defining the value of culture and art in relation to the worst possible circumstances. We explicitly understood the *locus* of the image as key to the experience of the republic—the *res publica*—at one of the darkest and most painful moments in modern history. As I tried to argue in a paper titled "A Landslide

—

1— Alejandra Arteaga, "Me preguntaron en el Semefo: ¿está segura que quiere verlo?", *Milenio*, Friday October 23, 2014. Available at: <http://www.milenio.com/estados/normalistas_asesinados-matanza_en_Ayotzinapa-Normal_de_Ayotzinapa-policia_Iguala_0_382762094.html>. Consulted on August 23, 2016.

of Images: A Story that is Not History, 2014–2015," which was published in the journal *Re-visiones* and printed in the booklet that served as a program for the event, we understood that images were part of the texture of the event, that in fact the forces of the image traversed our political experience:

> We are not in the territory of art but in that of the overflowing passions of the public sphere: in an exchange of faces always harried by the possibility that the observer decides to join those as "one more." Naturally, a mobilization is not carried out by a series of visual objects, but by bodies and the signs that traverse those bodies. Yet even so, it appears to me to be difficult to argue against the position that one of the characteristics of the mobilizations that traverse the grave social crisis of Mexico of this decade is the ascertainment of the clashes of the visual imaginary and the dispute over controlling this space of intervention: the setting-into-motion of a political field inhabited by ghost effigies.[2]

The event took place between January 21 and 22, 2016 at the MUAC auditorium, with a significant audience. It involved a rare and at times unbearable mixture of academic thinking, actual civic mourning, political expression, and even a number of neo-dada acts and brutal parodies. At times laughter was mixed with indignation and tears were not far from the difficult task of thinking. It was cathartic and hesitant, intelligent and emotional, hopeless and challenging if not offensive at times: a whole spectrum of forms of cultural response in the hope of sharing with each other both the certainty of darkness and the hope of a certain illumination.

Thunderstorm

To a certain extent, during the January forum, the team had restricted their role to that of spectators and producers of the event. We had concocted and produced a theater in

---

2— Cuauhtémoc Medina, "A Landslide of Images: A Story that is Not History 2014-2015," translated by David Sánchez, *Re-visiones* no. 5 (2015). Available online at <http://www.re-visiones.net/index.php/RE-VISIONES/article/view/32/55> [translation modified]. Consulted on February 20, 2018. Published in this book, p. 226.

pursuit of ideas, hoping to come out of the event ready to engage in a new work that we could not fathom on our own, delegating theory and inspiration to the magic of the stage. A certain faith in the creativity of others had induced us to transfer our questions about the nature of our role in the public sphere to our colleagues and friends, but instead of coming out with fresh inspiration we had been challenged.

By the end of the forum, psychoanalyst Manuel Hernández interpellate us, the artists and those who collaborated on the *Draft* project with a rather worn out issue: How could we escape from the confines of the art world and the academy to address a real audience? How could we infiltrate the actual public sphere, and start changing a culture that seemed to be dominated by the epics of violence and the propaganda of fear?

It would be pointless to discuss whether Manuel Hernández's question was pertinent, or whether his argument was academically sound. As with every good intervention, its outcome was more interesting than its premises and internal logic. It provoked an internal discussion that at one point became so heated that it practically provoked a schism. It was only when one of us got enraged and threatened to leave the project that, in a flash of collaboration between artists and theorists, an answer to "what was to be done" emerged. We clearly saw that the strategy of provoking thought and questioning through the distribution of public images was powerful, and that rather than transmitting arguments and theories, we could produce a number of provocations that would be both intellectually and affectively challenging. Why not distribute political messages of a poetic-political kind as advertisements interrupting either television or YouTube programs? Short narratives, some of which had to be graphic and nonsensical in kind, like many of the performative moments in the forum, could be introduced as paid advertisements through social media. Hopefully, we could also convince a public TV station to do the same and occupy with this kind of unforeseen content the empty space left between movies, series and documentaries.

The idea of the image as a flash of lightning in the middle of the night enabled us to give identity to those materials. Mimicking the new publicity strategies of capitalism, which occupy the interstices of entertainment to sell commodified ways of living and thinking, we understood the possibility of recuperating the territory between the waves of video in TV or the Internet or social media, as a means of sharing with the audience our awareness of living within a political space of images. In other words, we toyed with the idea of using the hunger for "content" in new media as a form of political illumination.

While Teatro Ojo started to devise the different proposals with the collaboration of the filmmaker Rafael Ortega, in order to think about what kind of image they needed and how to work with them. At the same time, they went back to several of the participants in the forum to share the task of producing content in this new format. Meanwhile, Helena Chávez and I started negotiations with the university's public TV channel to find broadcast space for the series. We were lucky to find a warm reception from the new director of TV UNAM, Nicolás Alvarado, who is conscious of the fact that the old monopolistic notion of the TV channel is historically dead and of the need to rethink public television as a heterogeneous platform for producing and distributing a diversity of contents and meanings.

Thus far, Teatro Ojo has produced 44 clips, with the project on the air since August 8, 2016. The common element in all those clips is their unpredictable nature. They project the shadow of a possible video consumer, active enough to rethink his or her position in the present in terms of belonging to a republic made of shared commotions and conflicts. These are signatures of light in the void; ghosts of intelligence in the midst of historical loss.

Beyond geometry

"The (town) square and the (public) sphere." Almost as if they were inaudible, unconscious associations are, an implicit geometry defines our concepts of "the public." As some of the debates of this project attest, we seem to be frequently entrapped by the archetypes of our traditional concepts of "the public." Seduced by the mythology of the Agora in Athens, the Forum in Rome or the Commune of Italian cities in the Renaissance, the public square appears to us as the site where the presence of bodies in the open gives some materiality to the assumption that our social systems are still political and civic in relation to an understanding of the city as the referent for all kinds of politics, somehow turning the square into the natural theatre of historical action and discourse.

Those against the two-dimensional nature of such spatiality find themselves seduced by the music of the public spheres: the view that modern bourgeois societies gave birth to ways of institutionalizing and technologically implementing public opinion and debate. The politics of spheres certainly had a more immaterial condition than the old-fashioned idea of a physical space of civic convergence: it suggested a continuously expanding volume of interactions and operations, a sort of virtual planet growing in tandem with the physical extension of the Earth.

A common characteristic of both scenarios was the presumption of light and air. Squares appear more emancipatory during the day, when they feel vibrant with the vigorous sounds of the crowd and the dialectic of speeches, ovations, banners and anthems which turn rallies into popular festivities. The idea of a square at night, by contrast, suggests both the danger of repression and the epics of revolutionary upheaval that occupy public space in defiance of the powers that be. Instead the public sphere appears in our imagination as a weightless, transparent and clear bubble of air and light, like Hieronymus Bosch's erotic visions of nature. The size of a public sphere is unfathomable. It can involve either the whole world or a drop of transparency floating in water with two joyous bodies inside the garden of delights. But then again the sphere does not appear to exist in the night. The thin, almost nonexistent membrane that separates it from the world magically disappears, leaving us in the chaotic silence of the void. The whole point of the metaphor of "the enlightenment" relies on the ambition of extending light until it covers the world, by means of the unstoppable generalization of reason, fact-based judgment and cosmopolitanism. Glass spheres have no hidden dirty corners, no strange passages, no underground caves. Their entire ambition is the triumph of the geometry of transparency.

When a lightning storm pierces the darkness of night, there is only a second of visibility, far too short to afford the viewer a complete understanding of the landscape. Lightning is not enlightenment, its flashes shine as an exception, more effective in terms of the afterimage it produces in our eyes than in creating a properly illuminated geography. Rarely do such flashes reveal an escape route or a full, strategic view of the horizon. At most, the circulation of these images gives rise to insistent ghosts. Rather than offering an open space of reflection and observation, of data and debate, the light crossing through the darkness feeds the presence of poetry and dreams in the images that remain. The analogy of the old-fashioned photographic plate is particularly apropos. As both chemical and electric flashes suggest, photographic techniques came to be haunted by the phantom of the flash breaking into the perfect darkness of the camera obscura. The single and incomplete shadow left by the firing of a flash has something in common with the afterimages of a storm; the traces they leave in our thought and imagination are deeper and last longer than experience. They are immaterial effigies and statues: monuments to the fleeting second of illumination, arresting light and movement, preventing the flow of time and things and words. Very much like a trauma, they are not only somehow permanent, but are constantly in danger of being invoked by means of a fleeting image related to their singularity.

In much of the world today, subjected to the foul political landscape of the postcolonial mimicking of democracy and the masquerade of global world order, squares and spheres have been seized by different shades of darkness. We live in times that are characterized by dictator-democrats, elected demagogues, and builders of social consensus and the tyranny of the neoliberal economy. A combination of control of the media and an all-pervading global skepticism, combined at times with an endless variety of forms of contemporary nihilism, conspire to make the sphere of debate and criticism outmoded and helpless.

Reasoning and critique constantly fall prey to the seduction of advertisement and the propaganda of fear. As both the recent advances of right wing populism in places like the USA and UK, and the conspiratorial moods of real and staged coups in places like Turkey and Brazil would suggest, the control of current societies relies more on hysterical affects and representations, than on reasoning and fact. In these circumstances, a politics of enlightenment risks turning into simply the formations of a cultural elite.

Horrible as it appears to our sensibilities, the only politics of resistance that seems to take hold of the social imagination is a mixture of anxiety and identification. Whether it is based on forms of millenarianism or on despair, both forms of resistance are based on the reprocessing of drama. At times it would seem that, the more the representation of politics as corruption prevails, the more space there is for the idea that the only possible means of achieving legitimacy is personal proximity to tragedy. Old-fashioned charisma is easily replaced today by the exhibition of victimhood. In places like Mexico, where the role of public intellectuals used to guarantee a certain degree of honesty and purity in the public realm, that role has been transferred to the relatives of those killed or disappeared. The only trustworthy energy to be found in the public sphere is bereavement and the call for unattainable justice. Under such conditions there would appear to be no room in political life for that which does not have to do with a need to address the violence and corruption of the era. We are locked in a moment in which requiem and parody appear as the only possible poetic modalities available.

Amidst such a territory, to fall back on images that provoke moments of thought may imply a desperate attempt to challenge what counts as the sources of social excitement. It does not procure a logic of preaching and conversion so much as share with the casual viewer a moment of recognition in which two isolated intelligences find themselves united by a concern for the paucity of the historical moment and the hope of sharing a more intelligent mediascape. For such, lighting not only reveals that we are not so isolated in darkness but also that there is still space between us that is not entirely colonized by *pathos* and manipulation, and that could be occupied by a different sort of sound and light.

"y se me vinieron muchas imágenes" / Foro

—

"and many images came upon me" / Forum

Transcripción del video del foro "y se me vinieron muchas imágenes"* dentro del marco del proyecto *Draft* en el MUAC, 21-22 de enero de 2016.

Transcript of the video from the forum "*and many images came upon me,*"** part of the *Draft* project at the MUAC, January 21-22, 2016.

Video, color
8'41"
https://www.youtube.com/watch?v=VIWwqzW8Hfg

* Proyecto elaborado por Teatro Ojo, Helena Chávez Mac Gregor y Cuauhtémoc Medina.

** Project developed by Teatro Ojo, Helena Chávez Mac Gregor and Cuauhtémoc Medina.

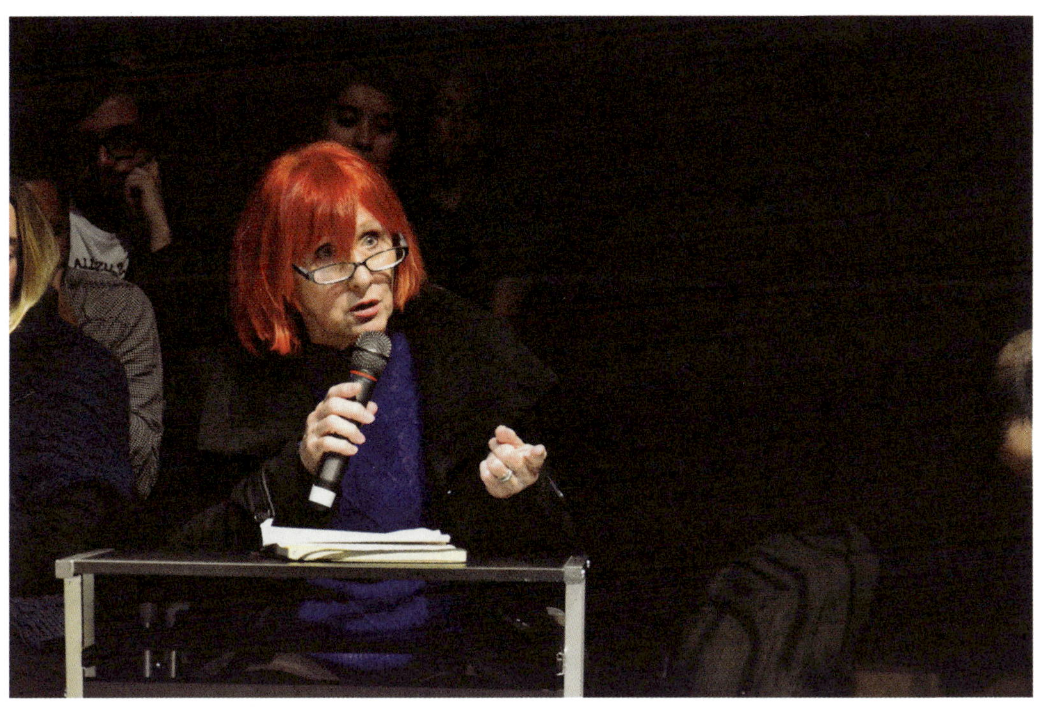

Ana María Martínez de la Escalera, filósofa: La imagen nos ataca
y nos golpea. Nos incita, nos intimida, y ninguna de estas
acciones son sencillas, y menos comienzan con la imagen, puesto
que ¿dónde empieza, hasta dónde podemos pensar que una imagen
comienza y una imagen acaba? Ciertamente las imágenes no son
nunca contemporáneas de sí mismas.

Ana María Martínez de la Escalera, philosopher: The image
attacks us; it strikes us; it incites us; it intimidates us;
and none of these actions is simple. Less still do they begin
with the image, because where would it begin, at what point
could we say that one image ends and another begins? Certainly
images are never contemporary to each other.

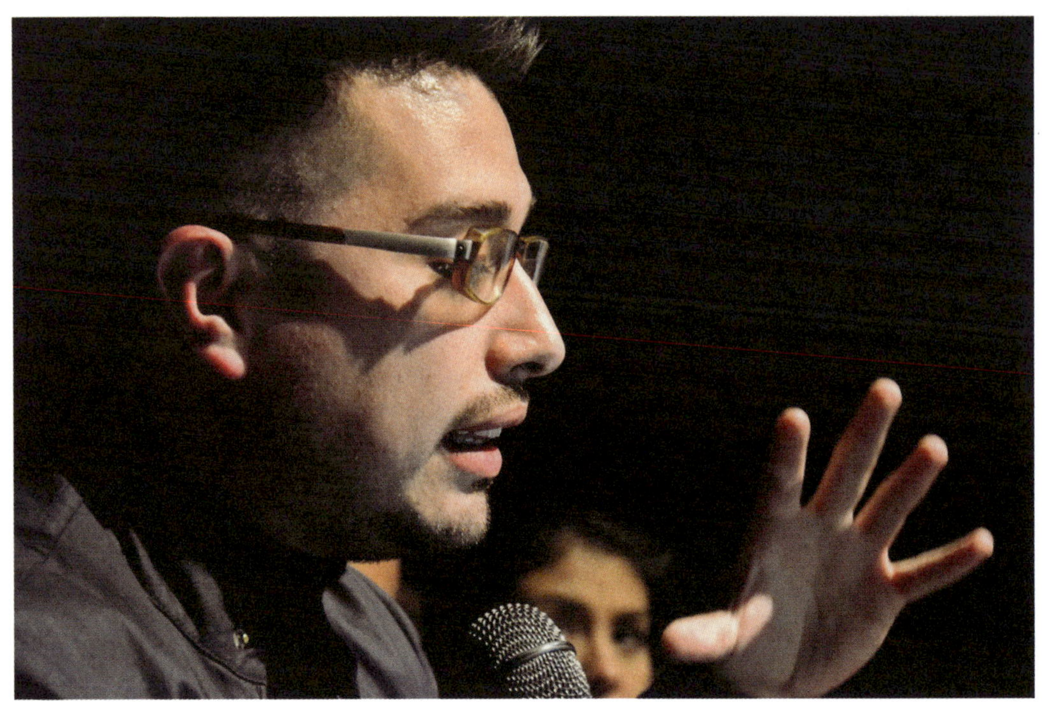

Antonio Martínez Velázquez, periodista: Los diarios en
México no transitaron a la democracia. Los diarios mexicanos
no tuvieron un proceso de transición a la democracia. Esto
implicaría una distancia con el poder, un ojo crítico
dependiente, desde luego, desde su posición política, ante la
realidad interpretable. Los últimos años se nos han presentado
de forma contraria: son los medios impresos parte de la
maquinaria gubernamental, comparsa del poder y no disidentes.

Antonio Martínez Velázquez, journalist: In Mexico newspapers
have not moved toward democracy. Mexican newspapers did not
undergo a transition to democracy. This would imply a distance
from power, a critical eye that would depend, of course, on
their political position in relation to the interpretation
of reality. Recent years have shown things to be otherwise:
the print media are part of the government machinery, power's
flunkies rather than dissidents.

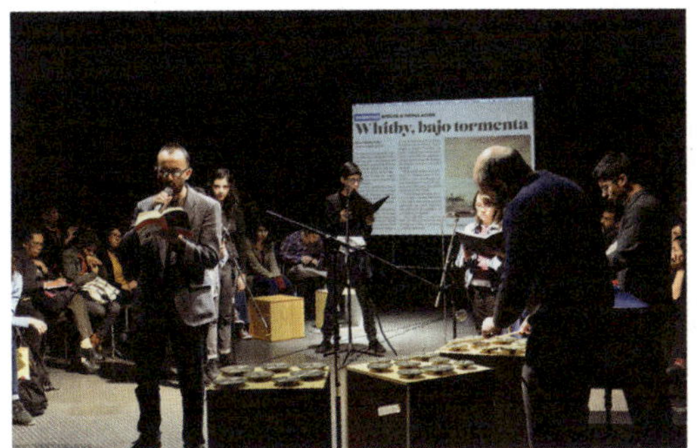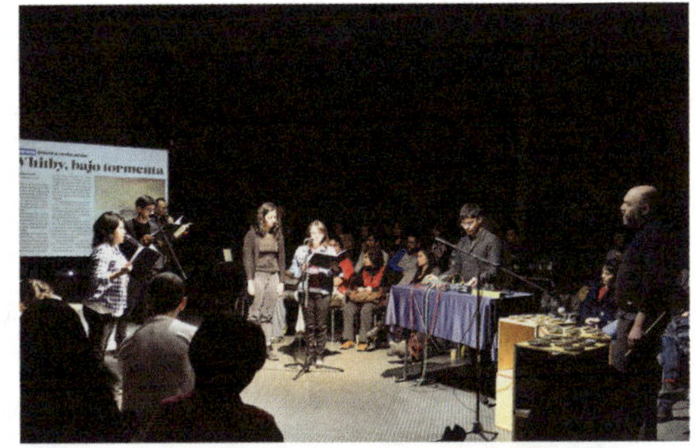

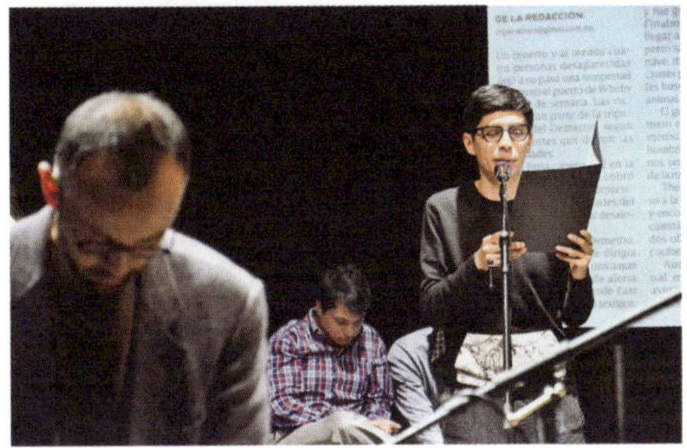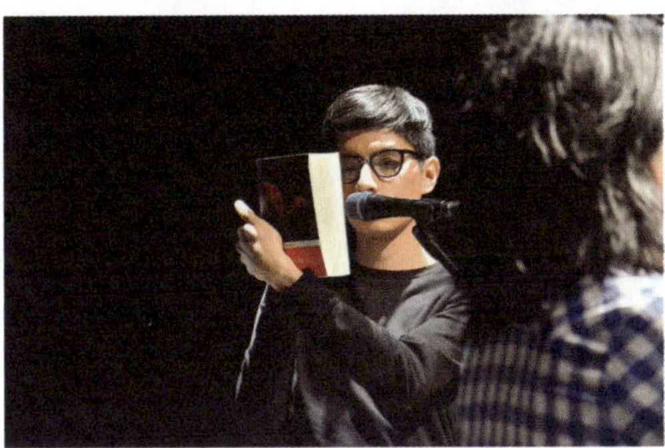

Carlos Amorales y Buró Fantasma, colectivo; performance: [voces e instrumentos metálicos haciendo interferencia] Los demás estaban más abatidos. Según ellos, hacía tiempo que tenían desaparecidos, mas al ser interrogados, solamente contestaron aquello que abordo día a día. Finalmente, el segundo se enfadó de nuevo por el mismo motivo.

Carlos Amorales and Buró Fantasma, artist collective; performance: [Recorded whispers and metal instruments interfere with the audio] The others were more dejected. According to them, it had been awhile since there had been such a disappearance, but upon being asked, they only answered that something was on board. In the end, the second one got angry again for the same reason.

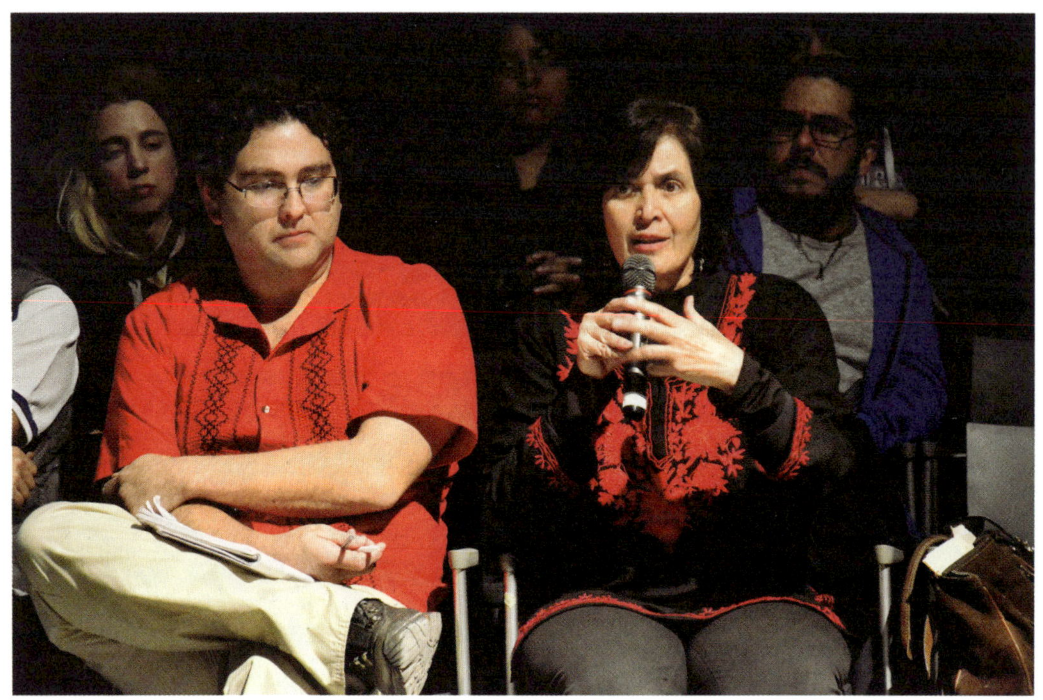

Dolores González Saravia, economista/activista social:
Somos parte de todo lo que está pasando y cada día somos
interpelados, efectivamente, por una imagen, que por un lado
genera confusión… nos confunde, pero por otro lado nos obliga
a encontrar la explicación para pasar de la confusión al
entendimiento de la complejidad de lo que estamos viviendo. Hay
tres tendencias en este momento de transición civilizatoria:
la contradicción capital-naturaleza que está conduciendo hacia
una catástrofe ecológica, y en México, por ejemplo, solamente
en cuatro estados del norte hay 26 mil concesiones mineras, y
podemos suponer lo que eso significa en términos ambientales
para esos estados. Una situación de guerra permanente, a la
que hoy nos hemos referido de alguna manera, y una creciente
desigualdad.

Dolores González Saravia, economist and social activist: We're
part of everything that's happening, and every day we're
effectively interpellated by an image that generates confusion
on the one hand… confusing us, but on the other it requires
that we find the explanation for passing from confusion to
understanding of the complexity of what we're living through.
There are three tendencies at this moment of civilizing
transition: the contradiction between capital and nature that
is leading us toward an ecological catastrophe—in Mexico, for
example, in just four northern states there are twenty-six
thousand mining concessions and we can guess what this means in
environmental terms for those states—a situation of permanent
warfare, to which we have in some sense been referring today,
and growing inequality.

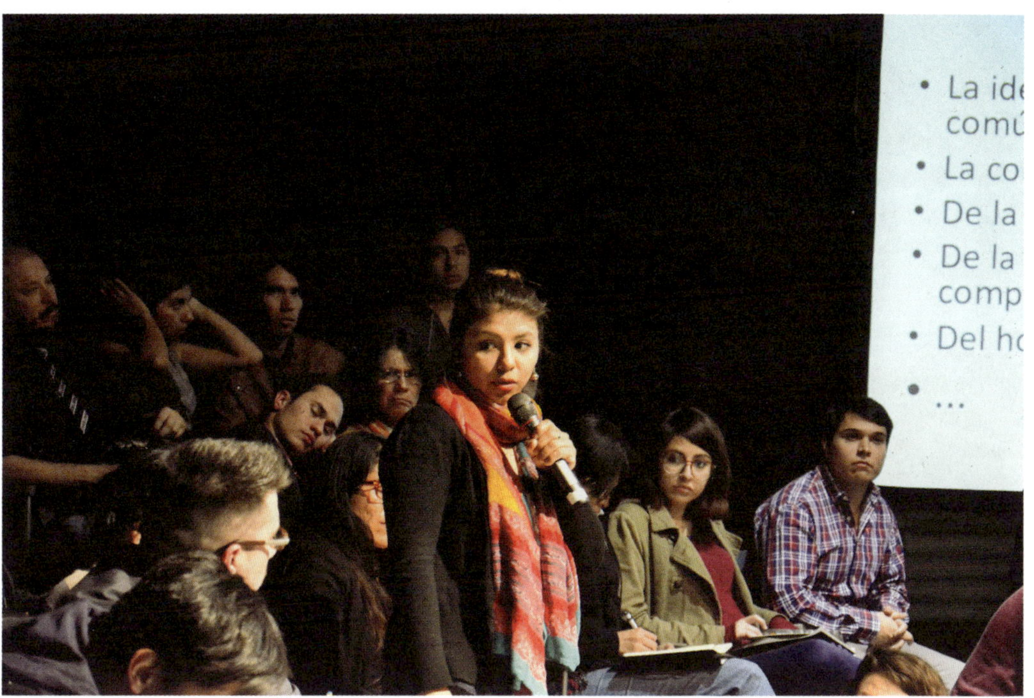

Janahuy Paredes, defensora de derechos humanos: Vengo del estado de Michoacán y busco desde el 2007 y exijo al Estado mexicano que presente con vida a mi papá, que es defensor de los derechos humanos. En este camino no estoy sola, yo vengo de un colectivo de familiares de personas desaparecidas en el estado de Michoacán, donde las autoridades directamente han tenido que ver con su desaparición. Mi llamado es que también ustedes puedan involucrarse, visibilizar desde el arte lo que está pasando, esta mentira que se ha trabajado desde hace mucho y que nosotros a veces también tenemos un estigma con los familiares de los desaparecidos [puesto] que no sabemos sus historias, pero si ustedes se pudieran acercar a cada familiar, vemos que en México, hay un proyecto de destrucción de la juventud.

Janahuy Paredes, human rights advocate: I'm from the state of Michoacán and since 2007 I've been seeking and demanding that the Mexican State locate my father, alive. He is a human rights defender. I'm not alone on this path: I'm part of a collective of relatives of disappeared persons in Michoacán, where the authorities have had a direct hand in their disappearance. I'm calling on you to get involved, too, to show what's happening from the standpoint of art, this lie that has been cooked up for a long time now, and that we sometimes have a stigma as relatives of the disappeared [since] we don't know all their stories. But if you could get to know each relative, you will see that in Mexico there is a project to destroy the youth.

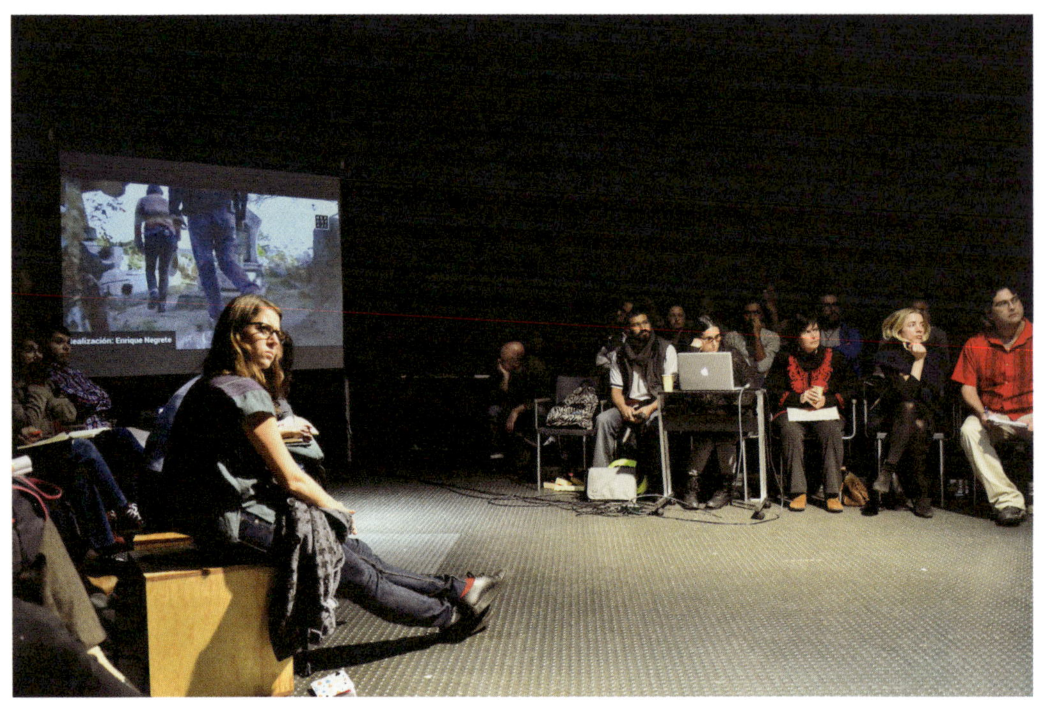

Vecinos del Ritmo, colectivo; performance: Estamos todos en
este sótano. Bajaste las escaleras y notaste que el piso
de este lugar es negro. Cada agitación, un revolver de la
tierra. Cada cráneo, un anillo nuevo del cascabel telúrico.
Una resonancia colectiva tiene algo de viento. Puede llevarse
a otros a su paso.

Ileana Diéguez, curadora/investigadora: El campo de
guerra en el que vivimos parece tener como objetivo el
exterminio de ciertas vidas de la forma más siniestra,
desmaterializando la materia, anulando los cuerpos, incluso
cuando la memoria de esos cuerpos deviene imagen y en su misma
condición de imágenes logran ser imágenes de una pérdida.

Vecinos del Ritmo, artist collective; performance: We are all in
the basement. You came down the stairs and noticed that the floor
down here is black. Each agitation, a stirring up of the earth.
Each cranium, a new ring on the earthly rattle. A collective
resonance has something of the wind about it. It can carry
others in its passing.

Ileana Diéguez, curator and researcher: The point of the
battlefield in which we live seems to be to exterminate certain
lives in the most sinister way, dematerializing matter,
annihilating bodies, even when the memory of those bodies
becomes an image and in its very condition as image manages
to be an image of loss.

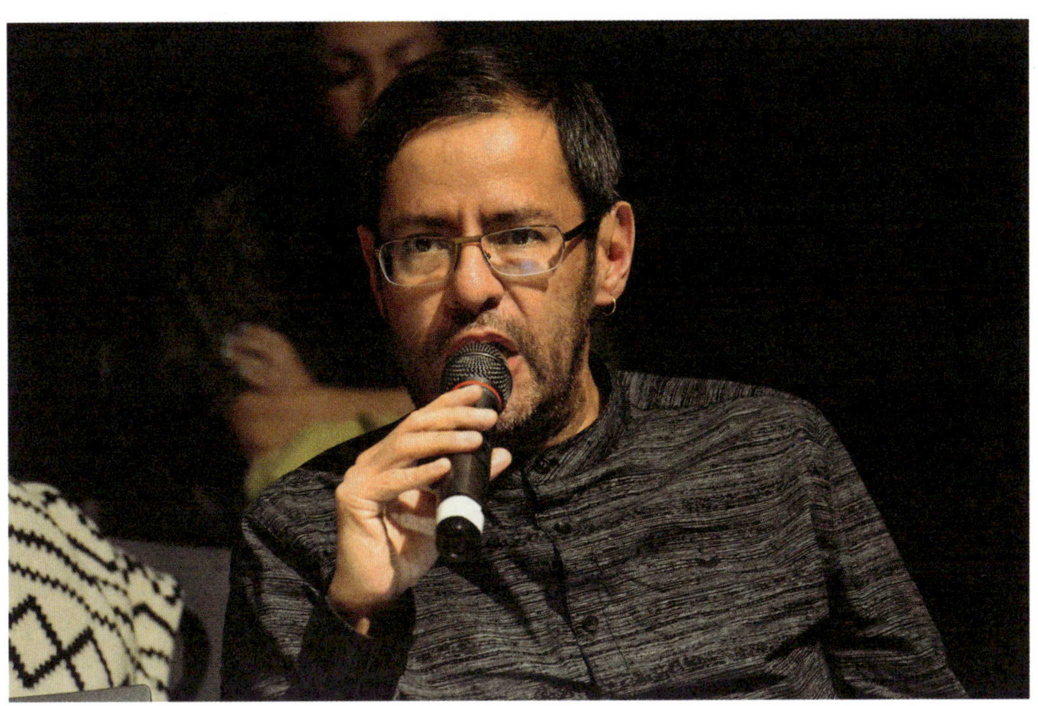

Federico Navarrete, historiador/antropólogo: Tiene mucho que ver con dos elementos fundamentales del México de hoy: la desigualdad y el racismo. La mayoría de las víctimas de violencia ya eran invisibles en vida porque eran pobres, ya eran invisibles porque eran morenos, y éste es un país en que los únicos que se ven, los únicos que salen en las primeras planas de los periódicos, salvo que estén en condiciones de criminales o de cadáveres, son los blancos y los ricos. Entonces, éste es un país que en vida condena a la invisibilidad a la inmensa mayoría de su población, y de esa invisibilidad y de esa indiferencia, que se ha manufacturado a lo largo de decenas de años de desigualdad y racismo, surge la posibilidad de la muerte.

Federico Navarrete, historian and anthropologist: It has a lot to do with two fundamental aspects of Mexico today: inequality and racism. The majority of the victims of violence were already invisible when they were alive because they were poor. They were already invisible because they were dark-skinned, and this is a country in which the only people who are seen, the only people who appear on the front pages of the newspapers, outside of criminals or corpses, are rich white people. So this is a country that condemns the vast majority of its population to invisibility, and it is out of that invisibility and that indifference, which has been manufactured over the course of decades of inequality and racism, that the possibility of death emerges.

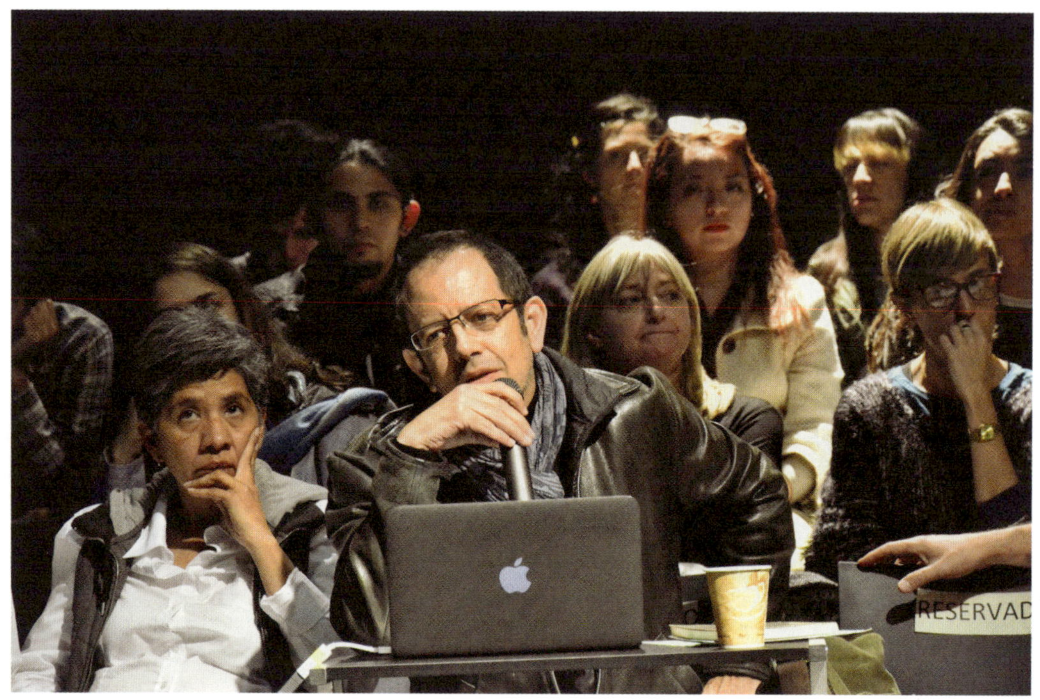

Israel Martínez, artista; intervención de video: [proyección del video en el que Angélica Rivera, "la Gaviota", hace declaraciones sobre la compra de la Casa Blanca] Aunque no soy servidora pública, reitero, es importante para mí comunicarles que un objetivo fundamental para el gobierno de mi esposo es *celebrar la ignorancia, la falta o el bajo nivel de educación, el machismo, la violencia, el clasismo, y por supuesto, el racismo.*

Israel Martínez, artist; video intervention: [Video projection in which Angélica Rivera "la Gaviota" makes a series of statements about the purchase of a luxurious house in Las Lomas de Chapultepec] Although I'm not a public servant, I repeat, it's important for me to convey that a fundamental objective for my husband's administration is *to celebrate ignorance, a lack or a low level of education, machismo, violence, classism, and of course, racism.*

José Luis Barrios, filósofo/curador: Dejaré correr una serie de imágenes para que vayan cayendo, como tengan que caer, en una versión que intenta mostrar una historia secreta de la violencia que flota en la conciencia fantasmática de todos nosotros.

José Luis Barrios, philosopher and curator: I'm going to play a series of images that will land however they need to land, in a version that attempts to show a secret history of the violence that floats in the phantasmatic consciousness we all share.

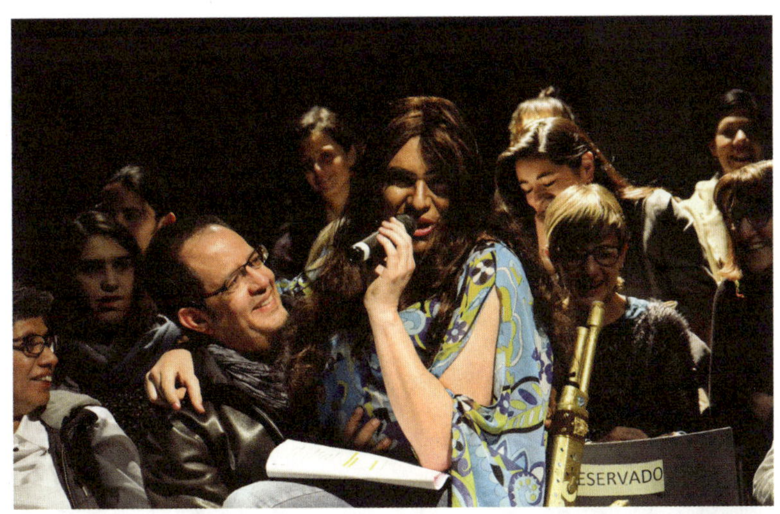

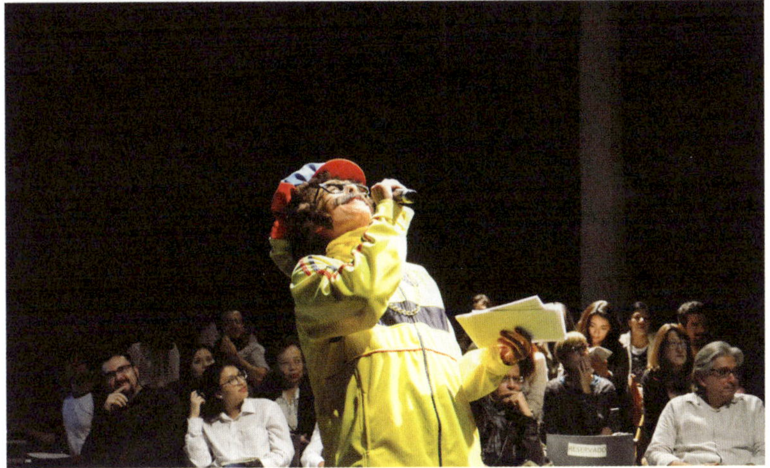

José Antonio Cordero y Cecilia Sotres, artistas de cabaret; performance: [música drum & bass de fondo] ¿Cómo metes a los 43 normalistas en un vocho? ¿eh? ¡Pues todos en el cenicero, juntitos! [risas de Cecilia]. [José:] No a los medios, no a la religión, no a la política, no al enriquecimiento ilícito, no a las diferencias raciales, no a la sangre, ¡sí a la vida! [Cecilia:] ¿Qué qué qué te pasa?

José Antonio Cordero and Cecilia Sotres, cabaret artists; performance: [Drum & bass music in the background] How do you get 43 student teachers into a Volkswagen Beetle? Huh? All together in the ashtray! [Cecilia laughs] [José:] No to the media, no to religion, no to politics, no to unlawful enrichment, no to racial differences, no to blood, yes to life! [Cecilia:] Wh-wh-what? What's up with you?

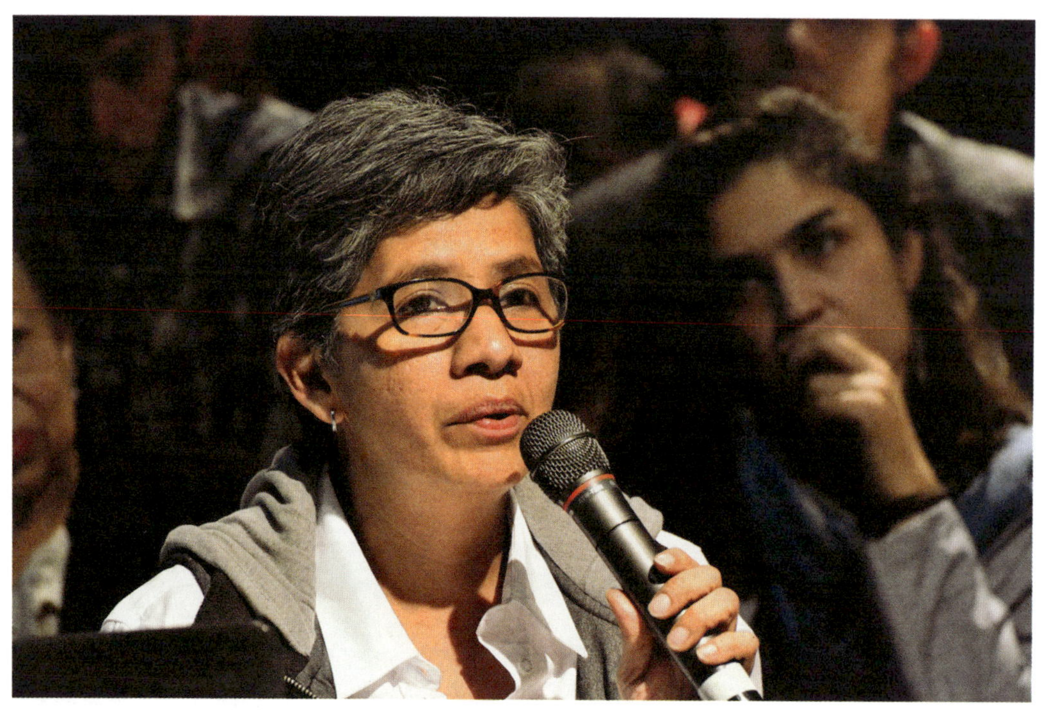

Elia Baltazar, periodista: Nosotros [los periodistas] pese a todo, pese a la mala fama que está sobre nosotros, hemos logrado que por lo menos se sepan historias, parcialmente si ustedes quieren, las más importantes historias de corrupción en este país vienen de la pluma de un periodista. En la Cámara de Diputados se pelean, en el Senado se pelean, se pican los ojos, se dicen hasta de lo que se van a morir. Pero cuando un amigo cumple años, las diferencias quedan atrás.

Elia Baltazar, journalist: Despite everything, despite the bad reputation that's come over us, we [journalists] have at least managed to publicize stories, albeit partially if you like. The most important stories of corruption in this country come from a journalist's pen. They fight in the Chamber of Deputies, they fight in the Senate, they peck at each other's eyes; they even tell each other how they're going to die. But when it's a friend's birthday, they set their differences aside.

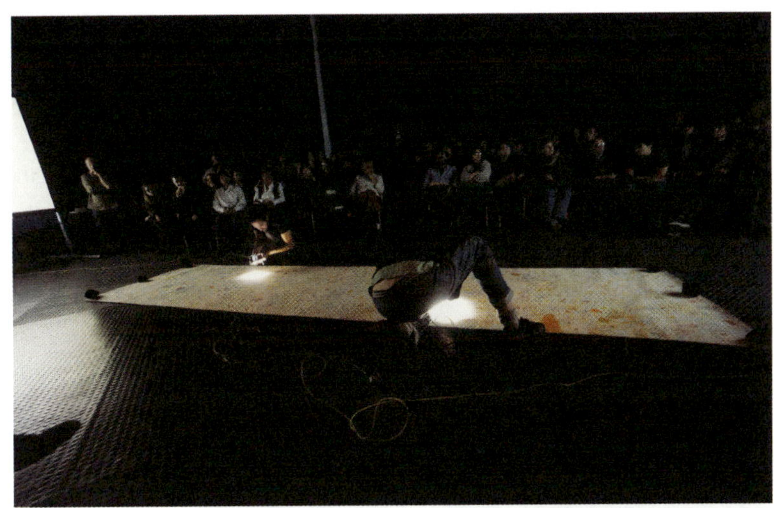

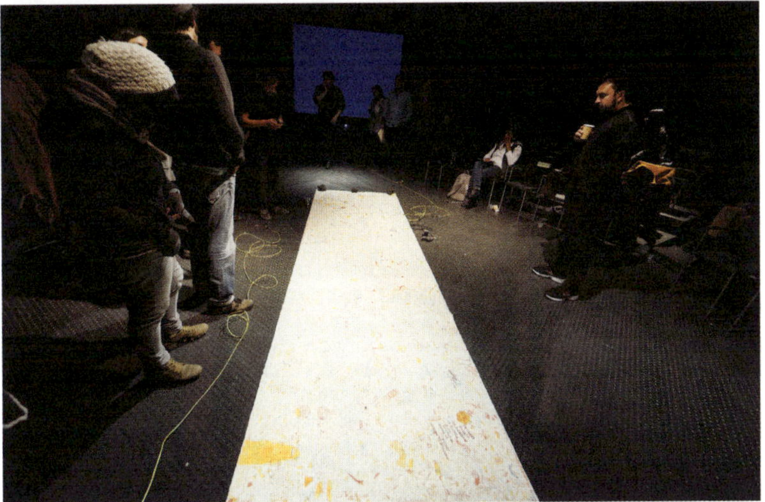

Cráter Invertido, colectivo; performance: [proyección de video y audio de Angélica Rivera, "la Gaviota", haciendo declaraciones sobre la Casa Blanca] *…Quiero comunicarles que he tomado la decisión de vender los derechos derivados del contrato de compra-venta. Porque yo no quiero que esto siga siendo un pretexto para ofender…*

Cráter Invertido, artist collective; performance: [Video and audio projection of Angélica Rivera "la Gaviota", making a series of statements about her luxurious house] … *I want to inform you that I have decided to sell the rights derived from the contract of sale, because I don't want this to continue to be a pretext for people to continue the offenses…*

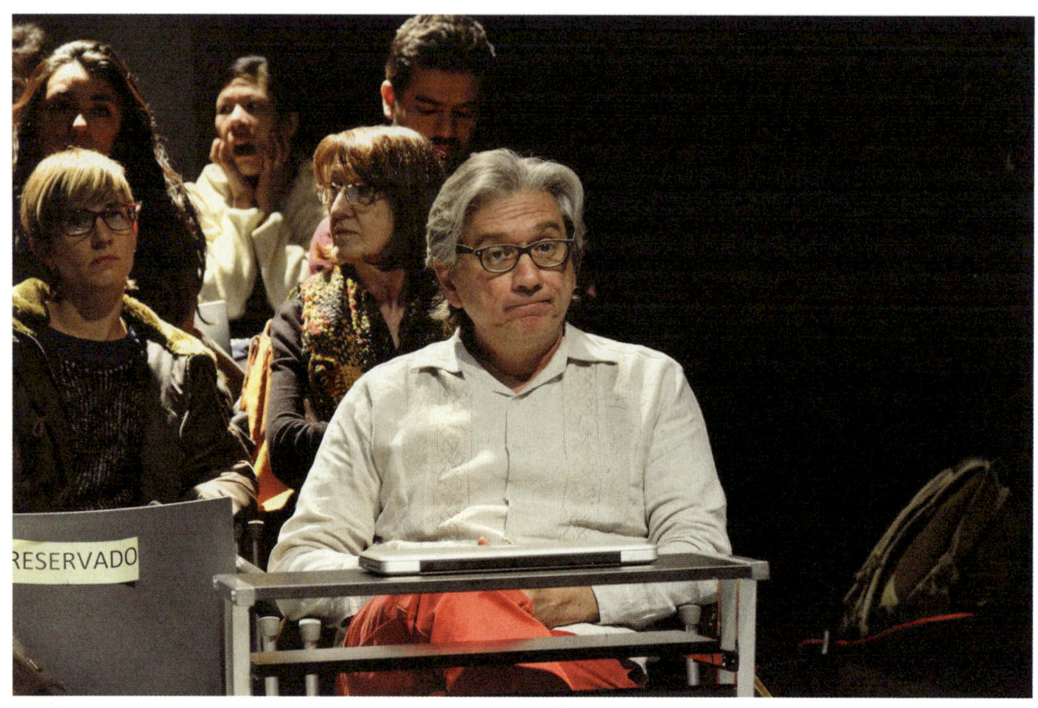

Manuel Hernández, psicoanalista: Bill Viola, artista del video, dice que él hace arte para cambiar vidas, y tal vez no sea el único artista que aspira algo así. ¿La vida de quiénes? Este evento, el de hoy, ¿a quiénes alcanza?, ¿a quiénes afecta? *Rolling Stone* es una revista que está en la frontera entre el círculo verde y el círculo rojo. La televisión ni qué decirlo, cubre ambos círculos; el cine también, como el que hace Sean Penn y como el que "el Chapo" quería producir con Kate [del Castillo]. Eso es arte público en el sentido en que hacer arte público depende de ubicar dónde está la plaza pública hoy, y ya no es el ágora. ¿Cómo llegar al círculo verde para que ahí el arte cambie vidas?

Manuel Hernández, psychoanalyst: Bill Viola, a video artist, says that he makes art to change people's lives, and he's probably not the only artist who aspires to something along those lines. Whose lives? This event, today: whom will it reach? Whom will it affect? *Rolling Stone* is a magazine that's on the border between the green circle and the red circle. Then there's television, which covers both circles; the movies, too, like the ones Sean Penn makes, and like "el Chapo" wanted to make with Kate [del Castillo]. That is public art, in the sense that making public art depends on figuring out where the public square is today, now that it's no longer the agora. How is one to reach the green circle so that art changes lives there?

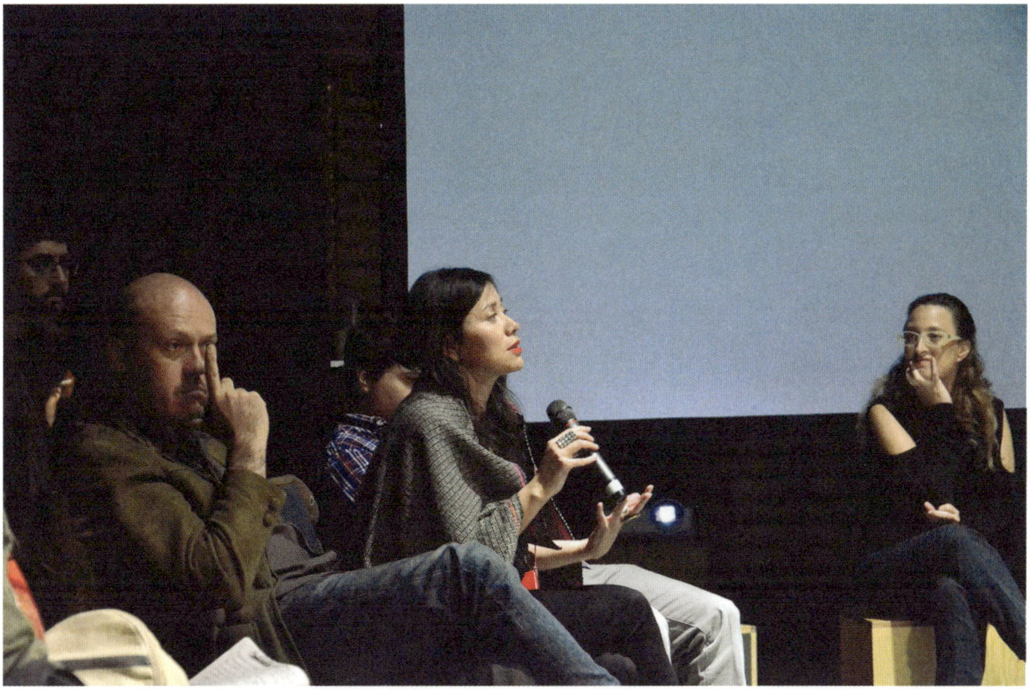

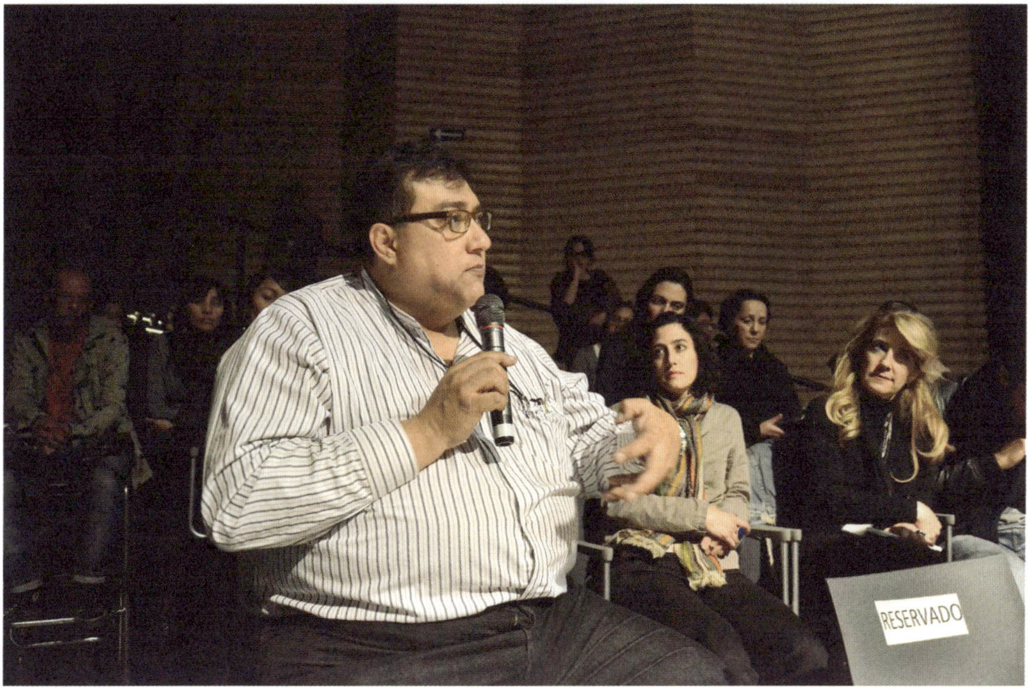

RESERVADO

Contra-ritmos. Después del fin del mundo

—

PATRICIO VILLARREAL ÁVILA

Para nosotros los mexicanos es necesario recordar aquellos últimos días del año 2012 como el fin del mundo. En efecto, el calendario maya predijo el día 21 de diciembre de aquel mismo año como el último. Era una indicación, o tal vez una señal de una falla o un colapso por venir. Para nosotros, la emergencia de aquellos días consistía en repasar los últimos años, volver a los acontecimientos recientes, repasar nuestra vida más íntima y personal, así como la vida política y nacional.

¿Por qué? Para responder habría que lanzar una nueva pregunta: ¿qué mundo estábamos viviendo justo antes del final? Al repasar los últimos eventos, nuestra intención era, de cierta forma, traer al centro ese ritmo establecido por el *tempo* de la modernidad mexicana que ha permanecido con nosotros ininterrumpidamente. El paso de la historia mexicana moderna ha estado marcado por periodos de seis años, tiempo de duración de cada mandato presidencial. En México lo conocemos —y lo hemos interiorizado— con el nombre de *sexenio*, y es la manera en que concebimos y entendemos los ciclos y todos sus eventos en el orden de lo político; es la articulación temporal con la que ha marchado nuestra vida nacional, colectiva, doméstica y personal durante todo el siglo XX. Pero la música del poder político sólo es posible junto a otros ritmos que siempre aparecen para perturbarlo, esperados o insospechados; ritmos paralelos, colaborativos, antagónicos, entre muchos otros.

Durante el sexenio anterior —que fue del año 2006 al 2012—, el ritmo se transformó en una inmensa pauta siniestra: la cuenta incesante —que aun hoy no se detiene—, de los cientos de miles de personas muertas y desaparecidas debido a la imparable violencia esparcida por todo el país ante la declaración de guerra contra los cárteles del narcotráfico llevada a cabo por el expresidente Felipe Calderón.[1] El ritmo del Estado se convirtió entonces en un

—

1— La llamada "guerra contra el narcotráfico" es un conflicto armado iniciado por la administración de Felipe Calderón Hinojosa el 11 de diciembre del 2006, que llevó al despliegue de fuerzas policiacas y militares por las calles del país, desatando niveles de violencia inéditos en las últimas décadas. Se estima que los bandos del narcotráfico crecieron 900% gracias a la fallida estrategia de dicha guerra, según información del Centro de Investigación y Desarrollo Económico (CIDE). Disponible en: <http://ppd.cide.edu/publicaciones-2>.

continuo escondite para la arritmia que evidenciaba su
falla: la arritmia de su colapso.

Nuestro propósito era producir un *contra-ritmo* a
través del repaso de nuestras experiencias durante aquellos años devastadores y, después, presentir el mundo por
venir. Ese intento se llamó *Lo que viene*. Si como afirma
el sociólogo argentino Eduardo Grüner: "Para el poder
todos somos cualquier cosa en cualquier momento",[2] *Lo que
viene* fue un espacio abierto para aquellos "cualquiera",
para "cualquier singularidad"; o recordando las palabras
de Giorgio Agamben: "El ser que viene es el ser cualsea".[3]

***

Lo que viene fue sin duda una producción teatral, aunque
concebida, producida, ensayada, gestionada, dirigida y presentada de una manera no tradicional, especialmente para
los estándares altamente conservadores de la burocracia
cultural mexicana. Fue un teatro que permanecía abierto
durante aproximadamente diez horas diarias, en el que se
reunían la casi totalidad de periódicos impresos durante el
sexenio de Felipe Calderón. Seis años de diarios impresos
para revitalizar nuestra memoria a través de los eventos más
destacados de nuestra vida social y política puestos en papel,
y donde cinco micrófonos repartidos en el teatro esperaban
a la gente —a quienes nos referíamos como público, espectadores o participantes— a que hablara en voz alta para
compartir sus propias experiencias de los pasados seis años.

Se instaló un teléfono fijo, habilitado para recibir
llamadas gratuitas de larga distancia de todo el país.
Las llamadas eran escuchadas en vivo a través de bocinas
ubicadas tanto adentro como afuera del edificio, igual que
sucedía con los micrófonos en el interior del recinto. De esta
forma, aquellas personas que nos hablaban *in situ*, igual
que aquellas otras que lo hacían por teléfono, eran sus-
ceptibles de ser escuchadas por cualquiera que estu-

—

2— Eduardo Grüner, "Dicen que la memoria es el olvido", en *La cosa política o
el acecho de lo real*, Buenos Aires, Paidós, 2005, p. 170.

3— Giorgio Agamben, *La comunidad que viene*, trad. José Luis Villicañas y
Claudio La Rocca, Valencia, Pre-Textos, 2006, p. 9.

viera cerca del teatro, además de que sus palabras quedaban siempre grabadas por medio de un programa de registro sonoro. Fue así, un espacio para ser habitado y apropiado por toda persona en presente. Un espacio para producir conversaciones potenciales, y donde se retransmitía una y otra vez un recordatorio con las preguntas lanzadas por Teatro Ojo, para ser respondidas frente a los cinco micrófonos.[4]

Se colocaron varias mesas de madera con lámparas alrededor del escenario para revisar noticias, notas, fotografías, artículos, publicidad, esquelas, programaciones y demás cosas, que se mezclaban con las memorias personales de cada uno; una sola mesa llevaba encima un rollo de papel albanene, crayones, marcadores, lápices de color, gomas de borrar, tijeras y pegamento para dibujar, escribir, trazar, colorear, cortar o pegar cualquier imagen posible. A la entrada del teatro, agua, café y té también estaban a disposición de la gente.

Un video que proyectaba la construcción de un monumento muy cerca del teatro se mostraba incesantemente durante la instalación escénica. En los momentos en que el espacio quedaba vacío de público, o cuando nadie participaba con algún relato, los discursos grabados de la gente se tocaban una y otra vez para ser escuchados dentro y fuera del teatro, cual caja de resonancia. La pieza escénica devino un enjambre de subjetividades, acontecimientos, rostros, cuerpos y encuentros, que tejían una urdimbre de historias, sueños, conversaciones, nombres, dibujos y voces.

***

Ciertamente, *Lo que viene* se transformó en un lugar para expandir —de forma efímera— nuestros propios posibles ritmos. O como lo sugiere el filósofo catalán Santiago López Petit: el ritmo como la mera "expresión del *querer vivir*".

—

4— Las preguntas eran: ¿Cómo ha sido su vida en los últimos seis años? ¿Qué le preocupa? ¿Tiene alguna preocupación que le inquiete en este momento? ¿Recuerda algún sueño que haya tenido en los últimos seis años? ¿Cómo está su familia? ¿Actualmente tiene algún presentimiento? ¿Extraña algo del pasado? ¿Qué ha cambiado en su vida en los últimos seis años?

Tal vez, un espacio potencial para el anonimato "en los que la gente toma la palabra y pierde el miedo".[5]

Así, en el *fin de nuestro mundo*, distintas protestas y manifestaciones con distintos rostros, aparecieron al final de aquel periodo presidencial para exigir una justa Ley General de Víctimas.[6] Pero el gobierno del entonces presidente Felipe Calderón, en su lugar, decidió construir un magnífico monumento: el Memorial para las Víctimas de la Violencia, en el que paradójicamente se niega a gran parte de las víctimas que habían sido asesinadas y atravesadas por la violencia desatada. Quiere decir: no toda la gente muerta por medio de la violencia causada por la guerra contra las drogas será considerada como una víctima, sino sólo aquella que le sea conveniente al Estado.

Tiempo atrás, durante su mandato, otro monumento sin sentido —edificado en esa misma importante avenida de la Ciudad de México— se vio envuelto en un gran escándalo de corrupción.[7] Sin embargo, debemos recordar que en la historia moderna de México, en los años sesenta para ser precisos, una estatua —causa de odio colectivo y estudiantil— voló en pedazos como resultado de paulatinos bombardeos.[8] Es preciso imaginar que el acto de destrucción de aquel monumento que alguna vez estuvo erguido en medio de Ciudad Universitaria de la capital mexicana permitió la construcción de nuevos caminos para la

—

5— Santiago López Petit, "¿Y si dejáramos de ser ciudadanos? Manifiesto por la desocupación del orden", *El Viejo Topo*, núm. 272, septiembre de 2010, p. 67. Recuperado el 9 de enero de 2017. Disponible en: <http://www.ub.edu/catedra-filosofiacontemporanea/sites/all/images/files/Petit.pd>. Consultado el 9 de enero de 2017.

6— La Ley General de Víctimas fue vetada por el expresidente Felipe Calderón en su último año de gobierno. Fue después promulgada y publicada el 9 de enero del año 2013 durante los primeros días del mandato de Enrique Peña Nieto, y presume establecer un marco de derechos y protección para las víctimas que han sido atravesadas por la violencia que azota a México.

7— La llamada Estela de Luz —y apodada con el nombre de "Suavicrema"— se construyó para conmemorar el bicentenario de la Independencia y el centenario de la Revolución mexicana. Su altísimo costo de 1,035 millones de pesos mexicanos desató un enorme escándalo de corrupción al final del gobierno calderonista.

8— La estatua del expresidente Miguel Alemán se construyó en el año 1952 y se ubicaba en medio del campus universitario de la UNAM. Sufrió dos atentados: el primero en 1960 y el segundo en el año 1966, siendo el último el que destrozó su cabeza, por lo que fue cubierta por un andamio con láminas acanaladas.

imaginación, mismos que se volvieron posibles en la forma de un destello efímero.[9]

Así, ya en el siglo XXI, la reacción contra aquel proyecto y aquella decisión autoritaria y evasiva reunió a activistas, artistas, actores políticos y, sobre todo, a los familiares sobrevivientes de las personas asesinadas durante los años de violencia, con lo cual iniciaron una larga procesión para demandar justicia y dispersar la noticia a lo largo y ancho del país, y más allá de sus fronteras.[10]

***

El monumento dedicado a las víctimas de estos crímenes empezó a ser construido junto a un campo militar sobre la calle más importante de la Ciudad de México, apenas unos metros distante del Centro Cultural del Bosque, en el que Teatro Ojo tenía programada una presentación que debía ser producida, ensayada y presentada a fines del año 2012. Así, resultó que el lugar donde se construía el "memorial" y el Teatro El Galeón compartían un mismo predio perteneciente al Estado.

Teatro Ojo estaba ahí, como testigo de la construcción de aquel monumento sobre la vida diaria de esa zona específica, a la escucha de las máquinas y el trabajo cotidiano que producía y a la espera de la transición presidencial —la salida de Calderón, quien trajo la guerra contra el narcotráfico, y la llegada de Enrique Peña Nieto, quien representa el regreso del partido que gobernó México por casi 80 años, y cuyo gobierno ha sumado otros casos de violencia, así como casos de corrupción en los que los propios gobernantes se han visto envueltos.

El proyecto original estaba inspirado en el libro *La invención de la histeria* del historiador francés Georges Didi-Huberman, y era el deseo de trabajar en torno al uso

---

9— Me refiero al llamado Mural Efímero como manifestación expresiva del movimiento estudiantil de 1968.

10— La caravana llevada a cabo por el Movimiento por la Paz con Justicia y Dignidad congregó a una importante cantidad de actores públicos y gente de la sociedad civil convocada por el poeta Javier Sicilia para recorrer México y Estados Unidos en demanda de justicia por las cientos de miles de víctimas afectadas por la violencia.

oficial de las imágenes de violencia explícita, así como al debate que despertaba su nivel de exposición y diseminación por todo el país desde el año 2008. De cómo ciertos poderes *de facto* producían el sintagma y la sintaxis a favor de una gramática visual del miedo, así como los efectos psíquicos que esto causaba en toda la población.

Era una pregunta sobre algo que solíamos llamar, al interior de Teatro Ojo, "imágenes histéricas" y cómo éstas —en un perverso juego de sobreproducción y ocultamiento— dispersaban mediante de una "fabricación sutil" un enorme miedo social. Era la emergencia de aquellos días —y aún es una emergencia— crear un espacio para darle lugar a lo que sea que nos estaba pasando... y nos pasa todavía. Esas imágenes espectrales alrededor nuestro que acechan y penetran el lugar más personal e íntimo de nuestras vidas.

Así que decidimos hacer girar el timón: la lectura sorpresiva de otro trabajo más reciente de Didi-Huberman, *Supervivencia de las luciérnagas*, nos permitió encontrar la descripción de una increíble experiencia llevada a cabo por una periodista llamada Charlotte Beradt,[11] sobreviviente del ascenso del Tercer Reich alemán durante la década de los treinta, quien llevó a cabo la "poco razonable tarea" de reunir un gran número de sueños anónimos para "ofrecer algo así como un documento psíquico" o una "sismografía íntima"[12] como una posible contrahistoria.

Entonces estábamos ahí, produciendo una obra teatral con presupuesto público para un teatro público, compartiendo el mismo predio con el lugar donde se construía el dichoso Memorial a las Víctimas de la Violencia, y decidimos usar ese dinero proveniente del Estado como una forma de responderle al monumento que se erigía frente a nosotros.

***

—

11— La tarea de recopilación que llevó a cabo Charlotte Beradt se dio en Berlín entre 1933 y 1939, y fue posteriormente publicada en los años sesenta bajo el título *Los sueños del Tercer Reich* en alemán y en inglés. También existen ediciones en francés, italiano y recientemente en portugués.

12— Georges Didi-Huberman, *Supervivencia de las luciérnagas*, trad. Juan Calatrava, Madrid, Abada Editores, 2012.

Terminamos con la decisión de mejor transformar aquel punto en algo más bien cercano a una plaza pública, donde las palabras pudieran ser dichas y escuchadas con libertad: algo entre *agora*, *speakers' corner*, asamblea o, mejor aún, caja de resonancia. Cambiamos de posición y nos desplazamos al mundo de los sonidos producidos por las muchas voces de quienes habitan nuestra propia realidad.

Según un libro español llamado *La hipótesis Babel*, una torre puede ser desplazada a través de un tejido de palabras colectivo, singulares pero entrecruzadas todas ellas. Dice que la supuesta verticalidad de un monumento es sólo "una ilusión sostenida por la arquitectura y demolida siempre por la literatura".[13]

Lo que viene fue el intento de hablar tal vez desde el profundo y arcaico horror que merodea —todavía hoy— el presente mexicano, contra el terror sistemático que produce un proyecto como aquel monumento estatal, o como lo hace también este Estado monumental. La enunciación constante de sueños, premoniciones, deseos, recuerdos, miedos, alegrías, quejas, era apenas una estrategia —o quizá un sutil conjuro— para mantenernos lejos de la muerte, una forma de apuntar hacia aquel monumento con su rígida máscara que se alzaba frente a nosotros.

Se cuenta que una noche el pintor oaxaqueño Francisco Toledo fue picado por un venenoso alacrán mientras estaba solo. Lo primero que recordó fue un momento durante su niñez cuando una tía también sufrió la picadura de un alacrán y su lengua empezó a paralizarse como primera señal de lo que creía sería una muerte inminente. Así que el artista, aterrorizado, decidió empezar a hablar, hablar por hablar, o mejor, hablar para salvarse al evitar que su lengua quedara paralizada y, de esta manera, disipar la muerte.

***

Lo que viene fue un manifiesto. Una toma de palabra en un momento de emergencia en el que quienes hablaron transformaban aquel teatro en un espacio para *lo político*

—

13— Arturo Leyte, "Introducción. Antes y después de Babel", Juan Barja y Julián Jiménez Hefferman, *La hipótesis Babel. 20 formas de desplazar una torre*, Madrid, Abada Editores, 2007, p. 7.

"no por lo que dicen, sino porque se lo dicen a otros quienes comparten un espacio interactivo de exposición recíproca", y en donde "hablarse los unos a los otros es comunicar la unicidad irrepetible de cada hablante". Así, en sintonía con la propuesta de la filósofa italiana Adriana Cavarero, *Lo que viene* fue un acto de presencias sonoras reunidas cada una conducida por su propia voz, en donde el teatro era más bien un instrumento musical para que apareciera "una relación vocálica que convoca bocas y oídos, donde voces únicas vibran en su propia resonancia".[14]

Y como muy probablemente ya se han dado cuenta, el mundo no se ha acabado aún... no obstante, el 21 de diciembre del 2012, un numeroso grupo de indígenas zapatistas del sur de México celebró el fin del mundo como el fin de una era. Salieron a caminar juntos en una masiva manifestación silenciosa. Quien solía ser su vocero —el subcomandante Marcos— emitió ese mismo día un comunicado advirtiendo sobre un colapso por venir: "¿Escucharon? Es el sonido de su mundo derrumbándose". Y después de predecir la caída de cierto mundo, opuso a este inevitable colapso un contra-ritmo: "Es el sonido de nuestro mundo resurgiendo".[15] Pero hasta hoy parece que el mundo no termina de colapsar. Tal vez se trata de un colapso constante y continuo lo que sus palabras predijeron.

Al final el futuro llegó, y sobra decirlo: es nuestro presente. Y todavía, el tiempo nos dice que las cosas siempre pueden empeorar. Con un horizonte salpicado de sangre por medio de múltiples y continuas masacres ejecutadas por fuerzas federales y militares, miles de mujeres violentadas hasta la muerte, estudiantes desaparecidos, torturados y asesinados, innumerables fosas comunes descubiertas por todo el país, con una sistemática amenaza contra los periodistas, poblaciones indígenas continuamente exterminadas y reservas naturales continuamente devastadas, y leyes que buscan criminalizar

—

14— Adriana Cavarero, *For More Than One Voice. Toward a Philosophy of Vocal Expression*, trad. del italiano al inglés Paul A. Kottman, Stanford, Stanford University Press, 2005, pp. 182, 190. (Traducción al castellano es mía)

15— Disponible en <http://enlacezapatista.ezln.org.mx/2012/12/21/comunicado-del-comite-clandestino-revolucionario-indigena-comandancia-general-del-ejercito-zapatista-de-liberacion-nacional-del-21-de-diciembre-del-2012/>.

toda manifestación social en el espacio público, la pregunta
es: ¿cómo aprender a dar pasos para caminar a través de
la noche y sobrevivir en esta oscuridad sin fin? Apenas
nos queda seguir el ritmo en la disonancia que produce el
estruendo de un relámpago en el momento mismo en que
cae en la tierra.

Counter-Rhythms.
After the End
of the World

—

PATRICIO VILLARREAL ÁVILA

As Mexicans, it is necessary for us to remember those last days of that year 2012 as the end of the world. Indeed, the Mayan indigenous calendar predicted the 21st day of December of that same year as the end of the world. Perhaps, it was an indication or a signal of an upcoming failure and collapse. The emergency for us was to review the days and months of the last years; to go over the events of our lives taking place in recent times: our most personal and intimate life, as well as the political and the national one.

Why? To be able to answer this question we shall pose another one: in what world are we living right before the end? By reviewing the last events of our lives our attempt was in a way to bring to the fore the rhythm established by the tempo of Mexican modernity, which has remained with us, uninterrupted, until the present day. The passage of modern Mexican history has been set by a six-year period, the length of time of each presidential term of office. In Mexico, this interval is popularly known—and interiorized—as a *sexenio*, and it is the way we conceive and understand the cycles of political events. It has been the temporal beat to which our national, collective, domestic and personal lives have marched for almost the entirety of the twentieth century. But the music of political power has never existed without other rhythms that always appear to disturb and disrupt it, either expectedly or unexpectedly: parallel rhythms, collaborative rhythms, and antagonistic rhythms, among others.

But for the preceding *sexenio*—starting in 2006 and ending in 2012—the rhythm had turned into an immense, sinister pattern: the endless counting—which still advances today—of the hundreds of thousands of dead and disappeared persons due to the unstoppable violence set off after then-president Felipe Calderón's declaration of war against drug cartels.[1] So, the rhythm of the State became a continuous hideout for the arrhythmia that would reveal its failure: the arrhythmia of its collapse.

—

1— The so-called "war against drug cartels" is an armed conflict initiated by the administration of Felipe Calderón Hinojosa on December 11, 2006, which led to the deployment of police and military forces through the streets of the country, unleashing unprecedented levels of violence in the last decade. It is estimated that the drug gangs grew by 900% thanks to the failed strategy of that war, according to the Center for Economic Research and Development (CIDE). Available at: <http://ppd.cide.edu/publicaciones-2>.

Our purpose was to create a counter-rhythm by going over our own experiences from those devastating years, and then foretelling the world to come. That attempt became *Lo que viene*, roughly translated into english as "what is coming" or "what is to come." If, as Argentinean sociologist Eduardo Grüner states: "For power we all are anybody at any time,"[2] *Lo que viene* was an open space for those "anybodies," for "whatever singularities"; or in the words of Giorgio Agamben, "The coming being is whatever being."[3]

***

Lo que viene was certainly a theatre production, even though it was conceived, produced, rehearsed, managed and performed in a completely non-traditional way, especially by the highly conservative standards of the Mexican cultural bureaucracy. Remaining open for approximately ten hours each day, the theatre gathered together almost every single newspaper published during Felipe Calderon's *sexenio*. Six years' worth of daily newspapers were meant to revitalize our memories through the highlights of our political and social life printed on paper, and five microphones were standing there awaiting the people—whom we could call the audience, viewers, spectators or participants—to speak up and share their own experiences during those six years.

A landline that was able to receive free long-distance calls from anywhere in the country was installed inside of the theatre. The calls were audible through speakers both inside and outside the building, as was the sound picked up by the microphones on stage. So both the people talking to us *in situ* and those calling in on a telephone were able to be heard by anyone near the theatre, and their speeches were always recorded by a special computer program. It was thus a space to be inhabited and appropriated by anyone present, a place for potential conversations in which a reminder of the questions raised by Teatro Ojo

—

2— Eduardo Grüner, "Dicen que la memoria es el olvido," in *La cosa política o el acecho de lo real*, Buenos Aires, Paidós, 2005, p. 170.

3— Giorgio Agamben, *The Coming Community*, trans. Michael Hardt, Minneapolis, University of Minnesota Press, 1993, p. 1.

would be rebroadcast, in order to be answered in front of the five microphones.[4]

Several wooden tables with lamps were put on stage to help review the news, notes, photographs, advertisements, articles, obituaries, etcetera, all of which got mixed up with each person's own memories. But one specific table bore a roll of vellum paper, crayons, markers, colored pencils, erasers, scissors, and glue, with which to draw, write, trace, color, cut, or paste any possible image. Water, coffee and tea were also available at the entrance for people to take freely.

A video depicting the construction of a monument happening very near the theatre was shown endlessly during the theatrical installation. When the space was empty, or when nobody was telling his or her story, the recorded speeches were played again and again inside and outside the theatre, as a kind of echo chamber. It became a swarm of subjectivities, events, faces, bodies and encounters, woven into a fabric made up of stories, dreams, conversations, names, drawings and voices.

***

Indeed, *Lo que viene* became a place in which fleetingly to expand our own possible rhythms, or as Catalonian philosopher Santiago Lopez Petit suggests, rhythm as the very expression of the *will to live*, perhaps a potential space for anonymity "in which people speak up and lose their fear."[5]

Thus, at the *end of our world*, different protests and demonstrations with different features appeared within the end of this term to demand the acceptance of a fair General Law for Victims.[6] But then President Calderon's government

—

4— The questions were: What has your life been like during the last six years? What do you worry about? Is anything upsetting you at the moment? Do you remember any dreams you've had during the last six years? How is your family doing? Do you have any premonitions? Do you miss anything from the past? What has changed in your life during the past six years?

5— Santiago López Petit, "¿Y si dejáramos de ser ciudadanos? Manifiesto por la desocupación del orden," *El Viejo Topo*, no. 272, September 2010, p. 67. Available at: <http://autonomies.org/2015/11/the-power-of-the-anonymous-santiago-lopez-petit/>.

6— Former President Felipe Calderón vetoed the General Law of Victims in his last year in office. It was later promulgated and published on January 9 of instead decided to build a magnificent monument: the Memorial for the Victims of Violence, which paradoxically, denied the total number of victims killed and otherwise affected by the unleashed violence. In other words, not everyone who died as a result of the violence caused by the war against drugs was to be considered a victim, but only those convenient to the State.

Some time earlier, during his term, another senseless monument—built on that same important avenue of Mexico City—ended up becoming involved in a big corruption scandal.[7] Nevertheless, we shall remember that in modern Mexican history, in the 1960s, to be precise, a statue—which generated hatred among students and the community—was dynamited and blown to pieces.[8] One could imagine that the act of destroying the monument that used to stand in the middle of the Universidad Nacional Autónoma de México's campus opened new pathways for the imagination to take, which became possible in the form of an ephemeral flash.[9]

So, already within the 21st Century, the reaction against that project and that evasive authoritarian decision brought together activists, artists, political actors, and above all, the relatives of those who had been killed during the violence, initiating a long procession to demand justice and to spread the news to the entire country... and beyond.[10]

—

the year 2013 during the first days of the mandate of Enrique Peña Nieto. It attempts to establish a framework of rights and protection for victims who have been affected by the violence that plagues Mexico.

7— The so-called Estela de Luz—nicknamed "Suavicrema"—was built to commemorate the bicentennial of Independence and the centennial of the Mexican Revolution. Its high cost of 1,035 million Mexican pesos unleashed a huge corruption scandal at the end of Calderón's term in office.

8— The statue of former President Miguel Alemán was built in 1952 and was located in the middle of the campus of the UNAM. It suffered two attacks: the first in 1960, and the second in 1966. In the latter, the statue's head was blown off and it ended up being covered by a scaffolding with ribbed sheets.

9— I am referring to the Mural Efímero [Ephemeral Mural], an expressive manifestation of the 1968 student movement.

10— Started by the Movement for Peace with Justice and Dignity, the caravan brought together a large number of public actors and civil society who were summoned up by poet Javier Sicilia to travel through Mexico and the United States, demanding justice for the hundreds of thousands of victims affected by violence.

***

The monument dedicated to the victims of those crimes began to be built within a military venue on the most important street in Mexico City, scarcely a few meters from the Centro Cultural del Bosque, where a Teatro Ojo piece was scheduled to be produced, rehearsed and performed by the end of 2012. It thus turned out that the "memorial" was to be built on the same plot of state-owned land where the Teatro El Galeón was located.

Teatro Ojo was there as a witness to the construction of that monument atop the everyday life of that specific part of the city, listening to the machines and daily work it produced and awaiting the presidential transition—the departure of Felipe Calderón, who led us into the war against the drug cartels, and the arrival of our current president, Enrique Peña Nieto, who represents the return of the party who ruled over Mexico for almost eighty years, whose administration has added to the violence left by his predecessor and whose civil servants have been involved in major corruption scandals.

The original project was inspired by French art historian Georges Didi-Huberman's book *Invention of Hysteria*, and was an attempt to work on the official use of images of explicit violence, as well as the debates about how widely they have been shown throughout the country since 2008, creating a syntagm and syntax for a visual grammar of fear, and the psychological effects or influences this was causing on the Mexican people.

It was a question about something that we in Teatro Ojo used to call "hysterical images," and the way they were used—in a perverse game of overproduction and hiding—to spread massive social fear through a "subtle fabrication." It was the emergency of those days—and it is still an emergency today—to make a space for whatever was—and still is—happening to us, the spectral images that haunt us and penetrate into our most intimate and personal lives.

So we decided to turn the tables: upon reading a more recent—and surprising—book by Didi-Huberman, *Survivance des lucioles*, we found the description of an amazing experience by a female journalist named Charlotte Beradt,[11]

11— The compilation carried out by Charlotte Beradt took place in Berlin between 1933 and 1939, and was later published in the 1960s under the title

a survivor of the rise of the Third Reich in Germany during
the 1930s, who carried out the "irrational task" of col-
lecting a large number of anonymous dreams in order to
"offer something like a psychic document" or an "intimate
seismograph"[12] as a possible counter-history.

So there we were, producing a theatrical work with
public funding in a public theatre building, sharing the same
plot of land with the place where the Memorial for the Victims
of Violence was being built, and we decided to use the money
from the State as a way to talk back to the monument that
was being raised right before our eyes.

***

We ended up deciding to turn that spot into something
like a public square, where words could be said and heard
freely: something between an *agora*, a speakers' corner, an
assembly, or even better, a sounding board. We changed
position and shifted toward the world of sounds made by
the many voices of those who inhabit our own reality.

According to the spanish book *La hipótesis Babel*, a
tower can be moved through a collective fabric of singular
but crisscrossed words: "The supposed verticality of a monument is just an illusion created by architecture, and always
demolished by literature."[13]

Lo que viene was an attempt to speak from the deepest
and perhaps most ancient horror that still surrounds Mexico's present, against the systematic terror produced by a
project such as the state's proposed monument, as well as by
this monumental State of ours. The constant enunciation of
dreams, premonitions, desires, memories, fears, joy, claims,
was nothing but a strategy—or perhaps a subtle spell—to
keep us far from death, and a way to point out the stiffly
masked monument rising before us.

—

The Dreams of the Third Reich in German and English versions. There are also
editions in French, Italian, and more recently in Portuguese.

12— Georges Didi-Huberman, *Survivance des lucioles*, Paris, Minuit, 2009.

13— Juan Barja and Julián Jiménez Hefferman, *La hipótesis de Babel. 20 formas
de desplazar una torre*, Madrid, Abada Editores, 2007, p. 7.

There is a story about the Oaxacan painter Francisco Toledo. Late one night, when he was home alone, he was stung by a poisonous scorpion. The first thing he remembered was a childhood memory in which a scorpion had also stung his aunt. The aunt's tongue was paralyzed, which she took as the first signal of her impending death. So the terrified artist decided to start talking, talking just to talk, or better yet, talking to keep his tongue from getting paralyzed, and thereby dispelling death.

***

Lo que viene was a manifesto. It was an act of speaking up in a time of emergency, in which anyone who spoke transformed that theatre in a space of the political "not because of what they say, but because they say it to others who share an interactive space of reciprocal exposure," and in which "to speak to one another is to communicate to one another the unrepeatable uniqueness of each speaker." Thus, in tune with the work of Italian philosopher Adriana Cavarero, *Lo que viene* was an act of gathering acoustic presences, each one conducted by its own voice, and in which the theatre became a musical instrument for "a vocalic relation that convokes mouths and ears, making the uniqueness of the voices vibrate in their resonance."[14]

And, as you have most likely noticed already, the world has not yet ended. Nevertheless, on December 21, 2012, many indigenous Zapatistas in southern Mexico celebrated the end of a world as the end of an era. They walked together in a massive silent demonstration. The man who had acted as their spokesperson, Subcomandante Marcos, posted that same day an announcement that warned of a coming collapse: "Did you hear? It is the sound of your world crumbling." And after predicting the falling apart of a certain world, he offered a counter-rhythm to that inevitable collapse: "It is the sound of our world rising back up."[15] And yet

—

14— Adriana Cavarero, *For More Than One Voice: Toward a Philosophy of Vocal Expression*, trans. Paul A. Kottman, Stanford, Stanford University Press, 2005, pp. 182, 190.

15—Available online at: <http://enlacezapatista.ezln.org.mx/2013/01/02/communique-of-the-clandestine-indigenous-revolutionary-committee-general-command-of-the-zapatista-national-liberation-army-mexico/>.

today, it seems the world has not collapsed. Perhaps what he was predicting was a constant, continuous collapse.

In the end, the future is here. Needless to say, it is our present. And yet, time shows us that things can always get worse. With a landscape spattered with blood from a number of massacres perpetrated by military and federal forces, thousands of women suffering huge violence, students being kidnapped, tortured and killed; countless mass graves appearing throughout the country, a systematic threat against journalists; indigenous peoples exterminated and nature reserves devastated; and with laws seeking to criminalize social demonstrations in public spaces, the question is: how to learn to take the steps that will lead through the night and to survive in this endless darkness? We can hardly keep up with rhythm in the dissonance produced by the roar of a lightning bolt at the very moment it falls to the ground.

en la noche

relámpagos

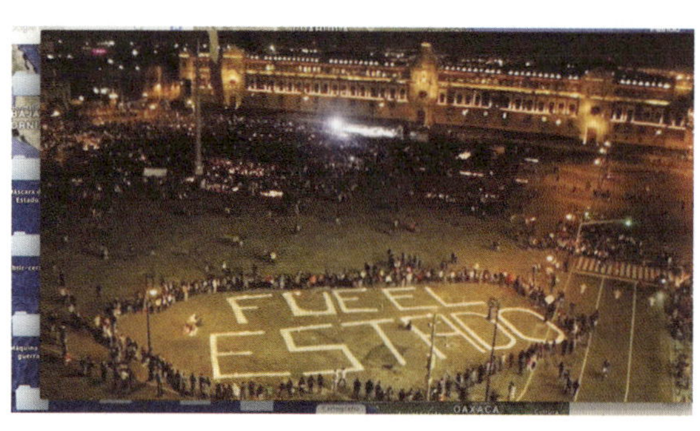

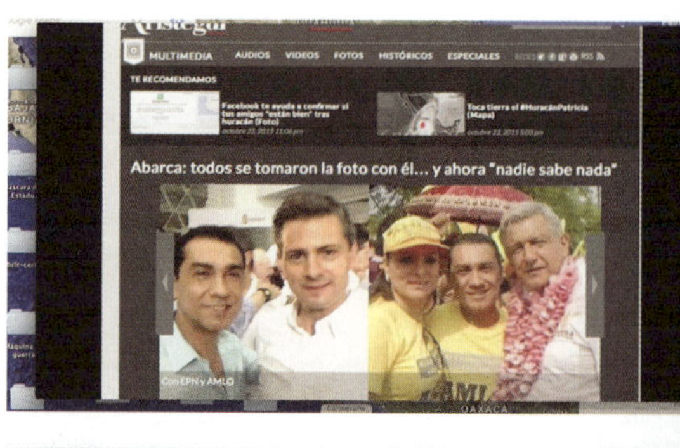

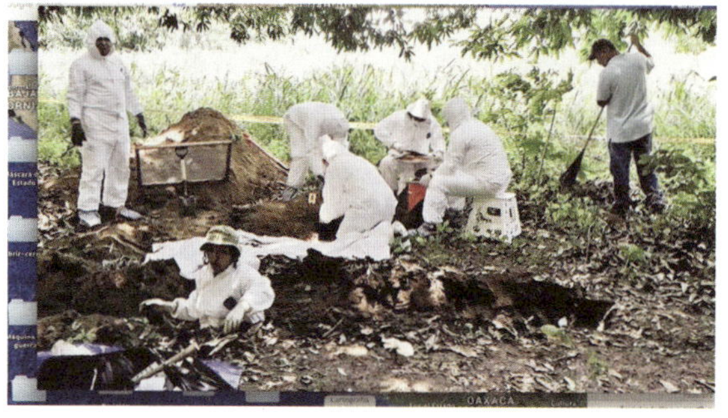

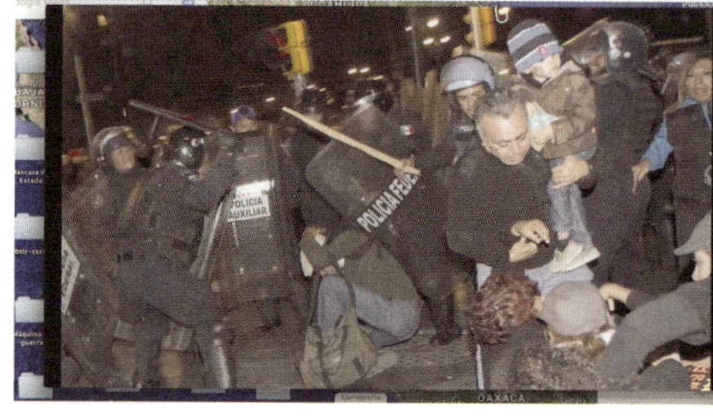

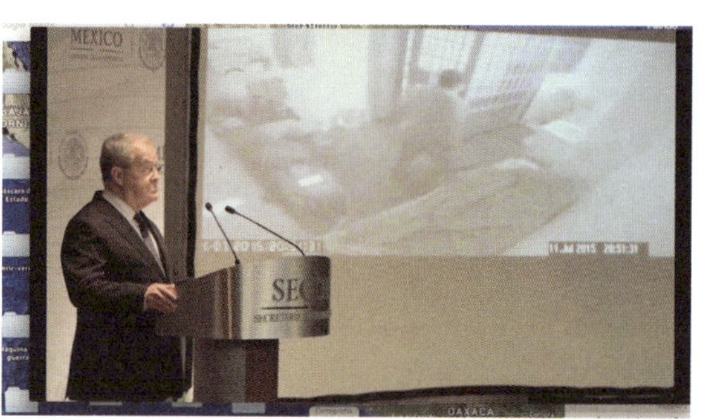

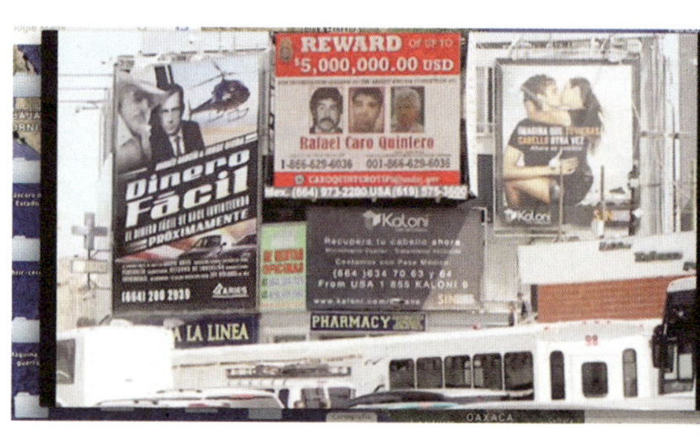

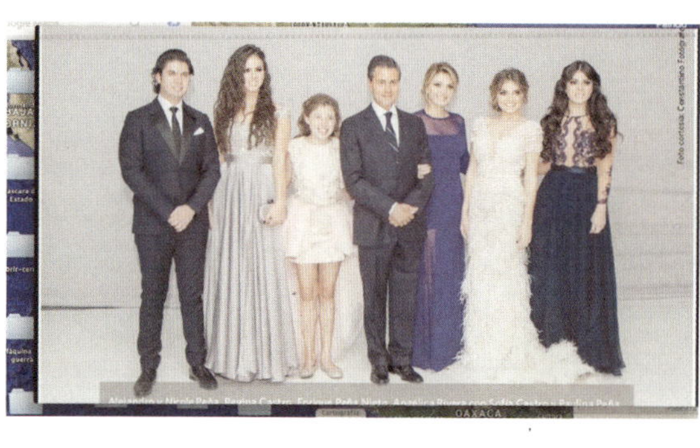

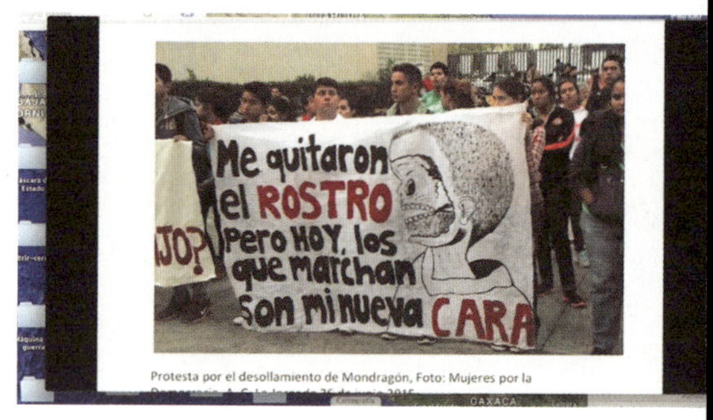

Protesta por el desollamiento de Mondragón, Foto: Mujeres por la Democracia, A.C. La Jornada 26 de junio 2015

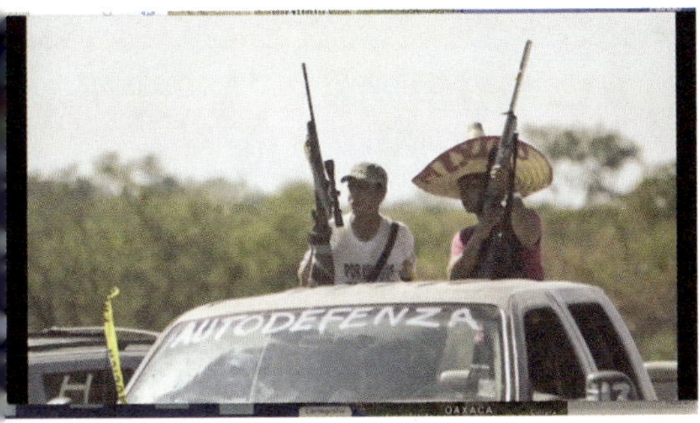
AUTODEFENZA

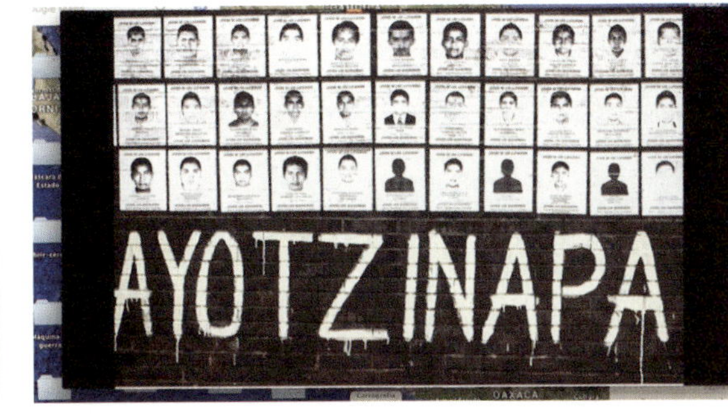
AYOTZINAPA

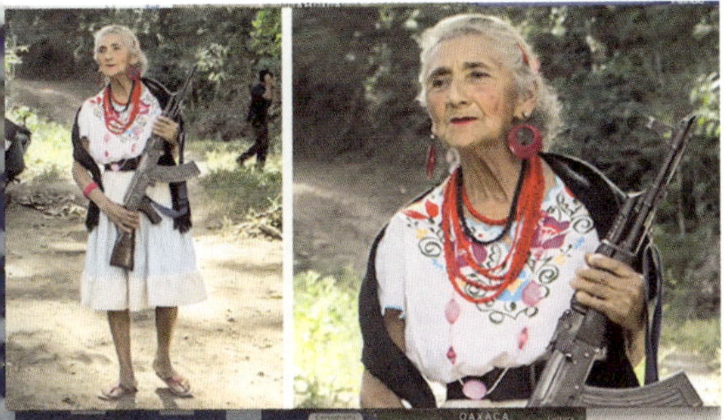

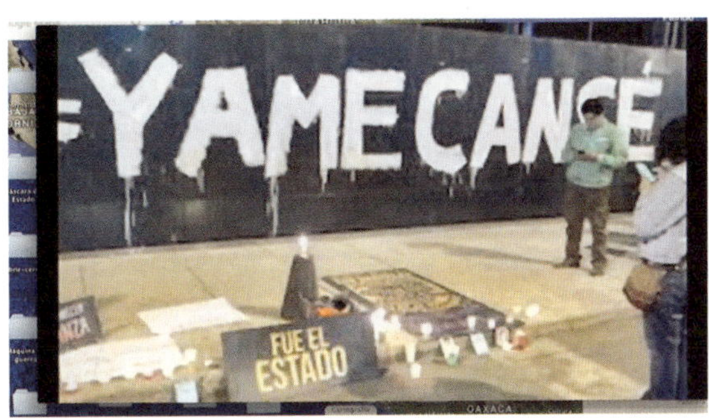
#YAMECANSÉ
FUE EL
ESTADO

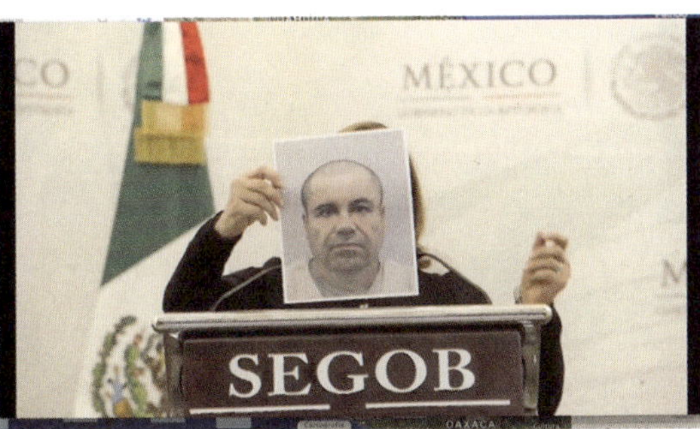
MÉXICO
SEGOB

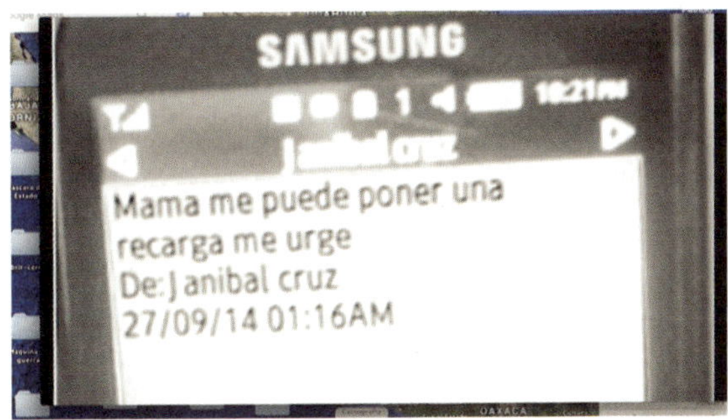
SAMSUNG
10:21 PM
Mama me puede poner una
recarga me urge
De: J anibal cruz
27/09/14 01:16AM

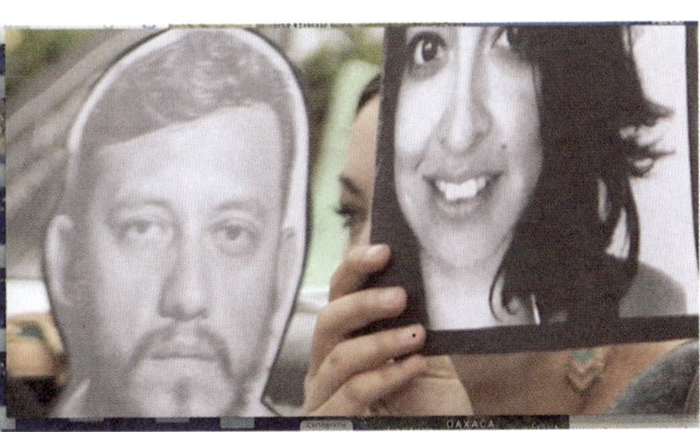

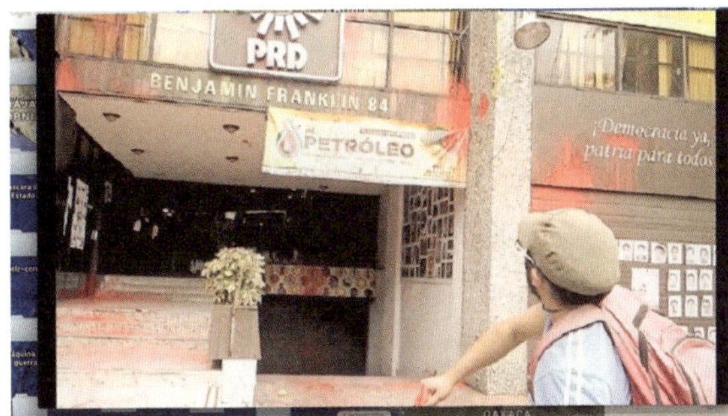
PRD
BENJAMIN FRANKLIN 84
PETRÓLEO
¡Democracia ya,
patria para todos

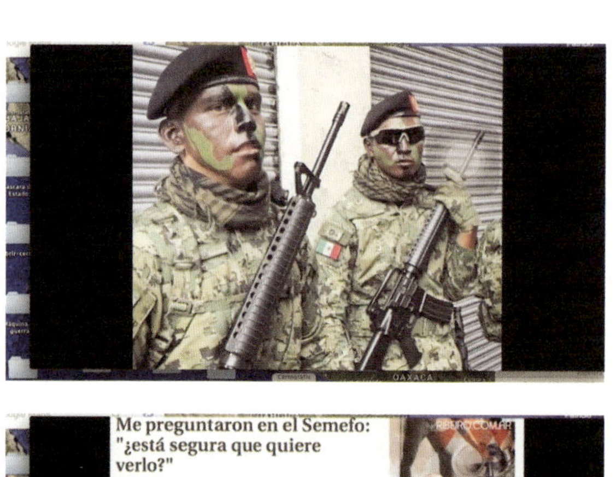
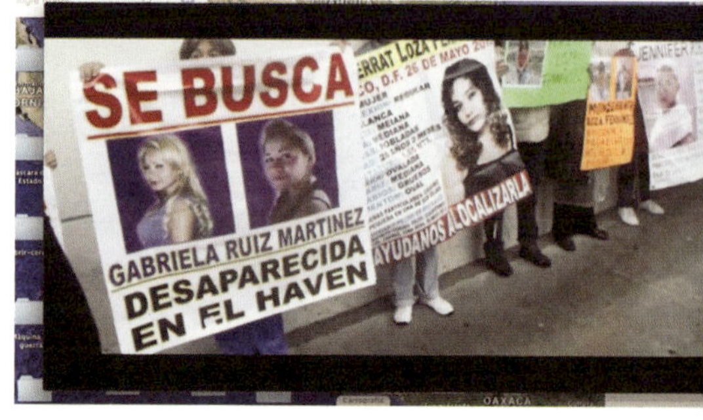

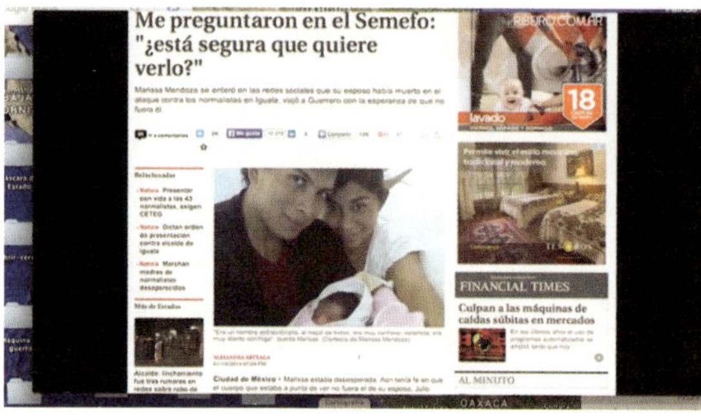

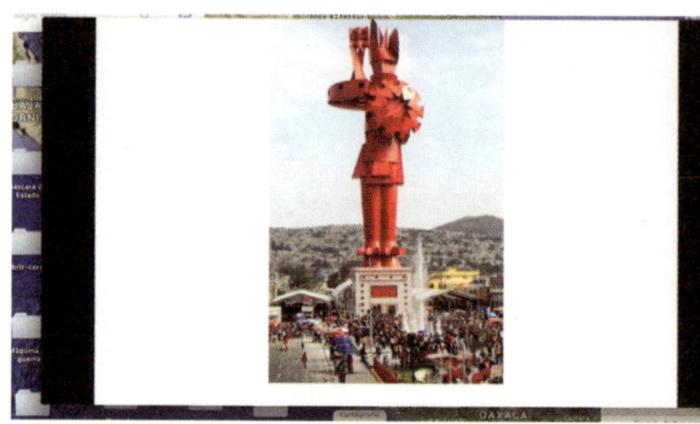

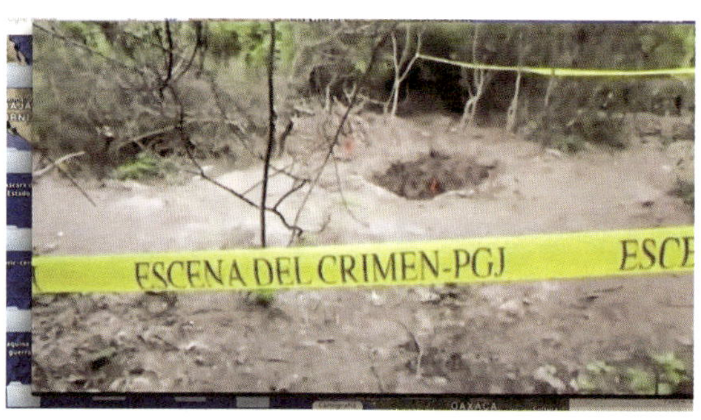

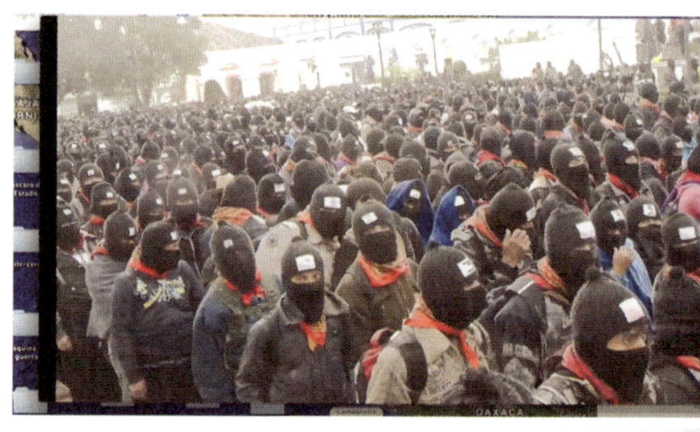

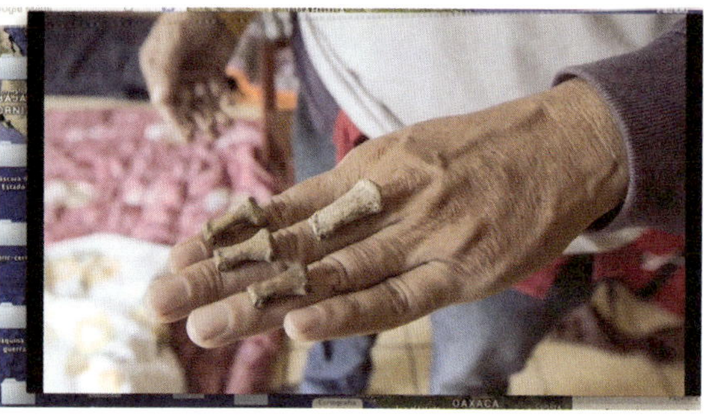

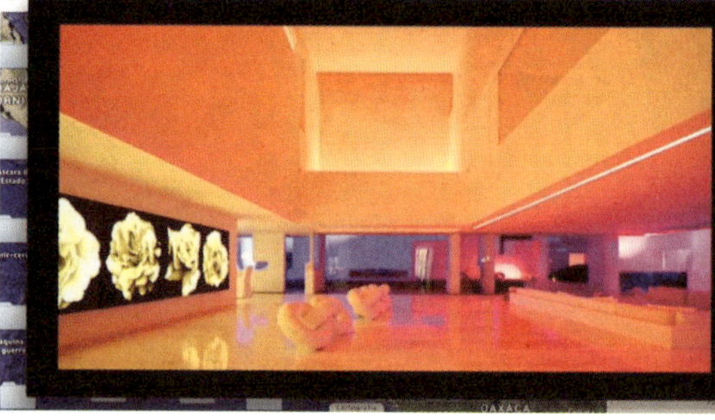

Páginas—Pages 90-93: Voz: Ileana Diéguez. Departamento
de Humanidades—Humanities Department. UAM Cuajimalpa

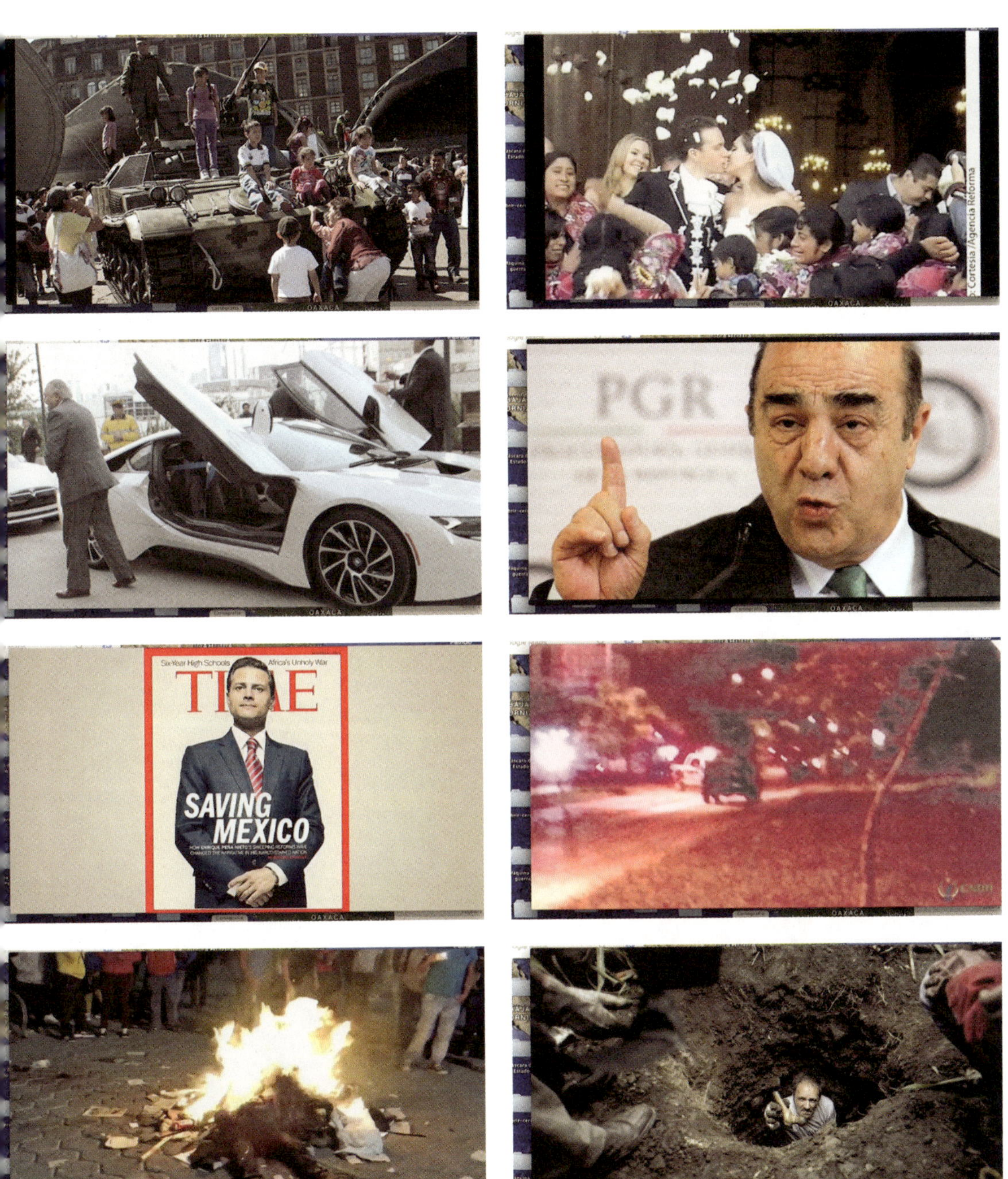

[Pensarse ante o entre las imágenes, son dos modos
distintos de posicionarnos]

[Thinking in front of images and thinking between images
are two different ways of positioning ourselves]

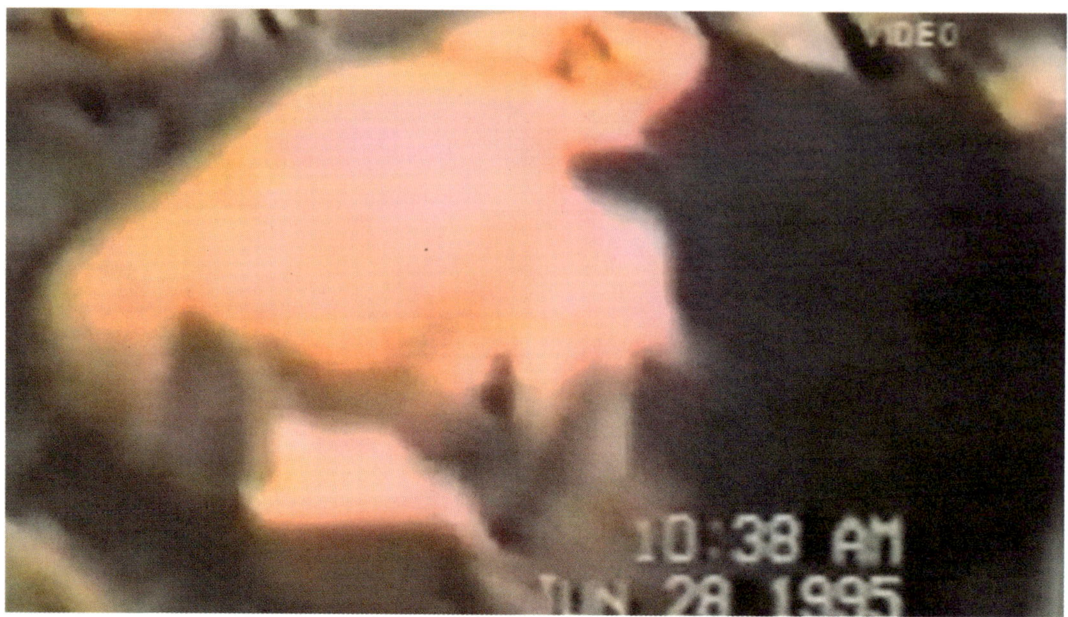

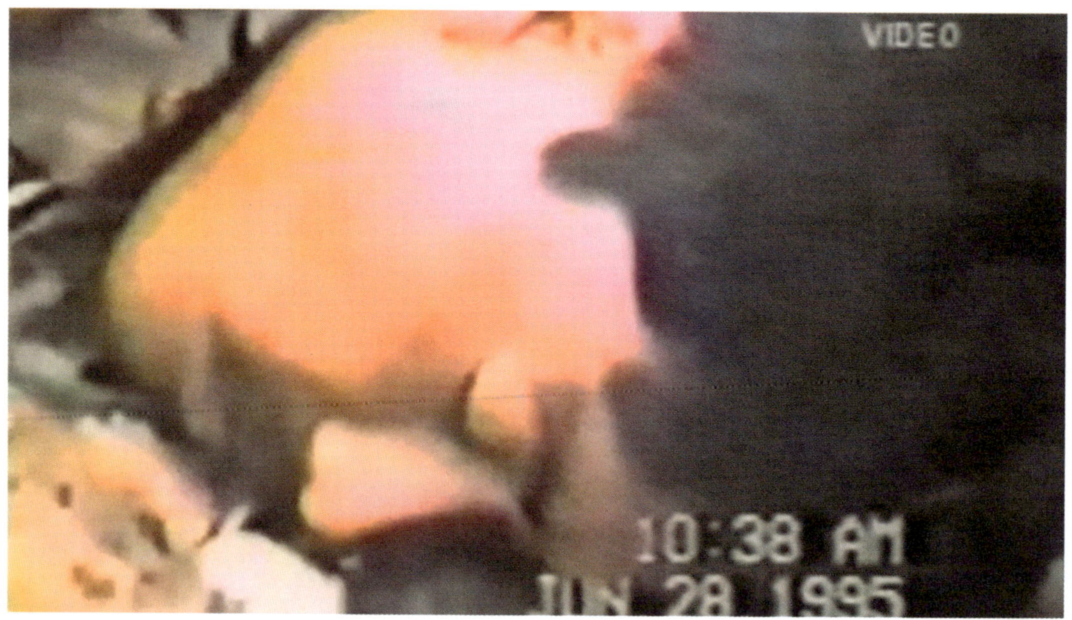

Voz: Federico Navarrete. Instituto de Investigaciones Históricas, UNAM
Video: Testimonio de la matanza ocurrida en—Testimony of the massacre
that took place in Aguas Blancas, Guerrero, 1995

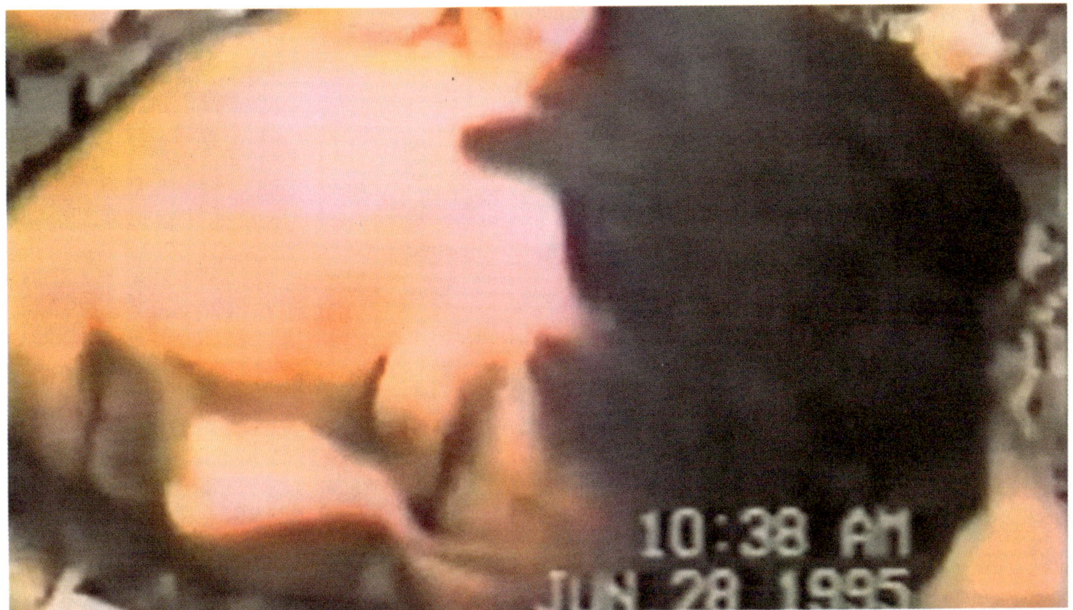

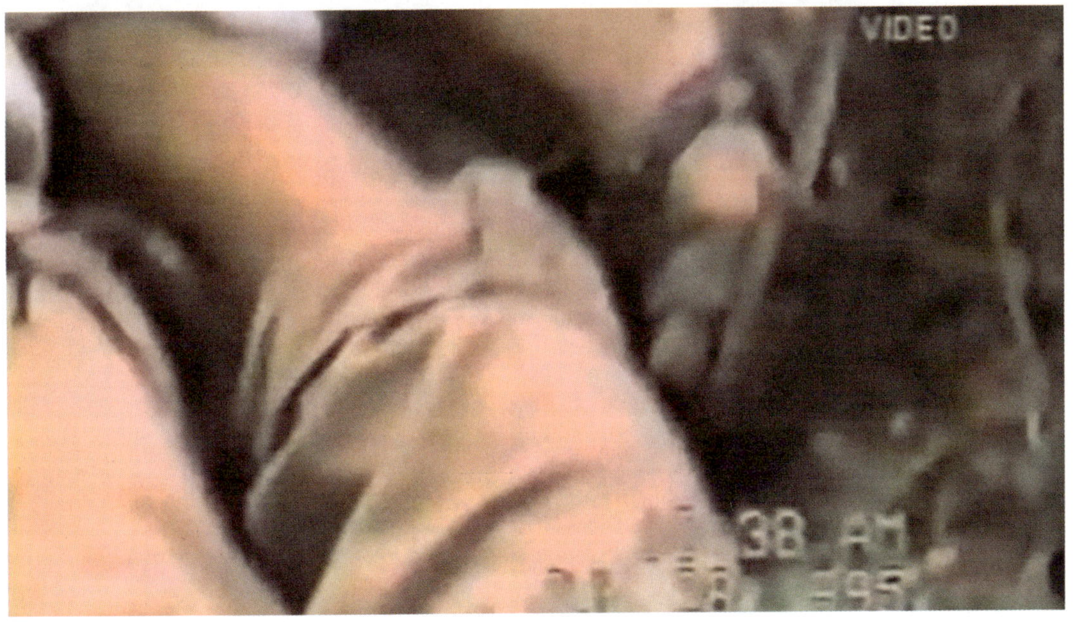

[Este estado de miedo lleva a que la vida se convierta en un privilegio.
Y a que, los que seguimos con vida, tengamos que agradecerle a los
que nos podrían matar que no lo hayan hecho todavía. Y eso establece,
obviamente, una relación política… la podemos imaginar]

[This state of fear turns life into a privilege, making it so that
those of us who are still alive have to thank those who could kill us
for not having done so yet. And obviously this establishes a political
relationship… which we can imagine]

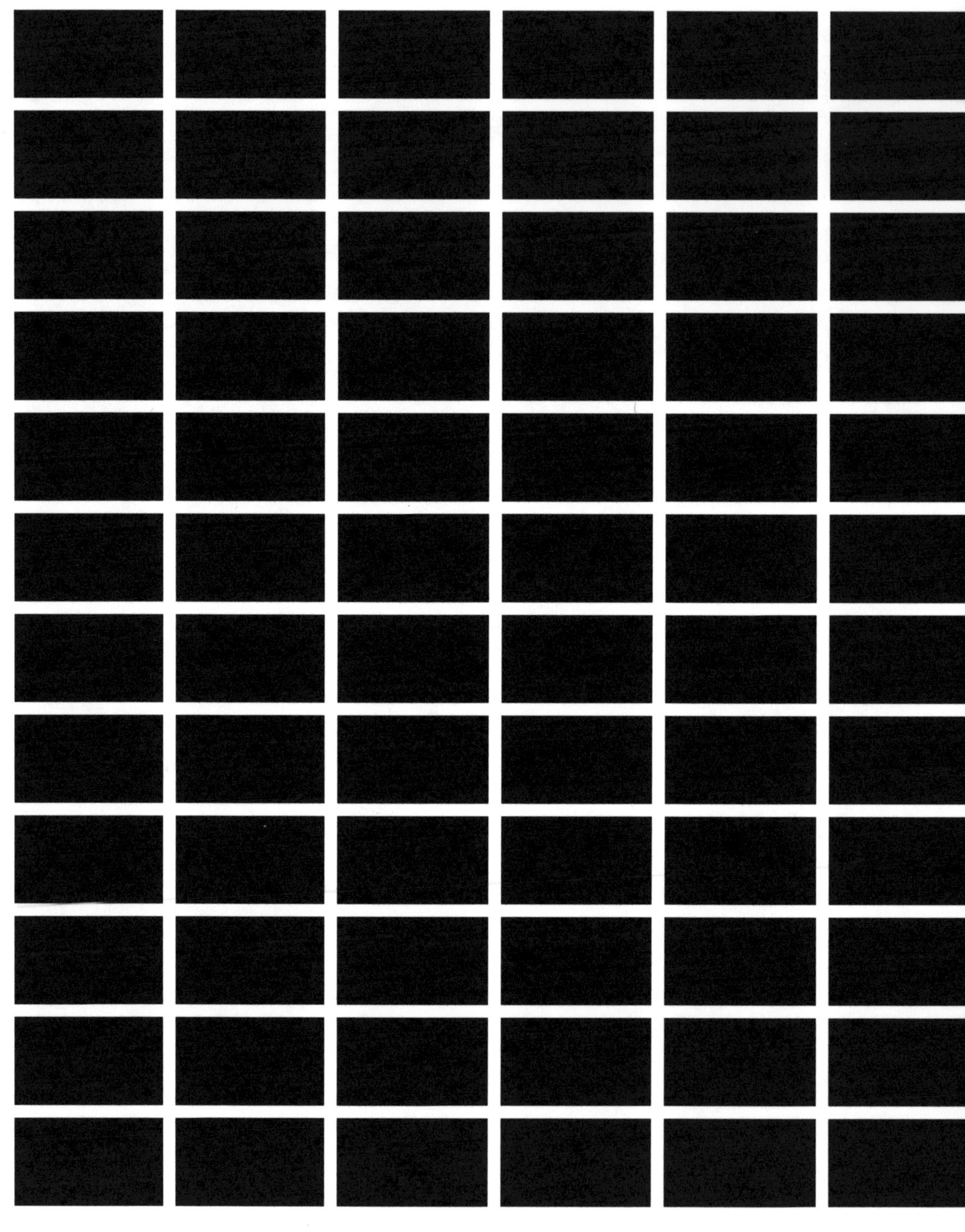

.048 ms con la imagen de Julio César Mondragón—

.048 ms with the image of Julio César Mondragón

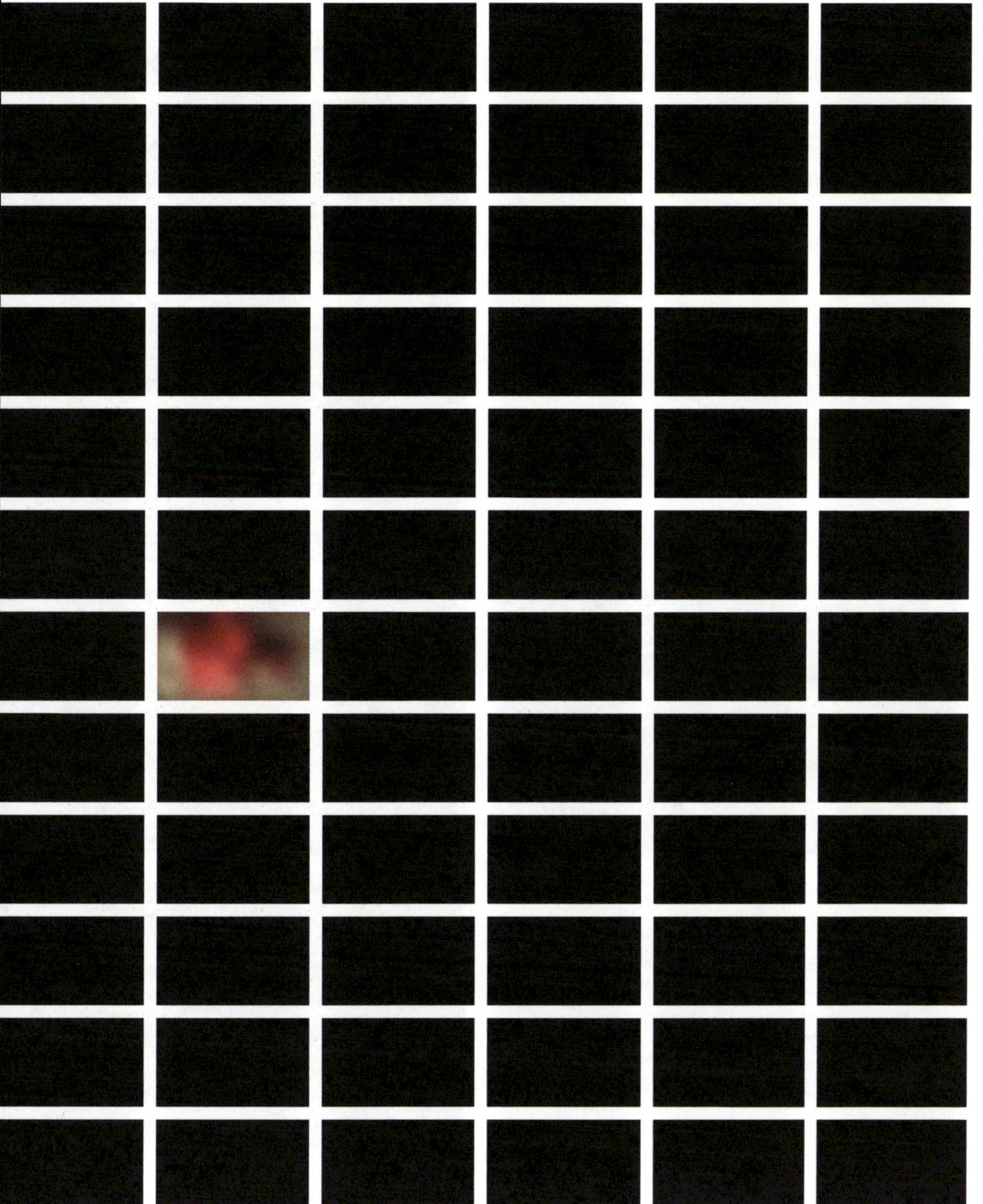

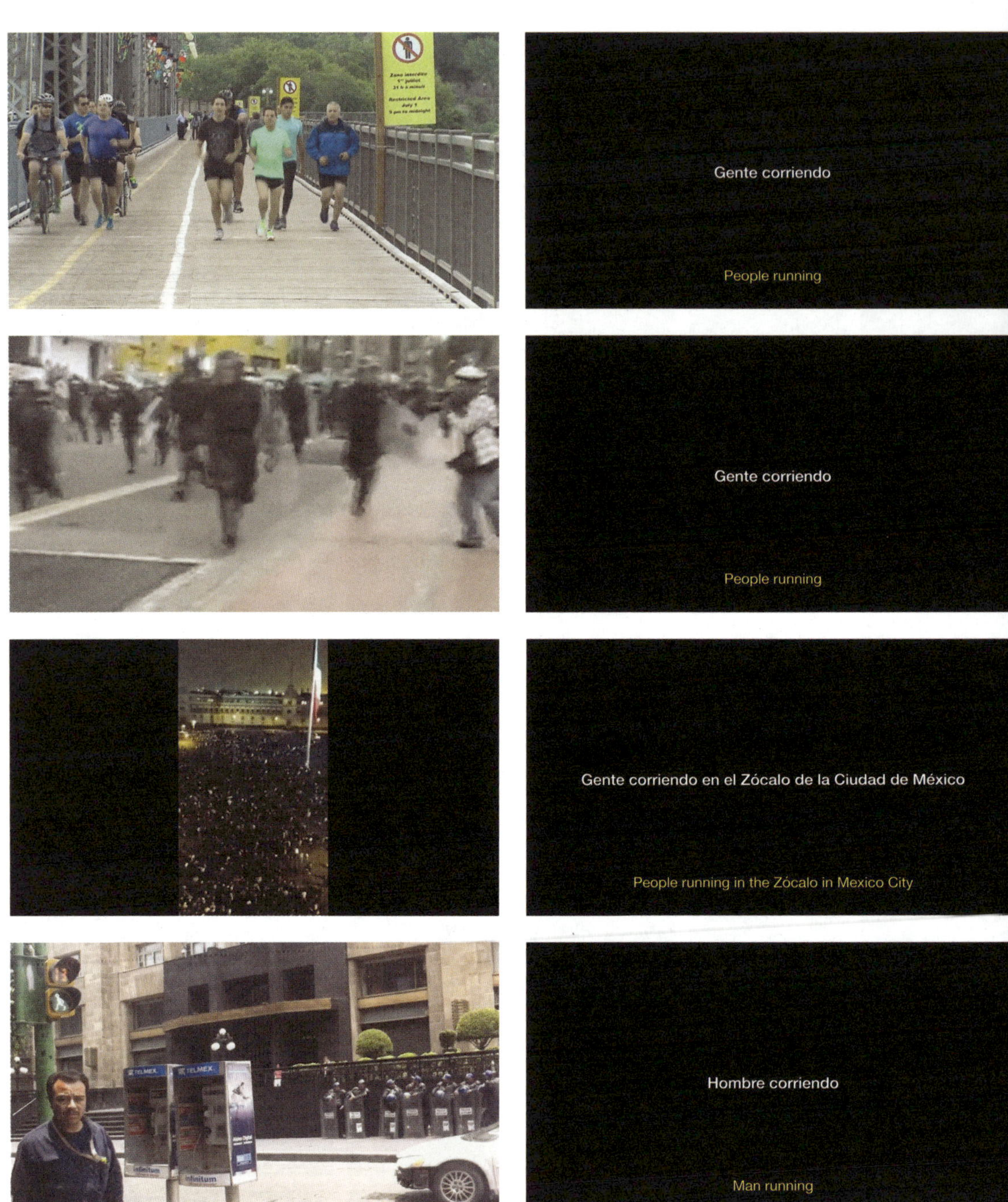

Gente corriendo
People running
Gente corriendo
People running
Gente corriendo en el Zócalo de la Ciudad de México
People running in the Zócalo in Mexico City
Hombre corriendo
Man running

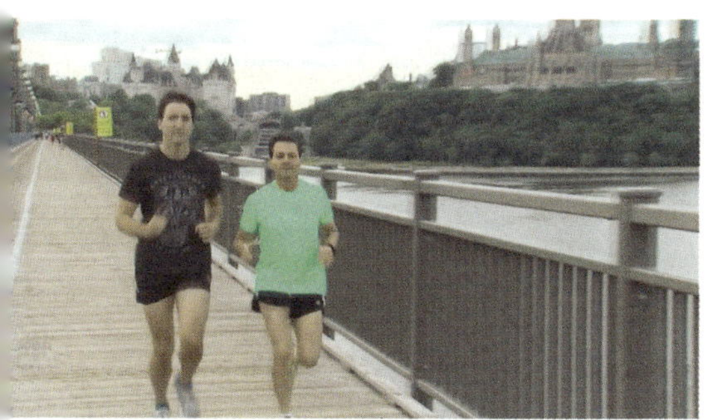

durante la Cumbre de Líderes de América del Norte.
Canadá, 2016

during the North American Leaders' Summit.
Canada, 2016

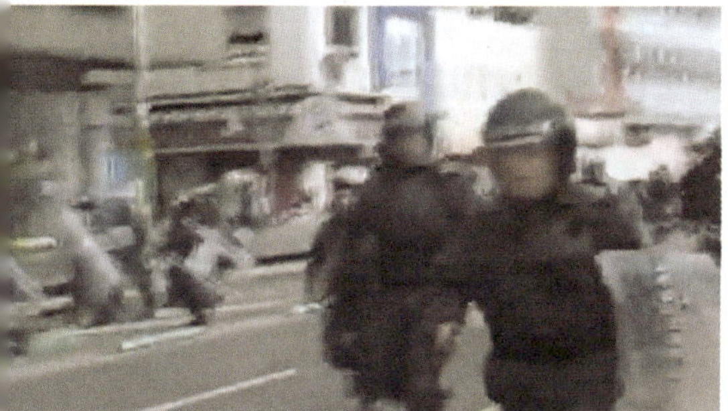

Durante el desalojo del Zócalo capitalino
ocupado por la Confederación Nacional de
Trabajadores de la Educación. (CNTE)
Ciudad de México, 2013

During the clearing of the Zócalo in Mexico City, occupied by
the National Educational Workers' Confederation (CNTE).
Mexico City, 2013

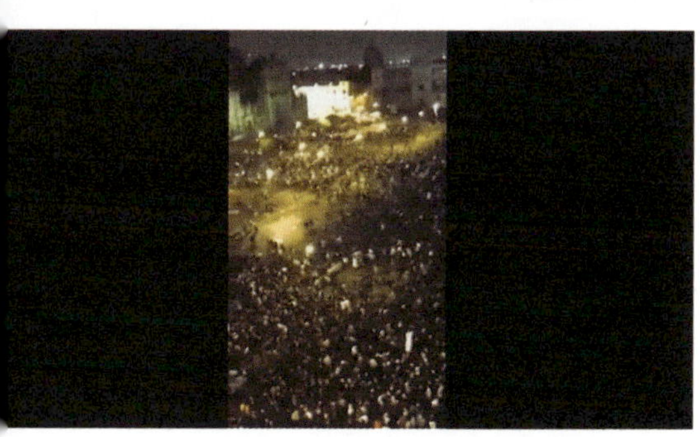

durante el desalojo tras la manifestación por
los 43 desaparecidos en Ayotzinapa.
Ciudad de México, 2014

during the evacuation after the protests over the
43 disappeared student teachers in Ayotzinapa.
Mexico City, 2014

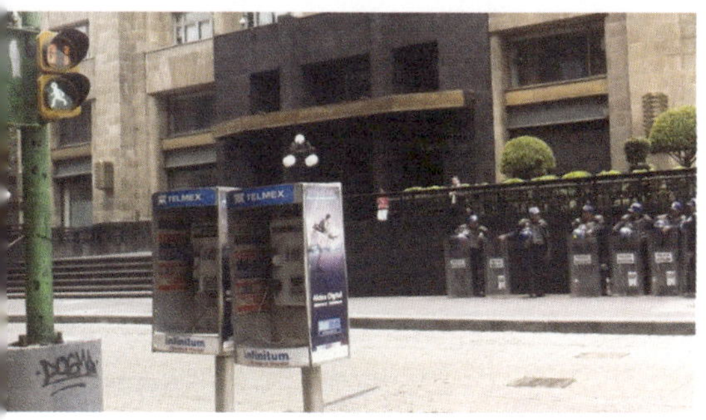

símbolo del semáforo ubicado frente al Banco de México.
Ciudad de México, 2016

A sidewalk crossing sign at the traffic light
in front of the Bank of Mexico.
Mexico City, 2016

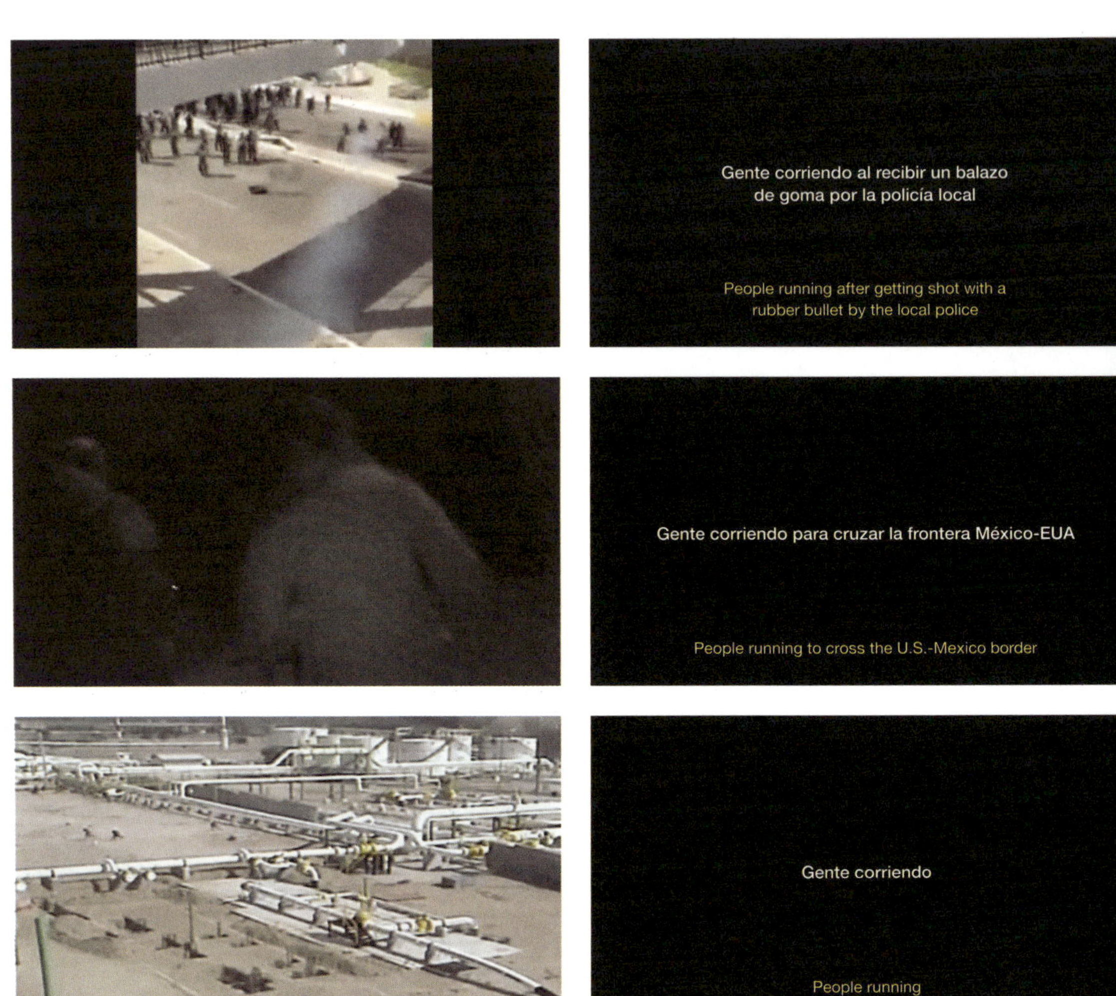

Gente corriendo al recibir un balazo
de goma por la policía local

People running after getting shot with a
rubber bullet by the local police

Gente corriendo para cruzar la frontera México-EUA

People running to cross the U.S.-Mexico border

Gente corriendo

People running

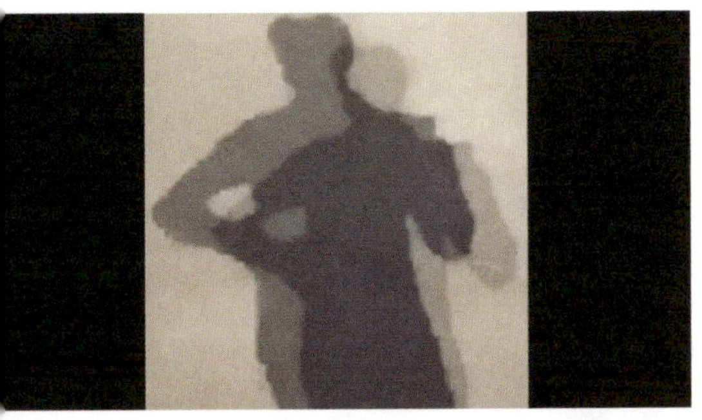 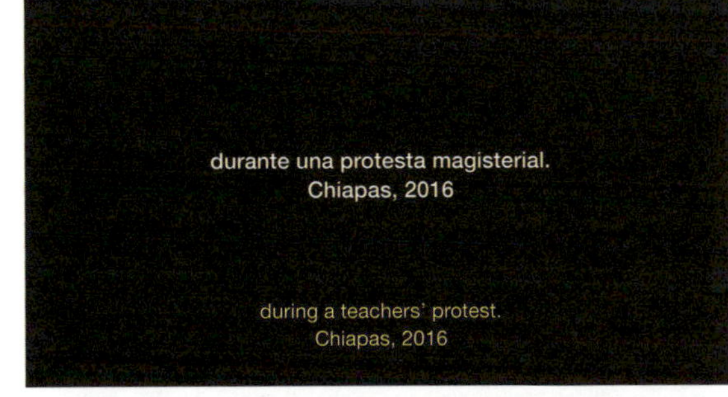

durante una protesta magisterial.
Chiapas, 2016

during a teachers' protest.
Chiapas, 2016

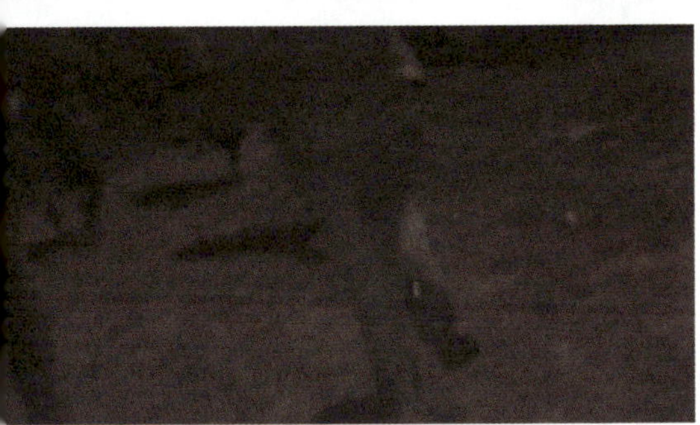

durante el simulacro "Caminata Nocturna"
del parque turístico EcoAlberto
Hidalgo, 2011

during the "Night Walk" simulacrum
at the EcoAlberto tourist park.
Hidalgo, 2011

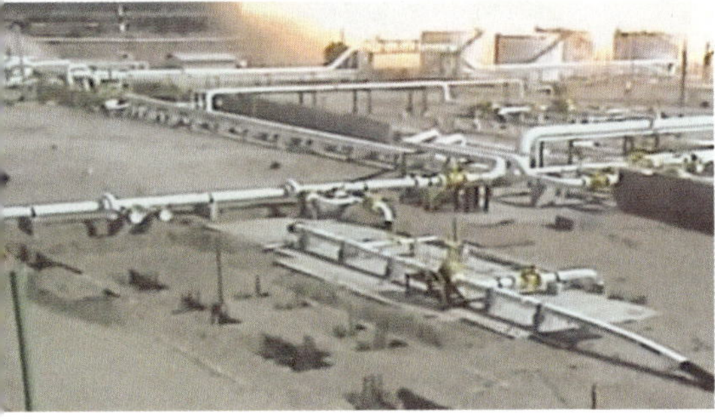

durante la explosión en la Central de Medición de Gas,
PEMEX. Tamaulipas, 2012

during the explosion at the PEMEX Gas Measurement Center.
Tamaulipas, 2012

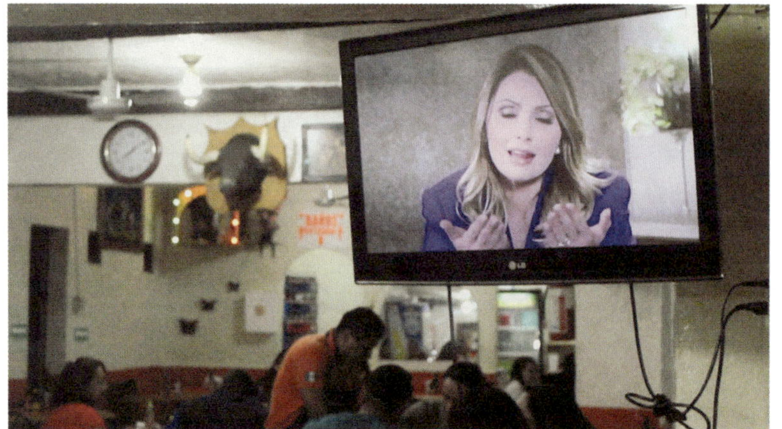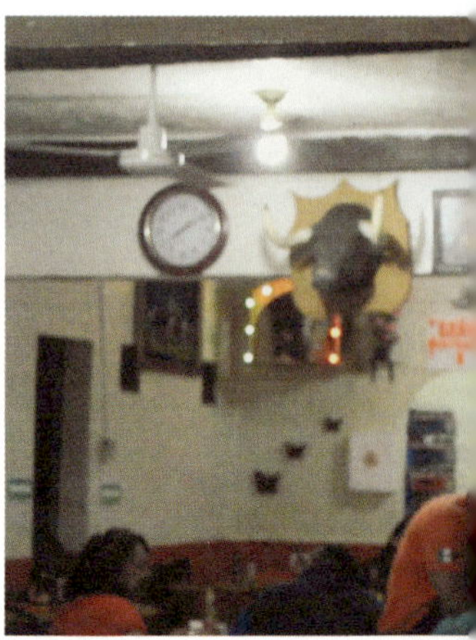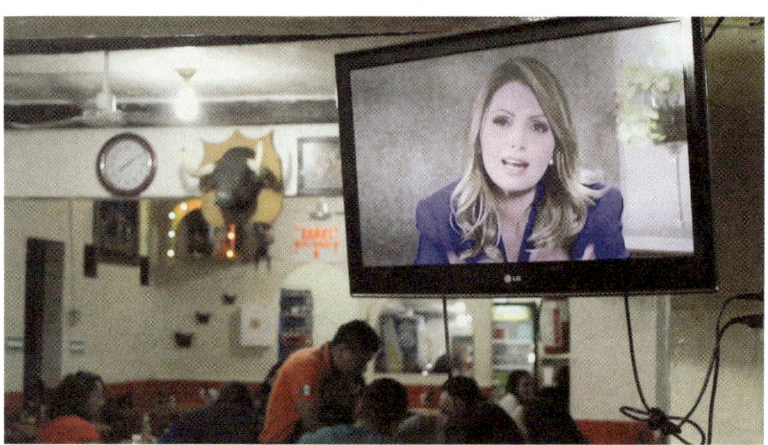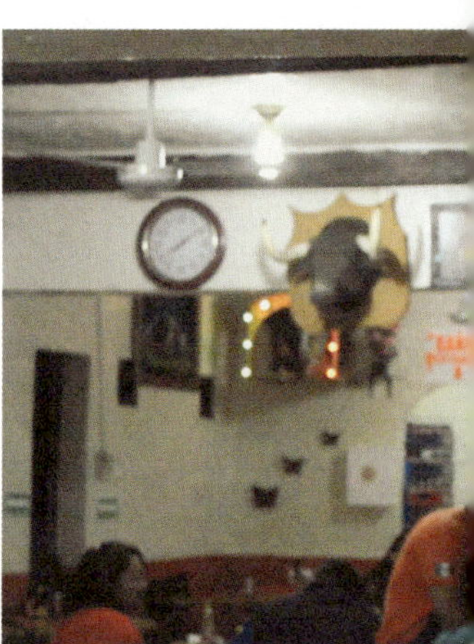

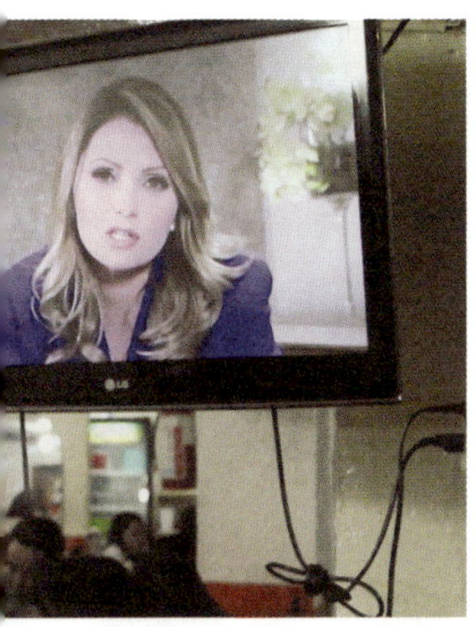
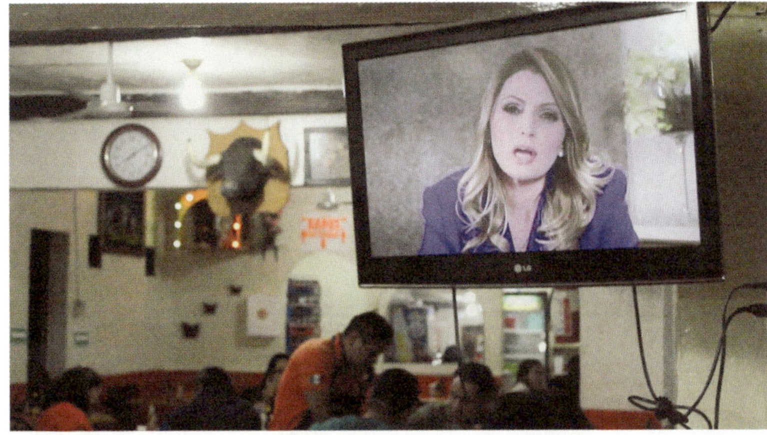

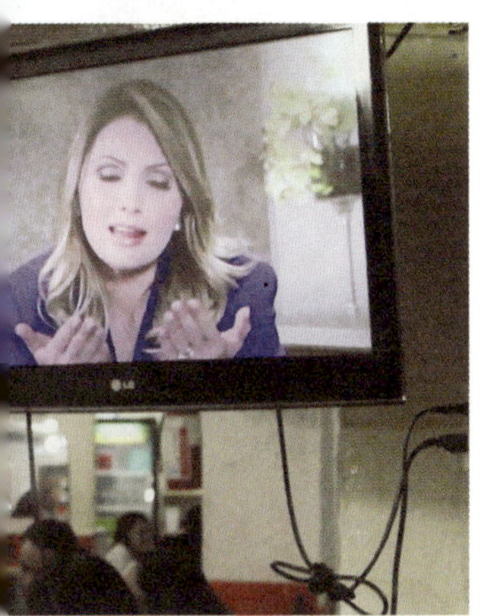
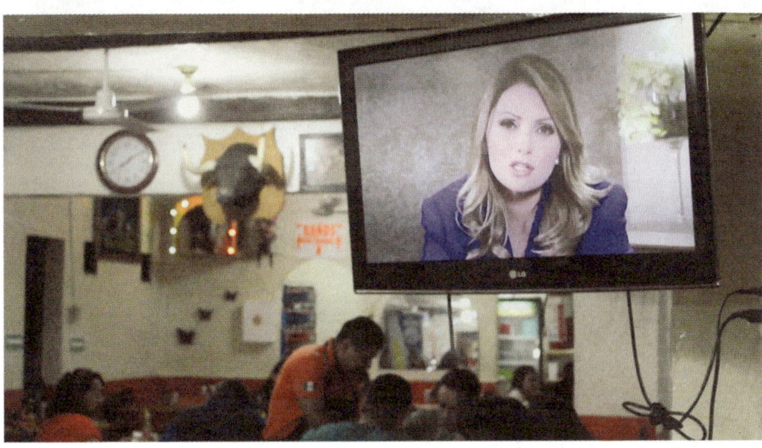

[…el derecho de conocer la verdad… Porque ustedes
tienen el derecho de conocer la verdad]

[… the right to know the truth… Because you all have
the right to know the truth]

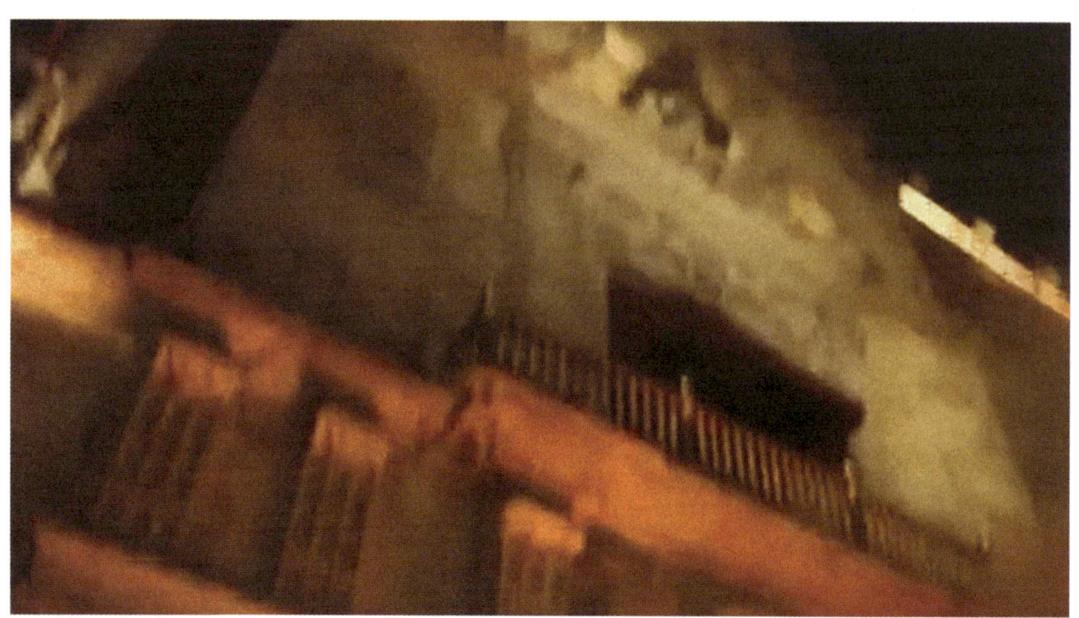

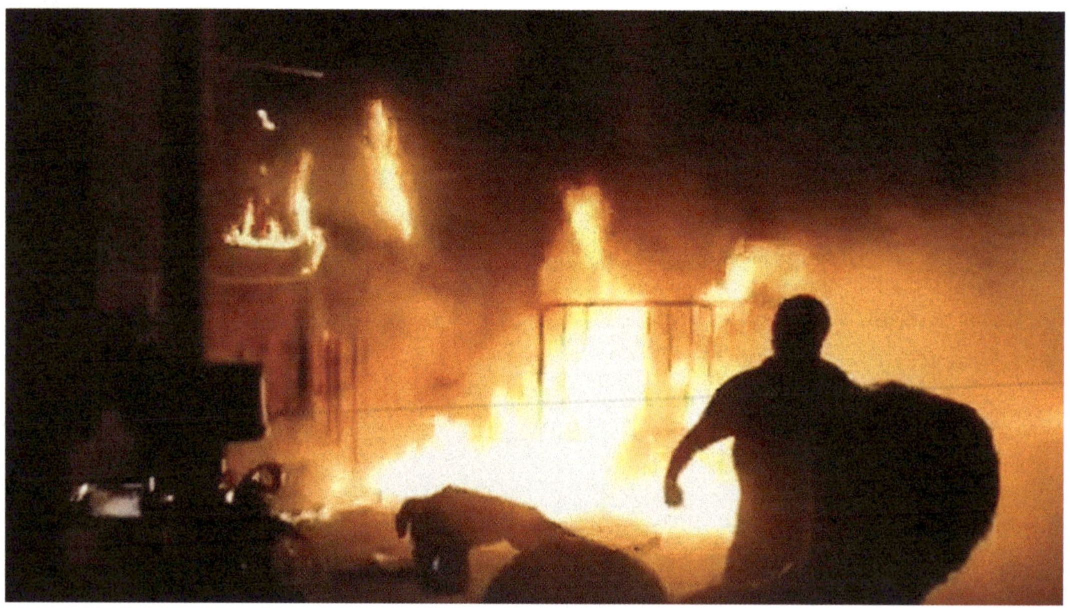

 Desfiguraciones. El secreto público y la labor de lo negativo—
Defacement: Public Secrecy and the Labor of the Negative. Michael Taussig

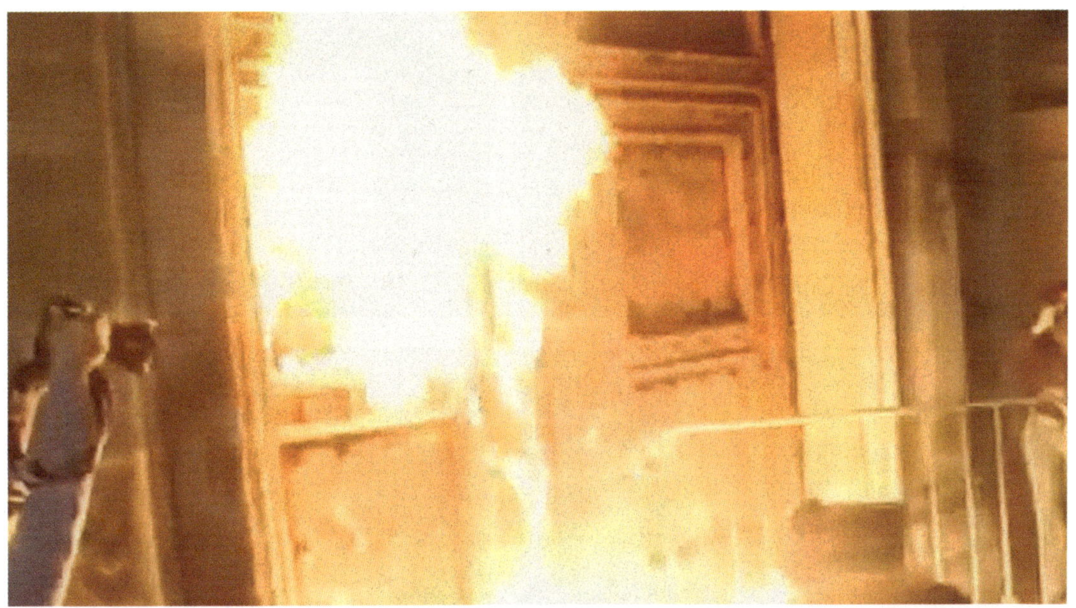

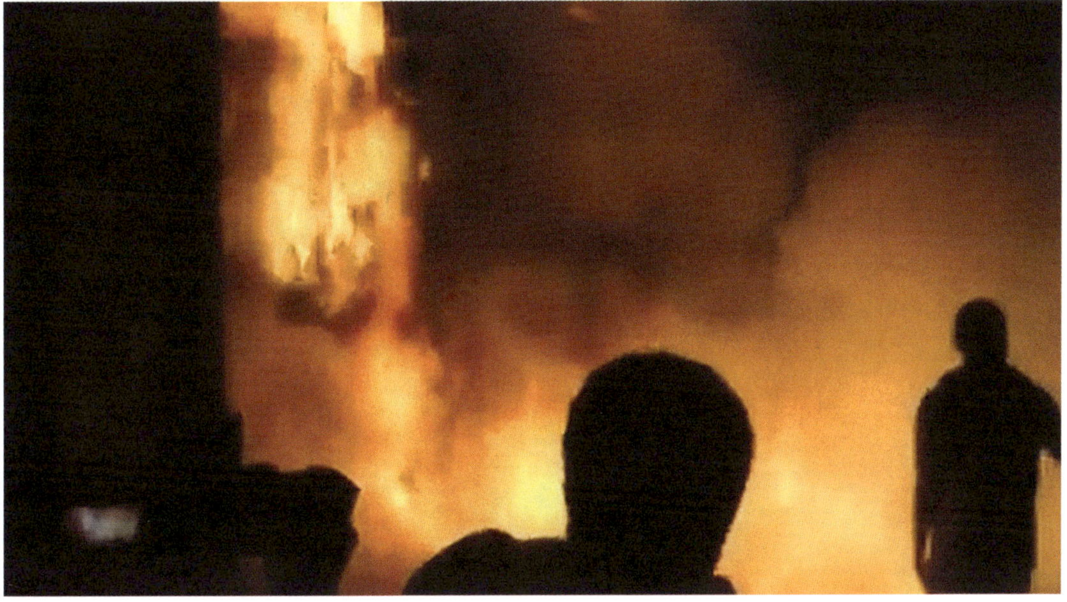

[Todos sabíamos eso y ellos sabían que lo sabíamos, pero no existía modo alguno de articularlo. Las cortinas de humo son conocidas por la humanidad desde hace tiempo, pero ese conocimiento en el tiempo es en sí mismo un conocimiento intrínseco del saber qué no saber]

[We all "knew" that, and they "knew" that we "knew," but there was no way it could be articulated. Such "smoke screens" are surely long known to mankind, but this "long knowingness" is itself an intrinsic component of knowing what not to know]

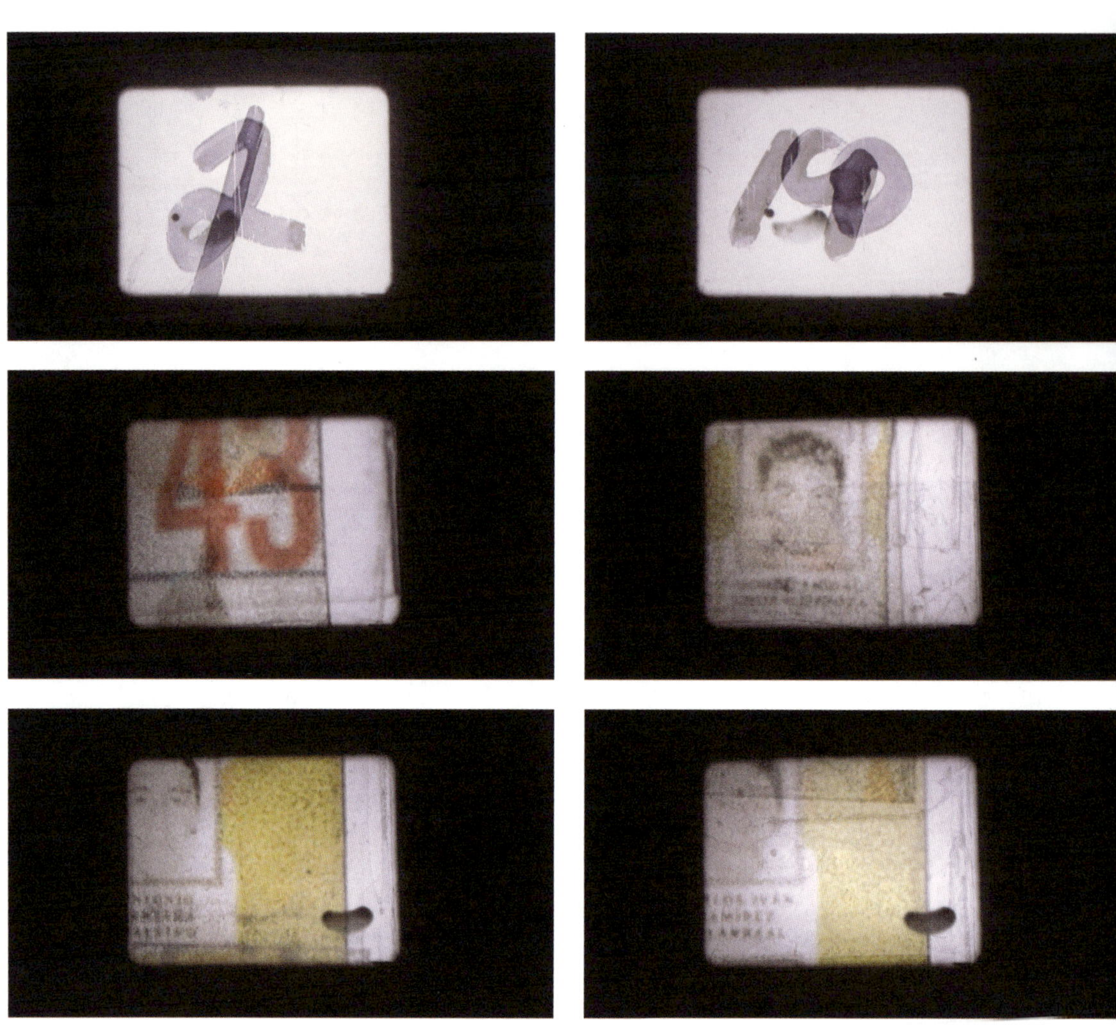

106 *Cuarenta y tres cuadros por segundo*. José Antonio Cordero

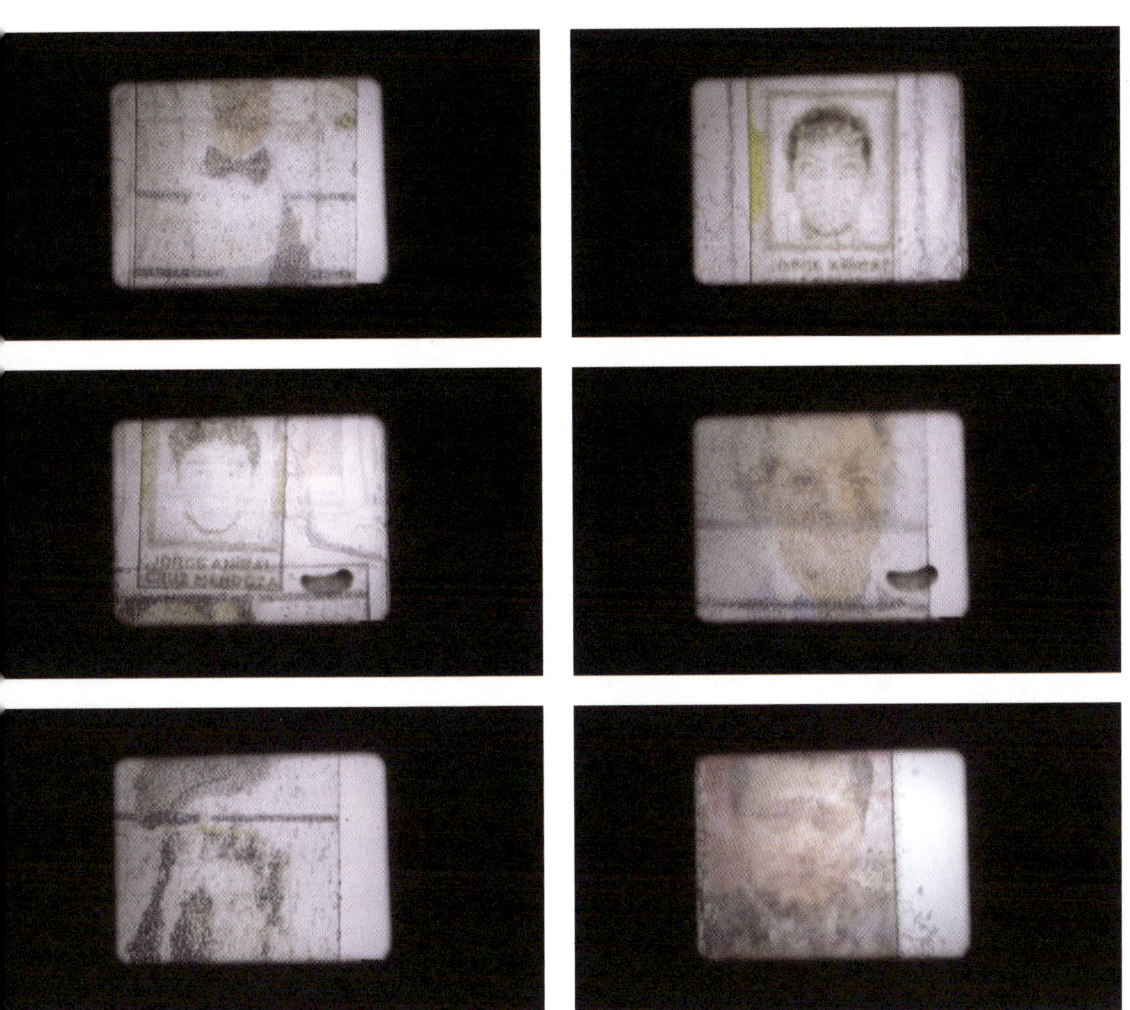

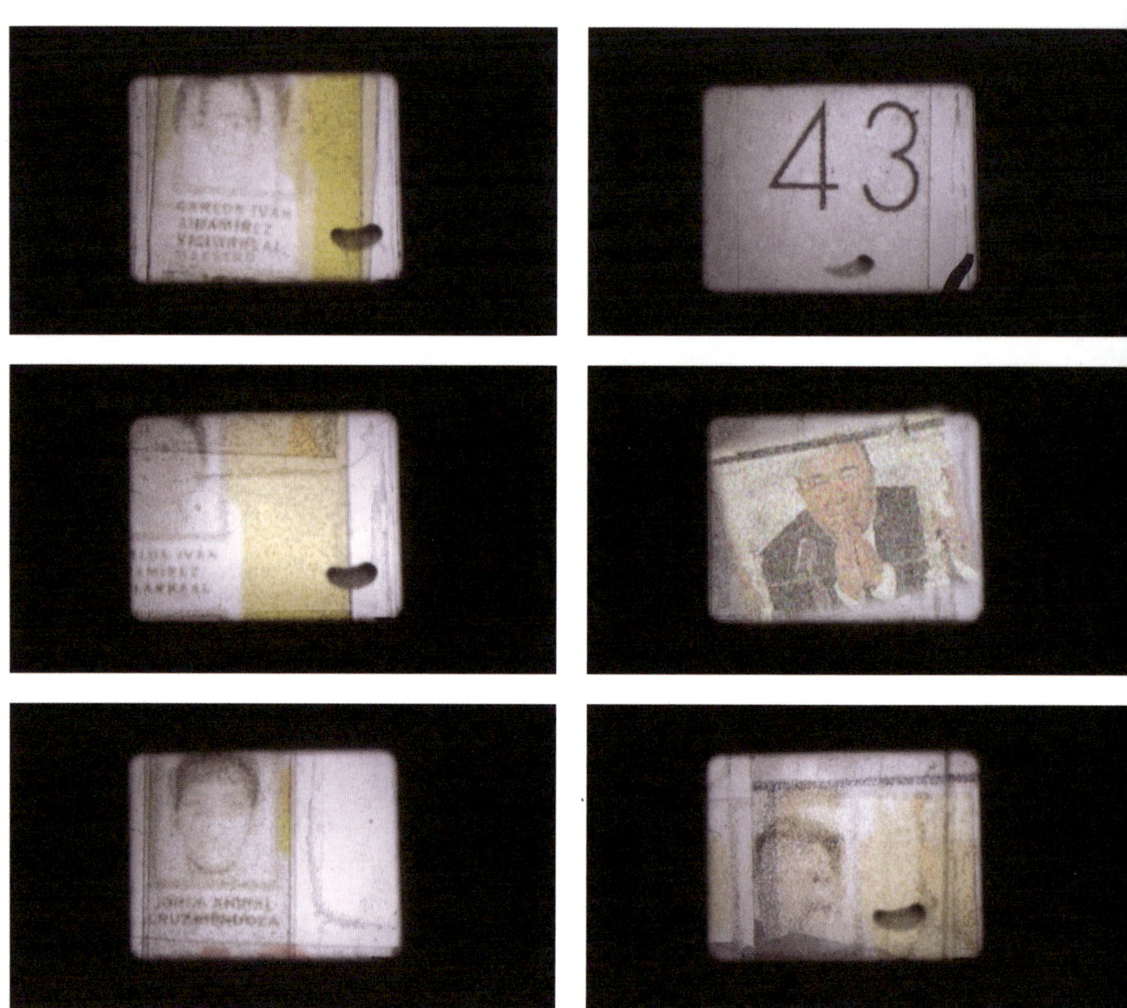

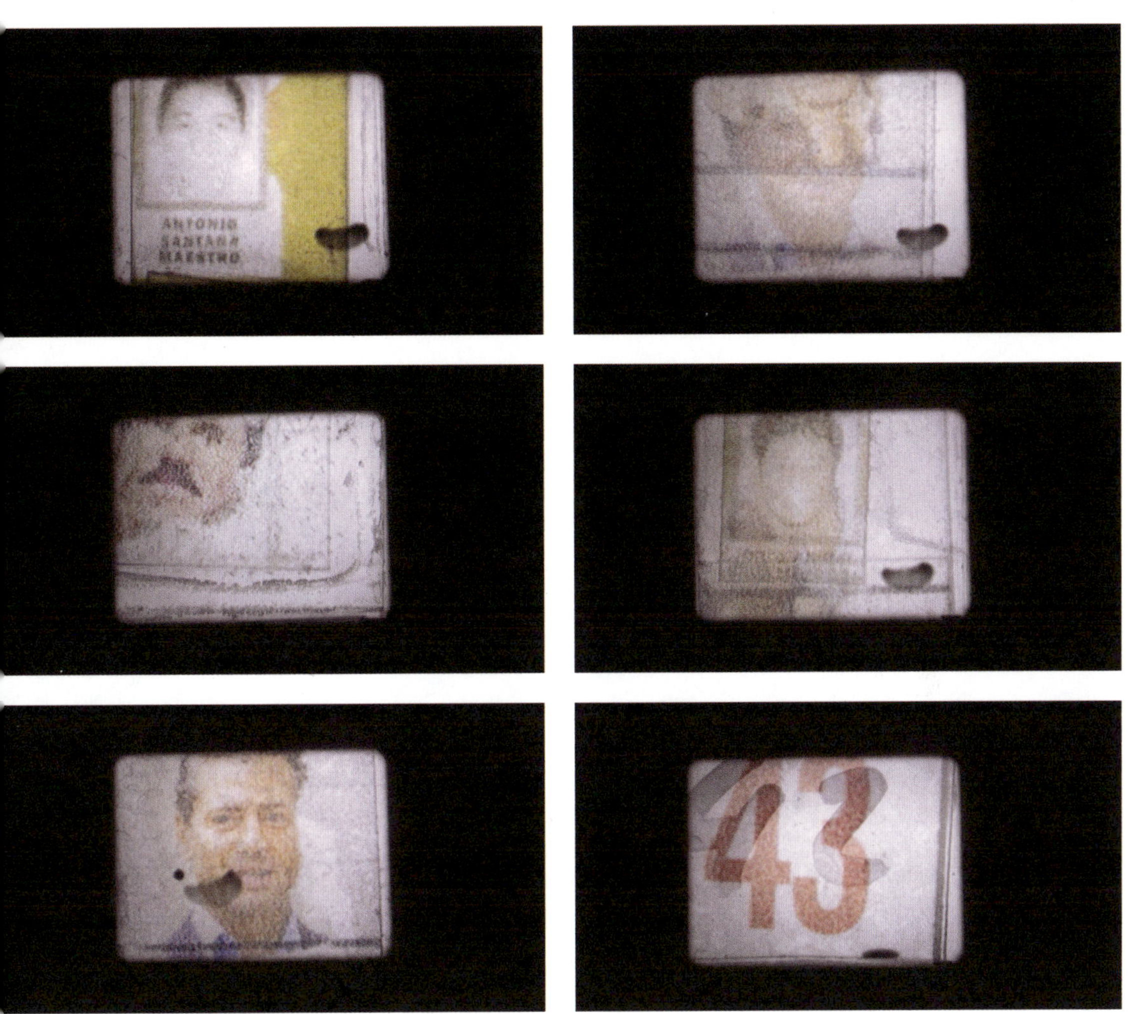

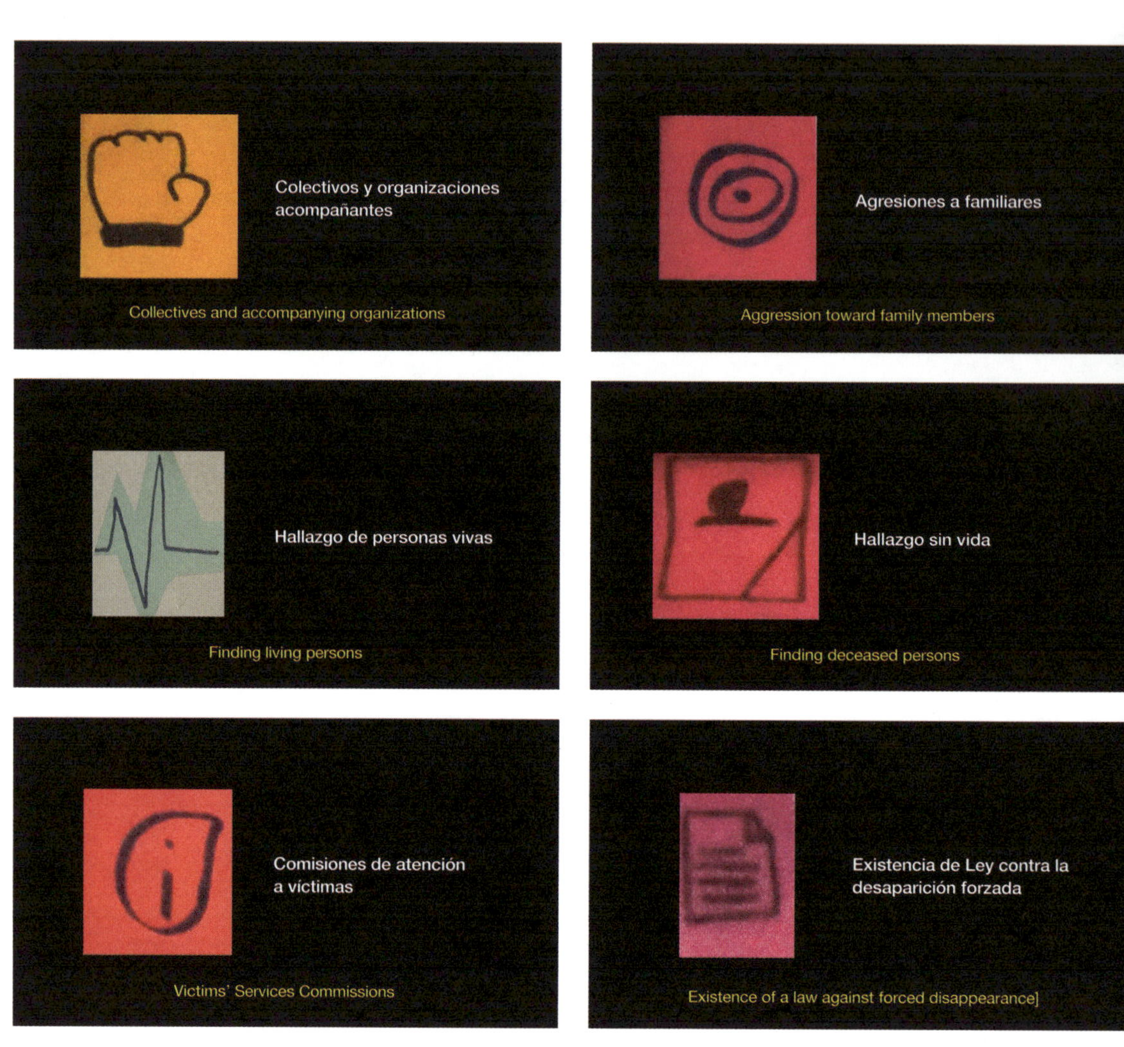

Cartografía social elaborada por el Movimiento por Nuestros Desaparecidos en México—
Social cartography created by the Movement for Our Disappeared Persons in Mexico, 2016
Voz— Voice: Dolores González Saravia. Servicios y Asesoría para la Paz A.C.

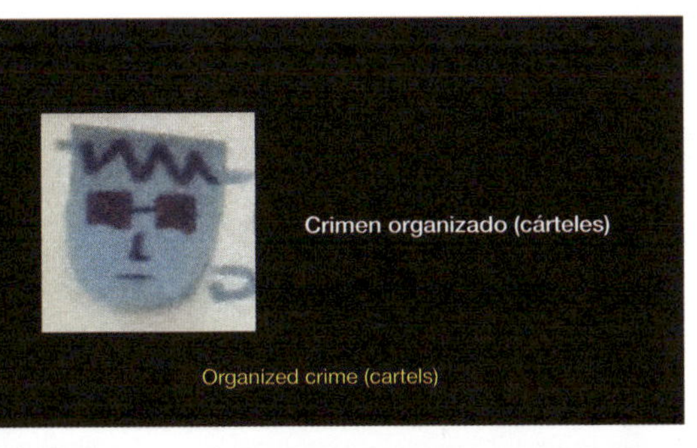

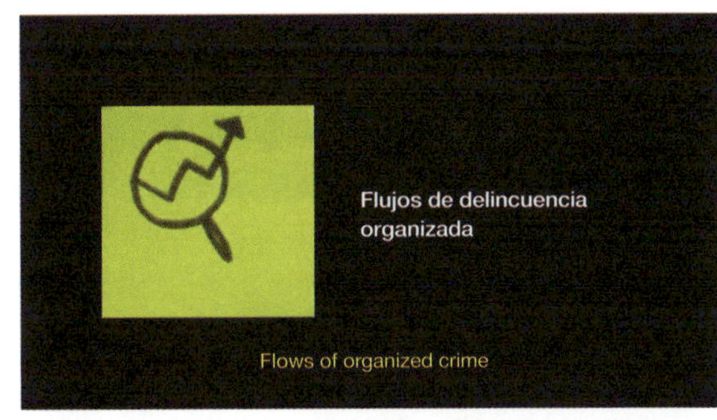

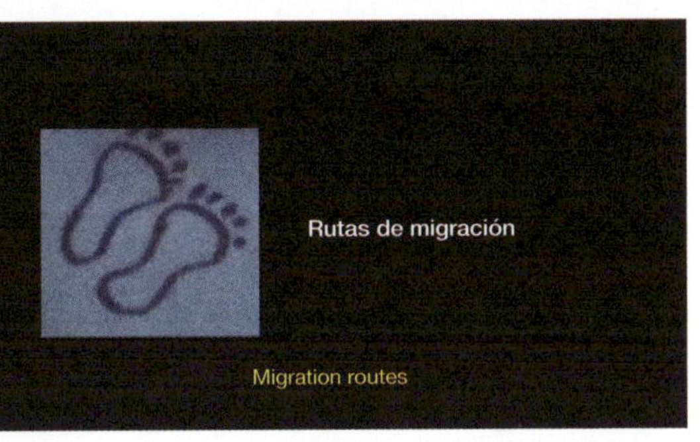

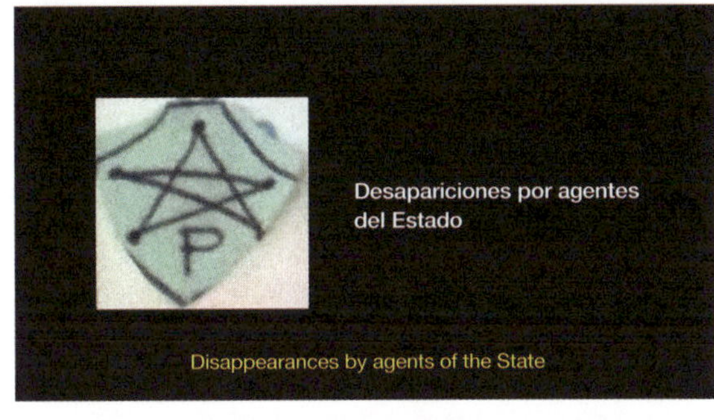

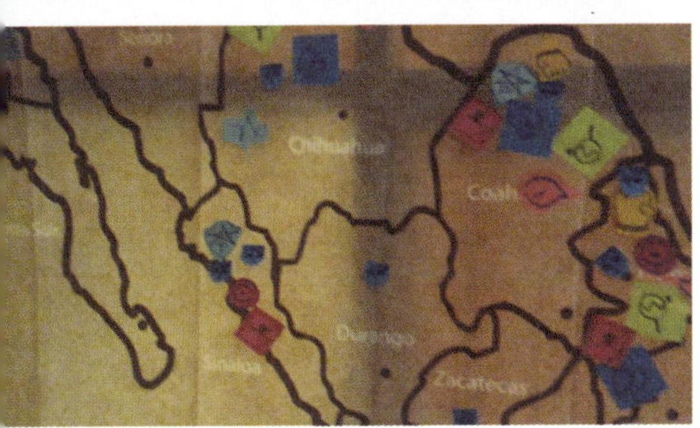

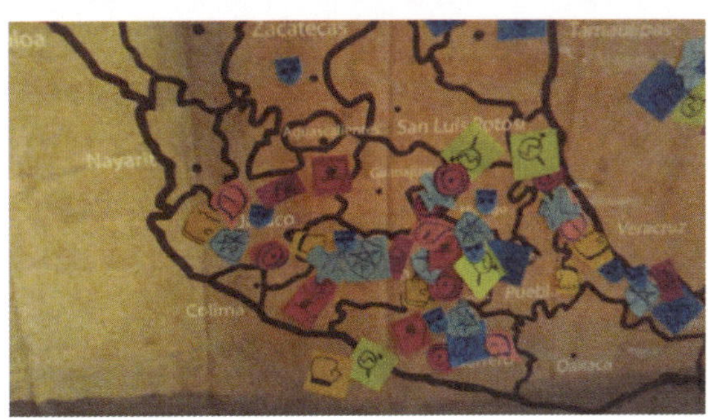

[Estos procesos de crisis no son malos para todos, a algunos les está generando inmensa riqueza.]

[These crisis processes are not bad for everyone. For some people they're creating immense wealth.]

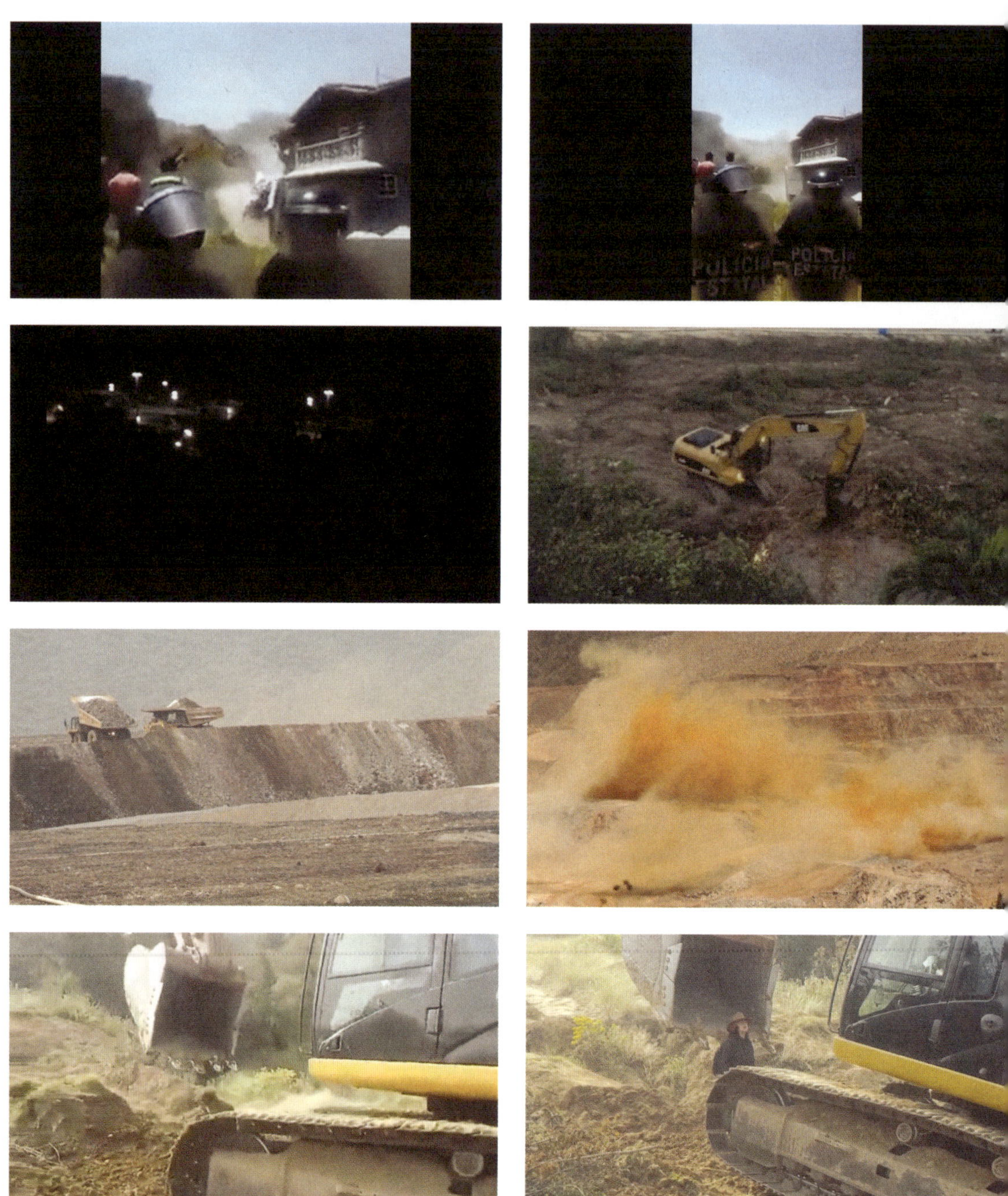

POLICÍA POLICÍA
ESTATAL ESTATAL

Destrucción de una casa en San Francisco Xochicuautla
Estado de México, 2016.

Destruction of a house in San Francisco Xochicuautla
Estado de México, 2016.

por maquinaria de la empresa Autovan, filial de Grupo Higa,
para la construcción de una autopista.

by machinery owned by the Autovan company,
an affiliate of Grupo Higa, for the construction of a highway.

Destrucción del manglar Tajamar
Quintana Roo, 2016.

Destruction of the Tajamar mangroves
Quintana Roo, 2016.

para la construcción de un proyecto inmobiliario
aprobado por FONATUR y SEMARNAT.

for a construction project approved by
FONATUR and SEMARNAT.

Explotación de una mina de oro
Guerrero, 2012.

Exploitation of a goldmine
Guerrero, 2012.

por la empresa canadiense Goldcorp.

by the Canadian company Goldcorp.

Defensa de los pobladores de Xochicuautla,

Defense of the inhabitants of Xochicuautla,

Estado de México. 11 de abril del 2016.

Estado de Mexico. April 11, 2016.

Fragmento del artículo—Excerpt from the article "Una estampa del antiguo régimen" de—by Federico Navarrete

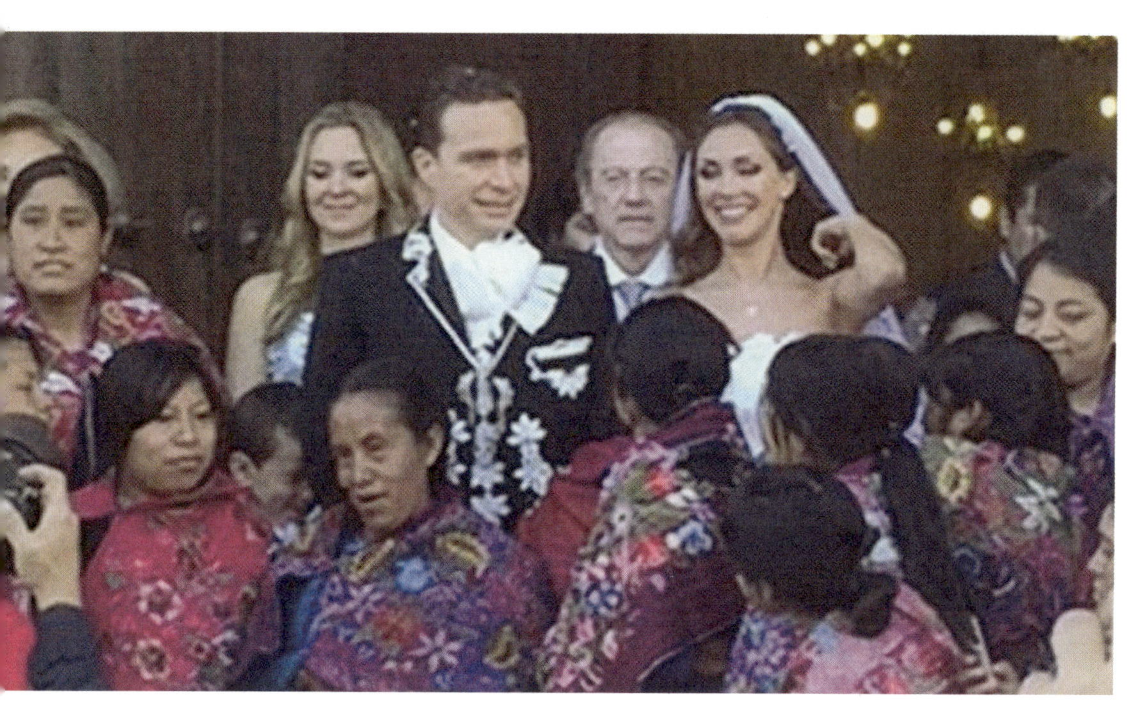

Según cifras oficiales 110 mujeres murieron asesinadadas en el municipio de Ecatepec, Estado de México durante el 2013 y 2014.

According to official figures, 110 women were killed in the municipality of Ecatepec, Mexico, during 2013 and 2014.

Las mujeres no somos desechables— Women Are Not Disposable.
Performance of the Escuela Preparatoria "General Francisco Villa" núm. 128
Ecatepec de Morelos, 2016. Dirección—Direction: Prof. Manuel Amador

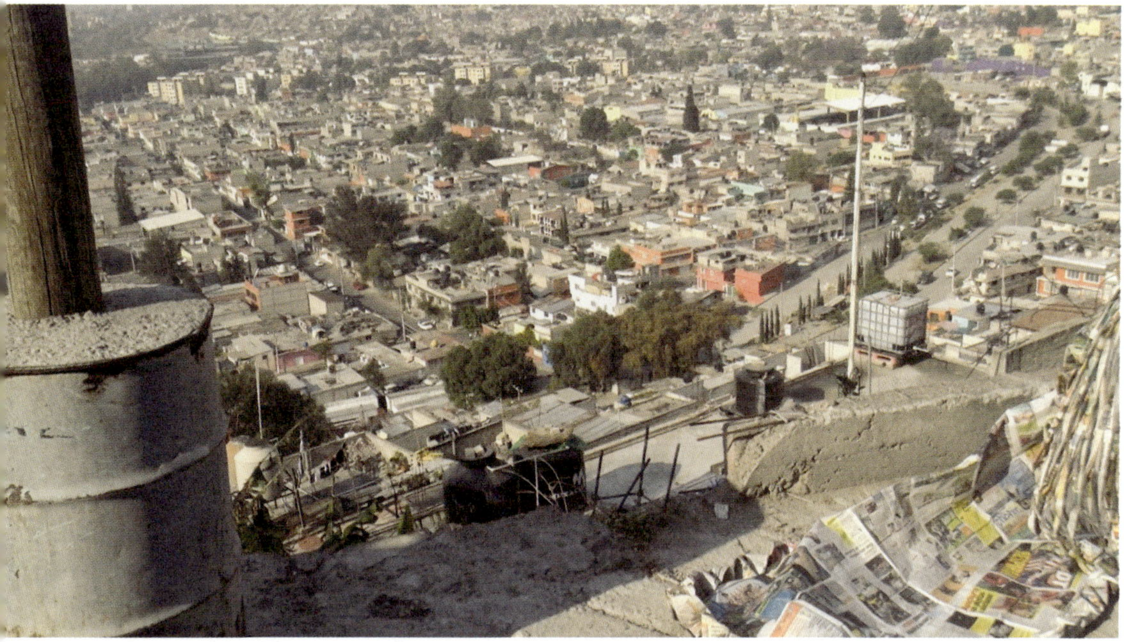

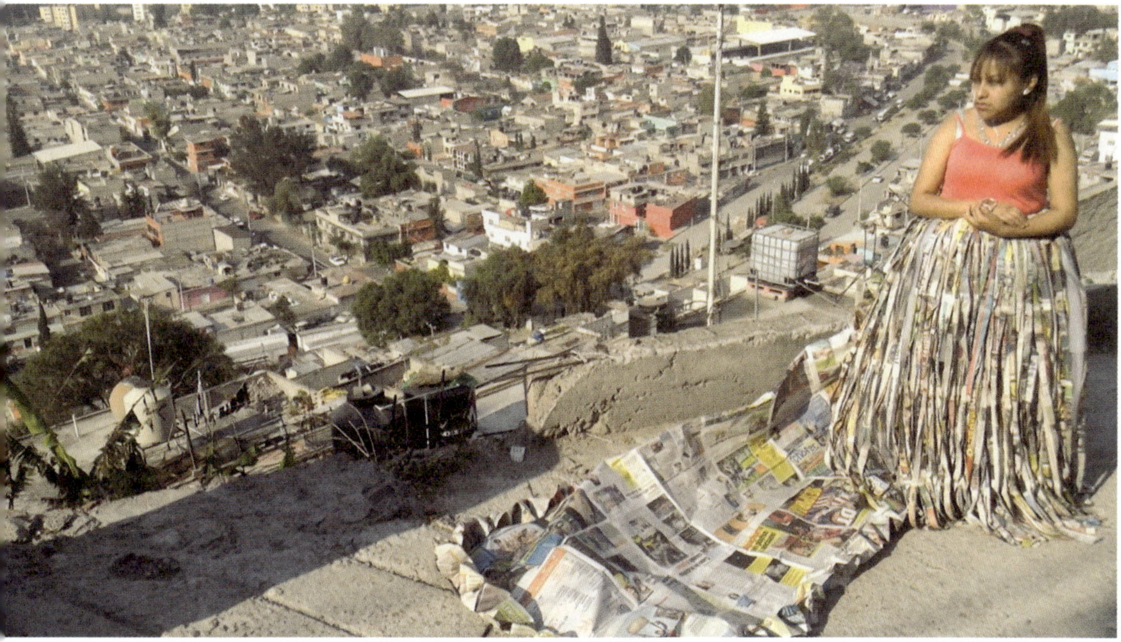

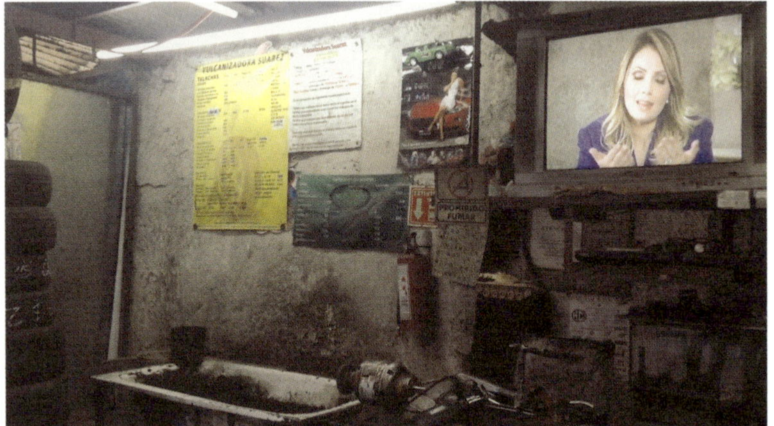
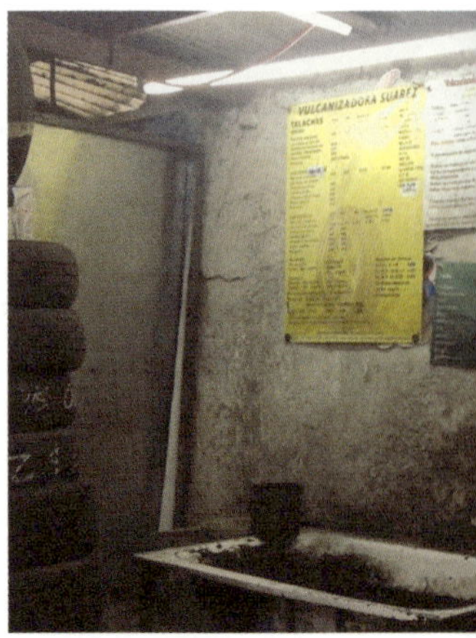
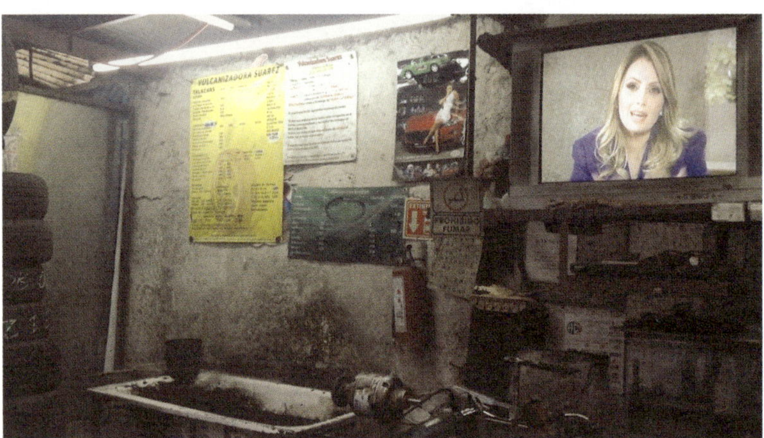
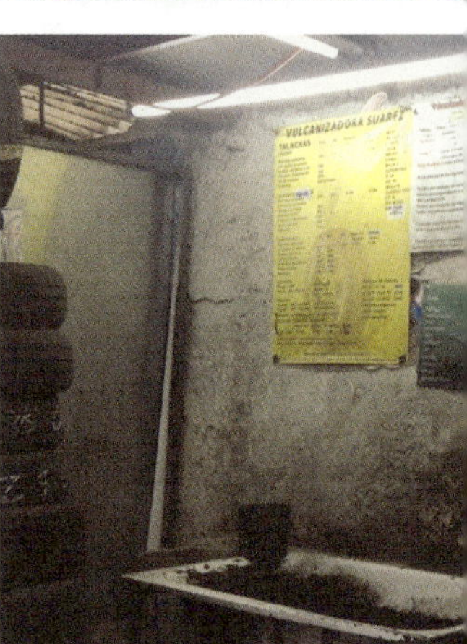

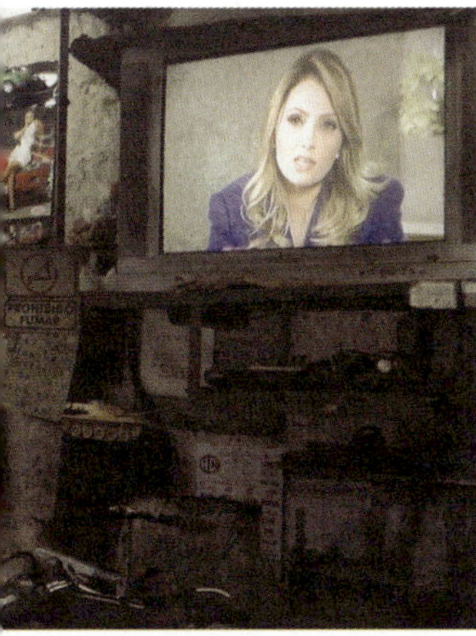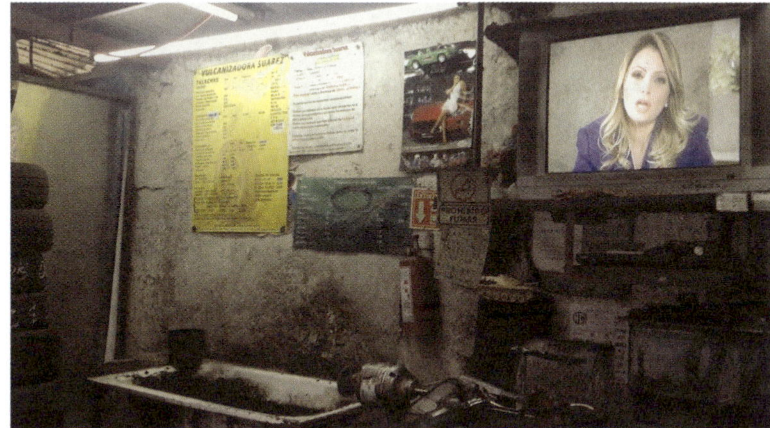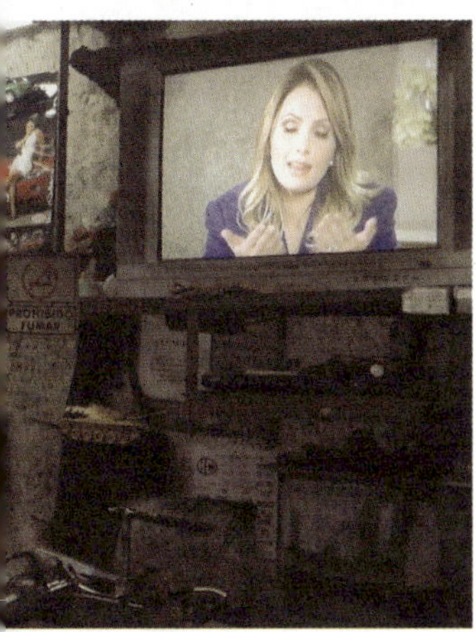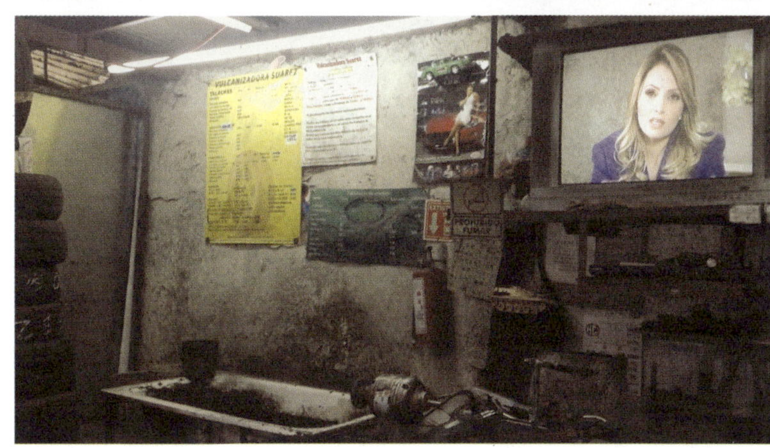

[… el derecho de conocer la verdad… Porque ustedes
tienen el derecho de conocer la verdad]

[… the right to know the truth… Because you all
have the right to know the truth]

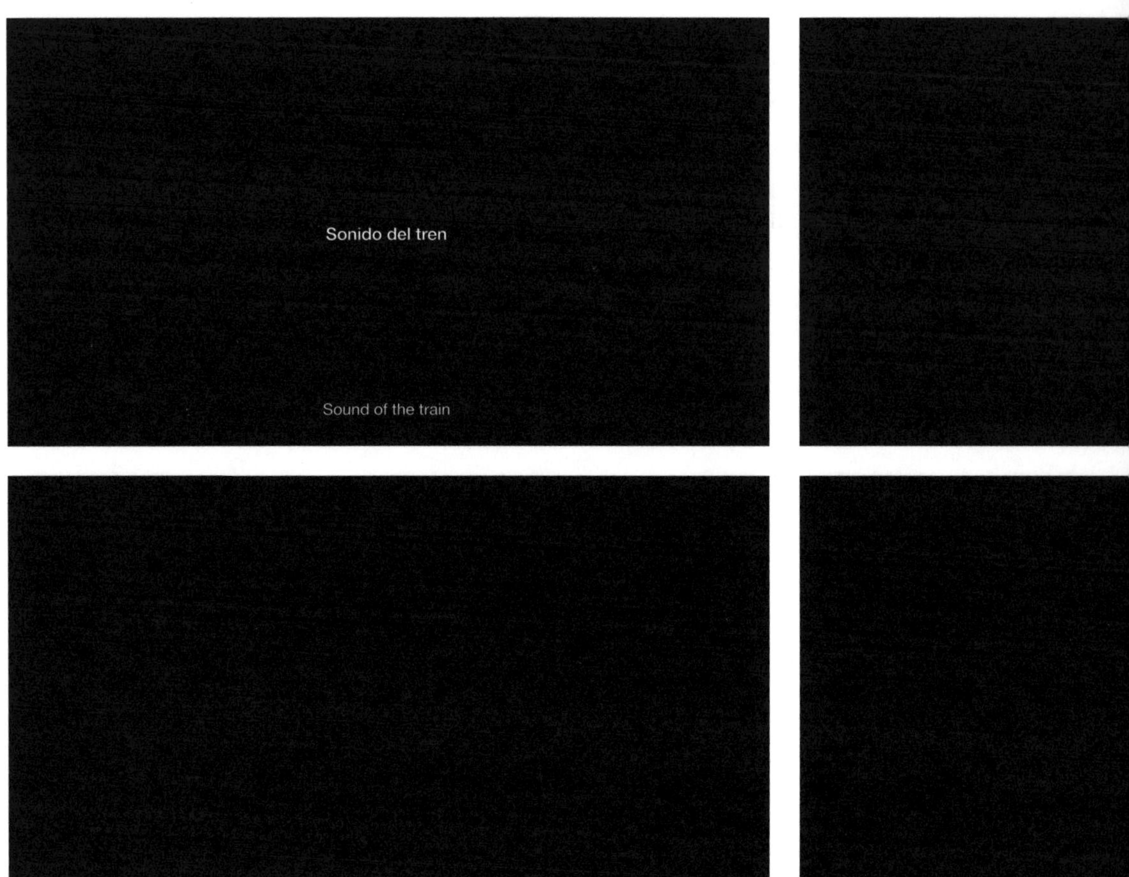
Sonido del tren

Sound of the train

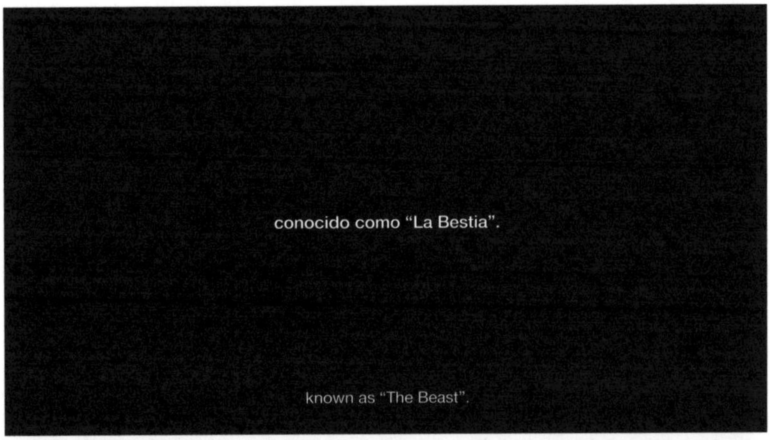

conocido como "La Bestia".

known as "The Beast".

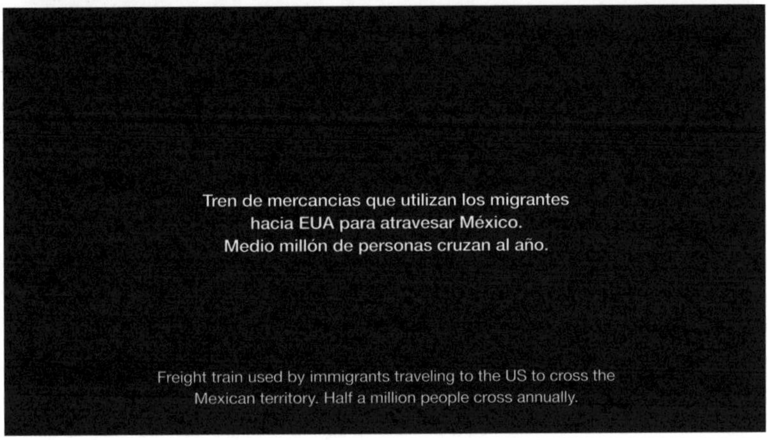

Tren de mercancias que utilizan los migrantes
hacia EUA para atravesar México.
Medio millón de personas cruzan al año.

Freight train used by immigrants traveling to the US to cross the
Mexican territory. Half a million people cross annually.

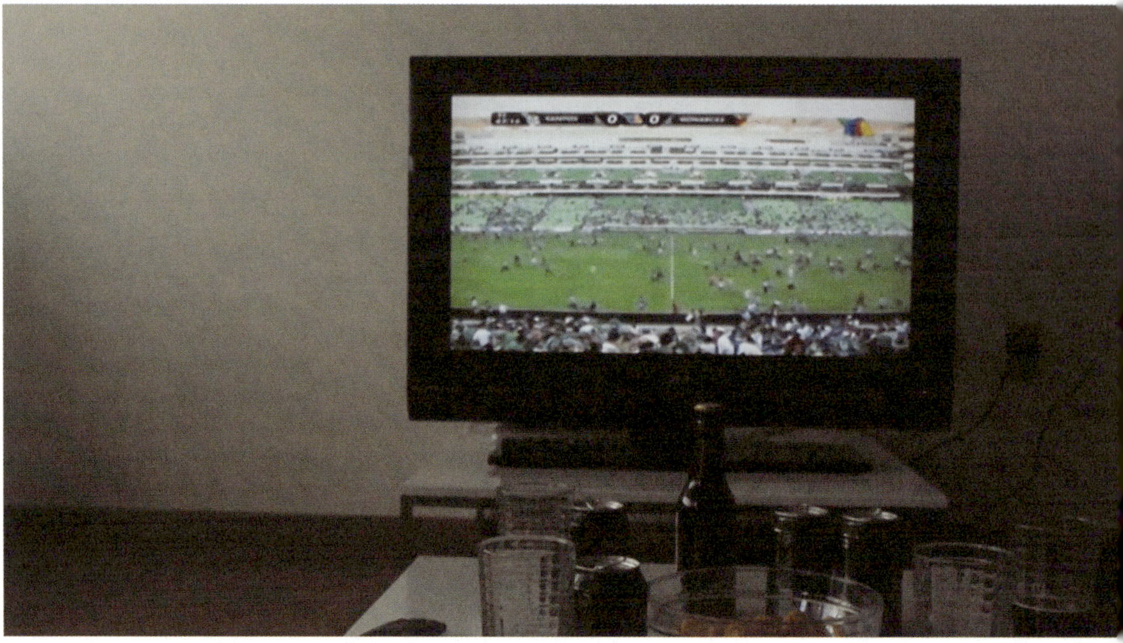

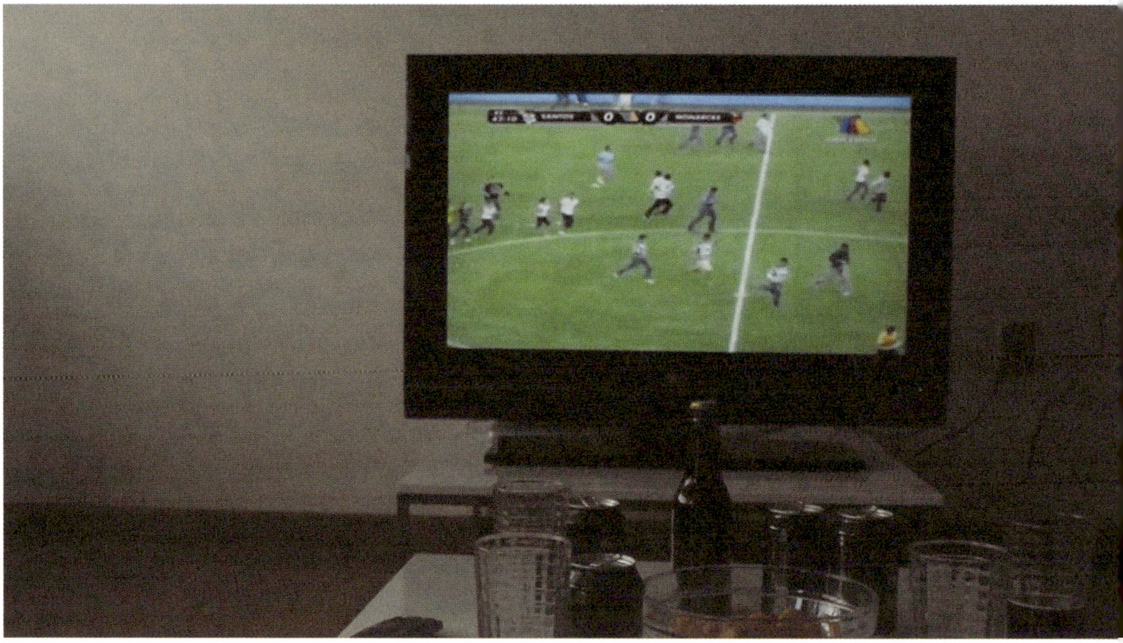

Partido de futbol Santos vs Monarcas
Transmisión TV Azteca, 2011

[— ¿Qué pasó, qué ocurrió? ¡Ey! ¿qué pasó? ¿qué pasó?
— Hay balazos, hay balazos
— ¿Qué está ocurriendo? todos están corriendo hacia…
— Sí, señor; sí, señor
— Hacia el libramiento, sí
— Se escucharon algunas detonaciones
— Definitivamente, así es
— Algo ocurre
— ¡Cuidado! Calma, calma, Juan Carlos, resguárdate
— Sí, señor
— Resguárdate
— Sí, señor, ya estamos aquí detrás de la cancha de Morelia]

[— What's going on, what happened?
  Hey, what's going on, what's going on?
— They're shooting guns, they're shooting guns
— What's happening? Everyone's running toward…
— Yes, sir; yes, sir
— Toward deliverance, yes
— It sounded like bombs were going off
— Definitely, that's right
— Something's going on
— Careful! Calm down, calm down. Juan Carlos,
  protect yourself
— Yes, sir
— Protect yourself
— Yes, sir. We're here behind Morelia field now]

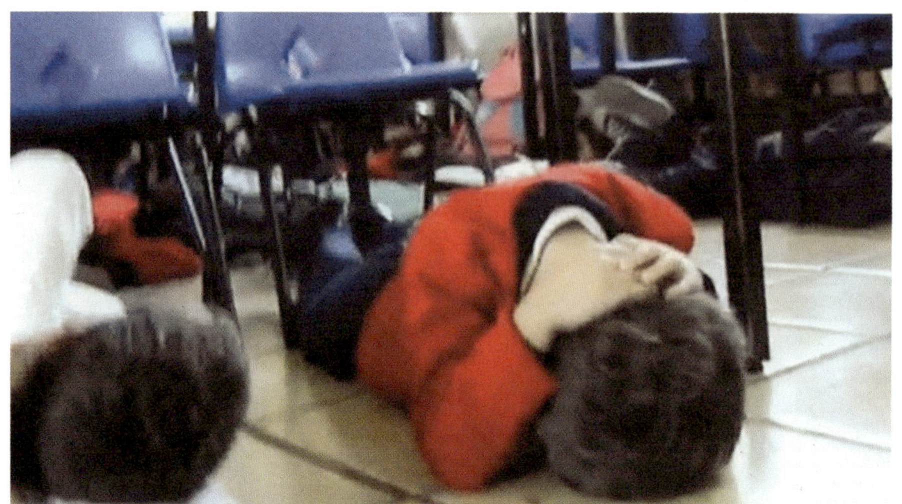

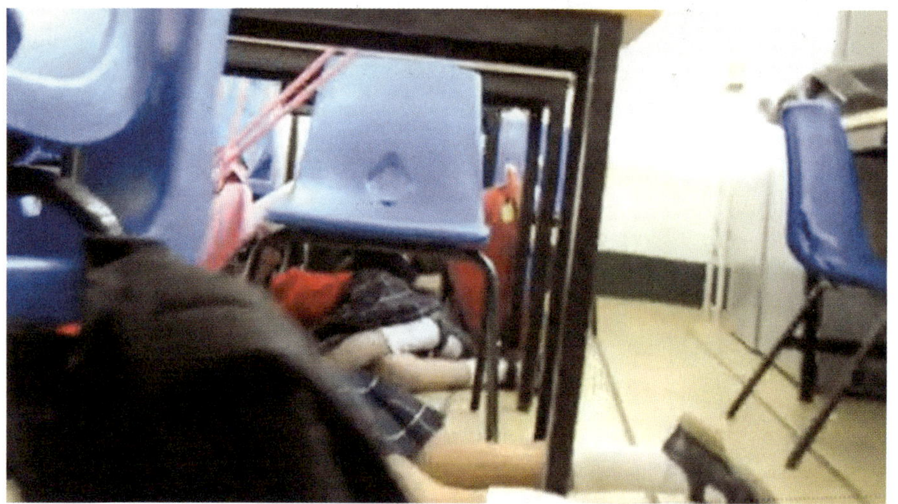

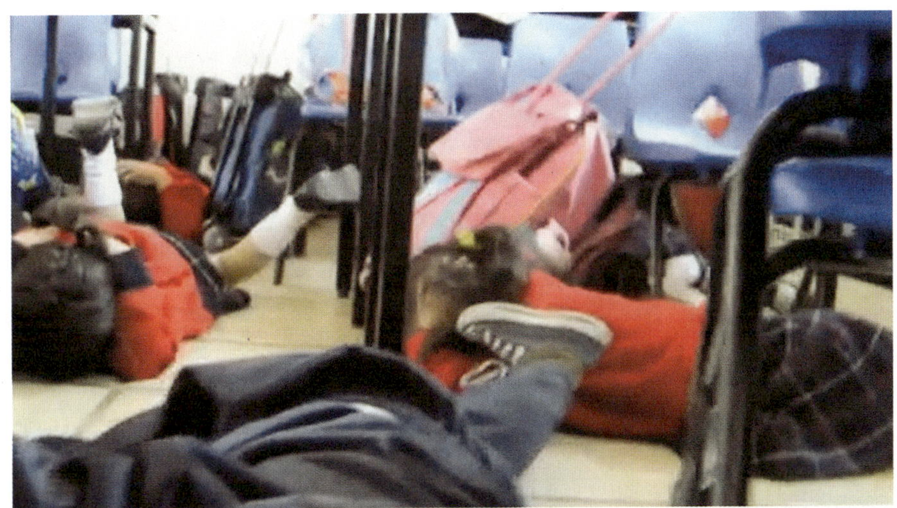

**Simulacro de balacera.
Jalisco, México.**

Shootout simulation
Jalisco, Mexico.

[Cantan]

[— ¿Quién, yo?
— ¡Sí, tú!
— Yo no fui
— ¿Entonces quién?
— Pero no estamos cantando, a
  ver Nayeli, vamos con Nayeli
— Nayeli robó pan en la casa
  de San Juan
— Nayeli robó pan en la casa
  de San Juan
— ¿Qué dice Nayeli?
— ¿Quién, yo?
— ¿Qué le decimos?
— ¡Sí, tú!
— Yo no fui
— ¿Entonces quién?]

[Singing]

[— Who, me?
— Yes, you!
— It wasn't me
— Then who?
— But we're not singing. OK,
  Nayeli, let's go with Nayeli
— Nayeli stole bread / from the
  house in San Juan
— Nayeli stole bread / from the
  house in San Juan
— What does Nayeli say?
— Who, me?
— What do we say to her?
— Yes, you!
— It wasn't me
— Then who?]

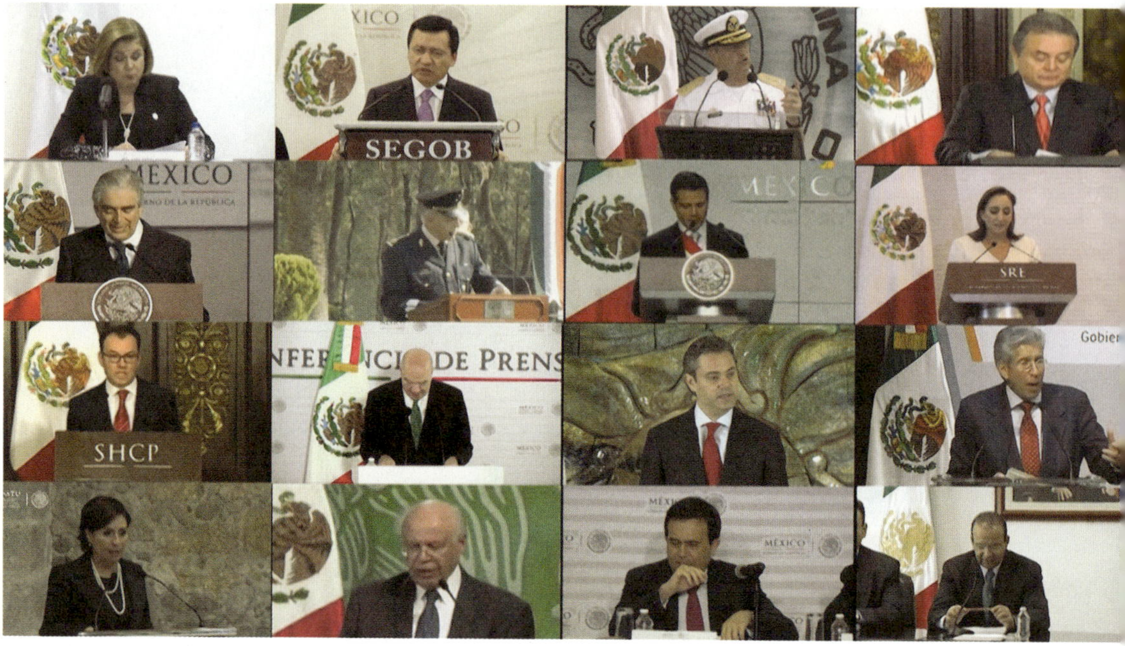

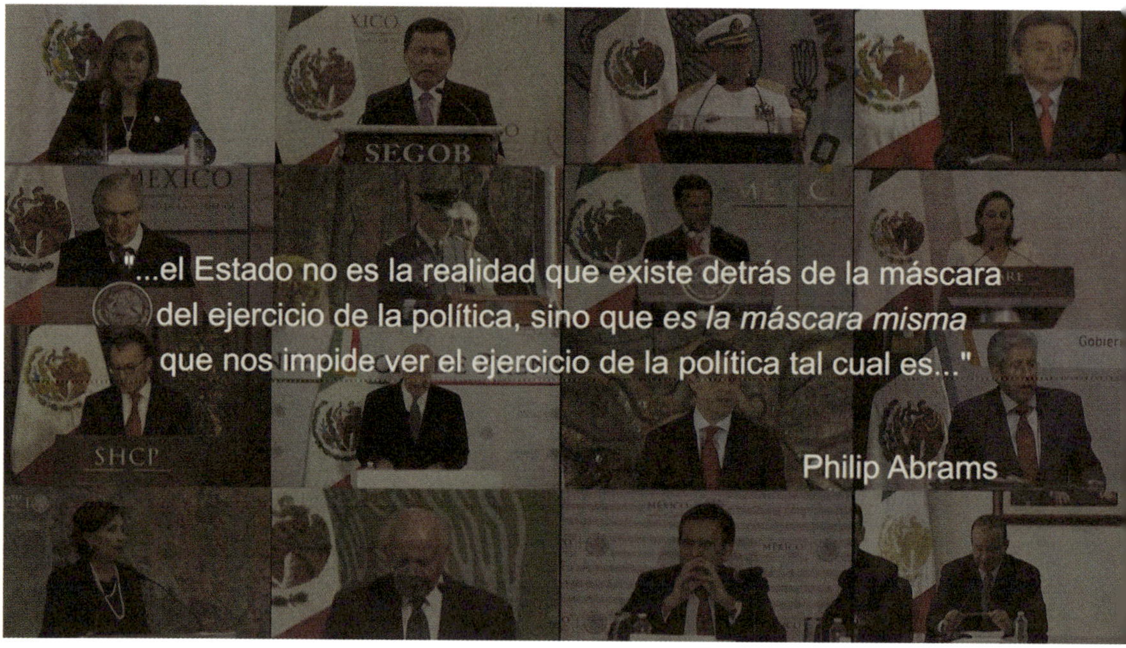

...el Estado no es la realidad que existe detrás de la máscara
del ejercicio de la política, sino que *es la máscara misma*
que nos impide ver el ejercicio de la política tal cual es..."

Philip Abrams

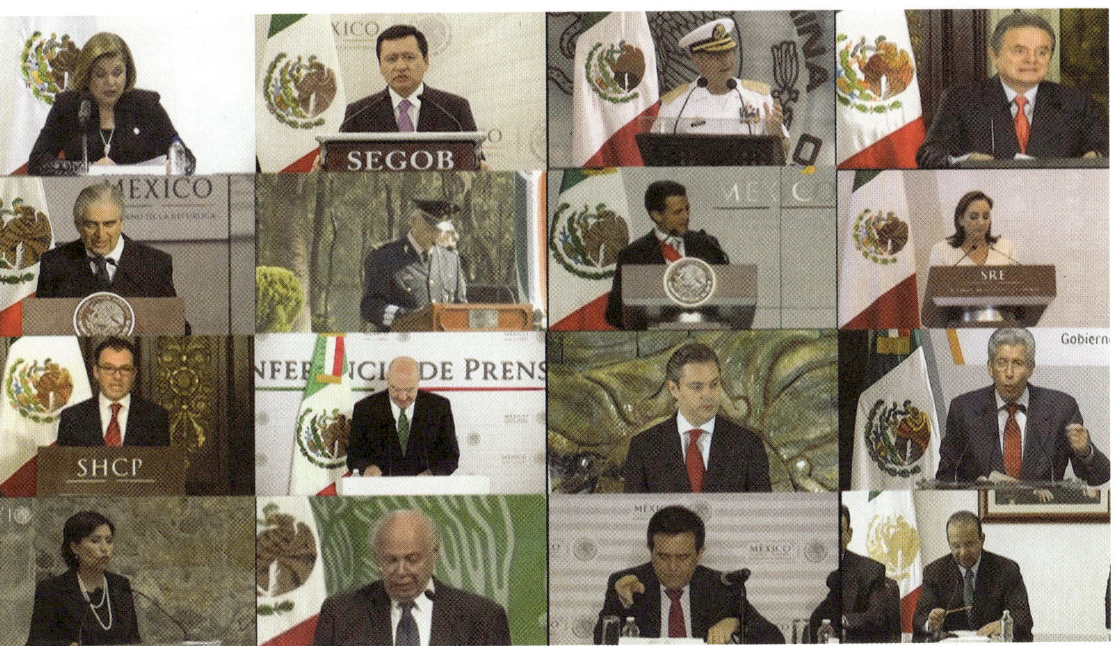

En México, cada hora con 52 minutos
desaparece una persona.

In Mexico, someone disappears every hour and 52 minutes.

En México, cada hora con 52 minutos
desaparece una persona.

In Mexico, someone disappears every hour and 52 minutes.

En México, cada hora con 52 minutos
desaparece una persona.

In Mexico, someone disappears every hour and 52 minutes.

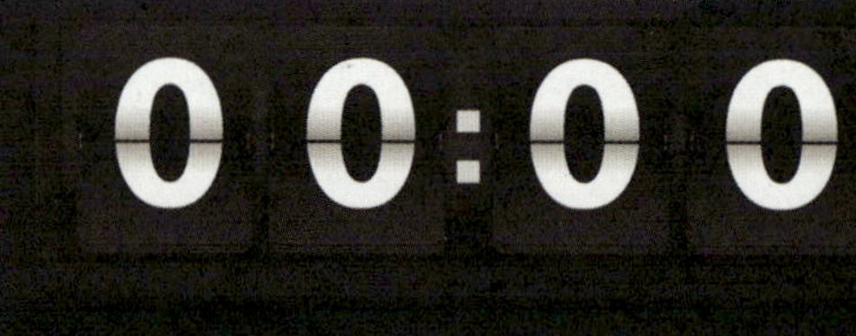

En México, cada hora con 52 minutos
desaparece una persona.

In Mexico, someone disappears every hour and 52 minutes.

En México, cada hora con 52 minutos
desaparece una persona.

In Mexico, someone disappears every hour and 52 minutes.

En México, cada hora con 52 minutos
desaparece una persona.

In Mexico, someone disappears every hour and 52 minutes.

En México, cada hora con 52 minutos
desaparece una persona.

In Mexico, someone disappears every hour and 52 minutes.

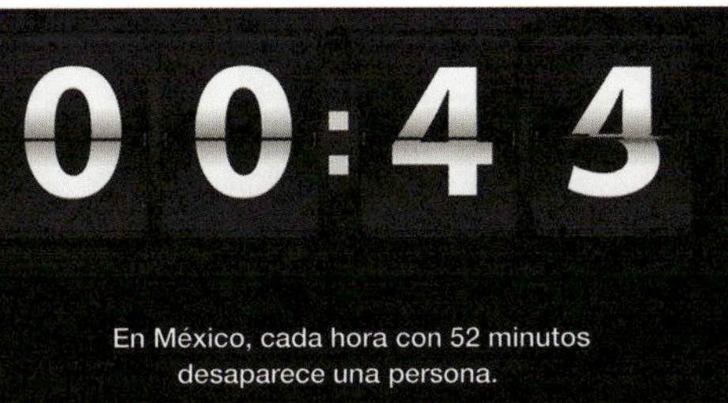

En México, cada hora con 52 minutos desaparece una persona.

In Mexico, someone disappears every hour and 52 minutes.

En México, cada hora con 52 minutos desaparece una persona.

In Mexico, someone disappears every hour and 52 minutes.

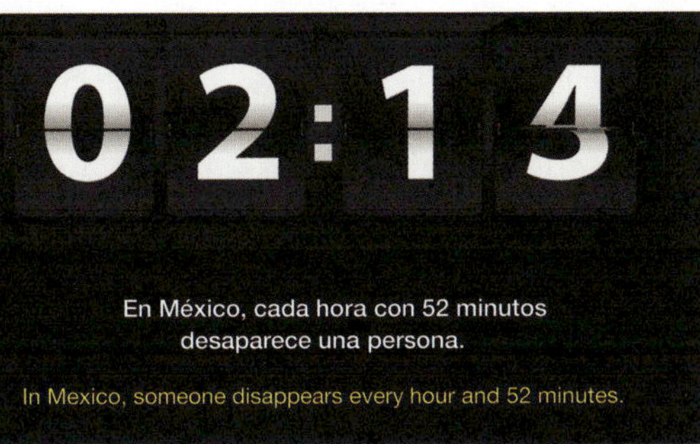

En México, cada hora con 52 minutos desaparece una persona.

In Mexico, someone disappears every hour and 52 minutes.

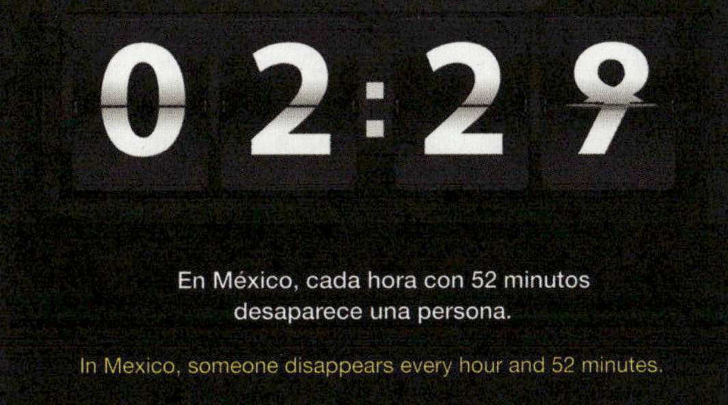

En México, cada hora con 52 minutos desaparece una persona.

In Mexico, someone disappears every hour and 52 minutes.

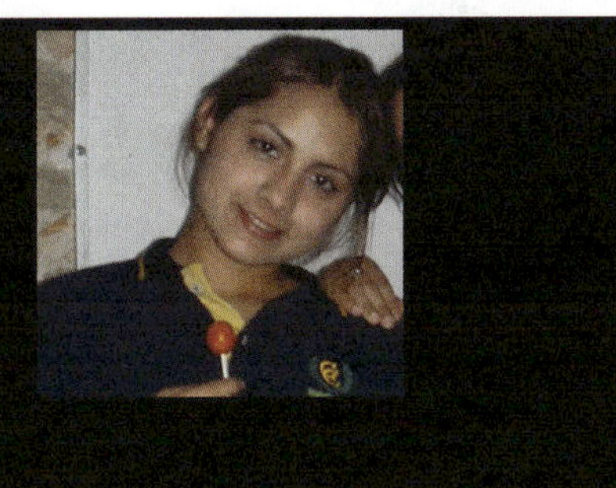

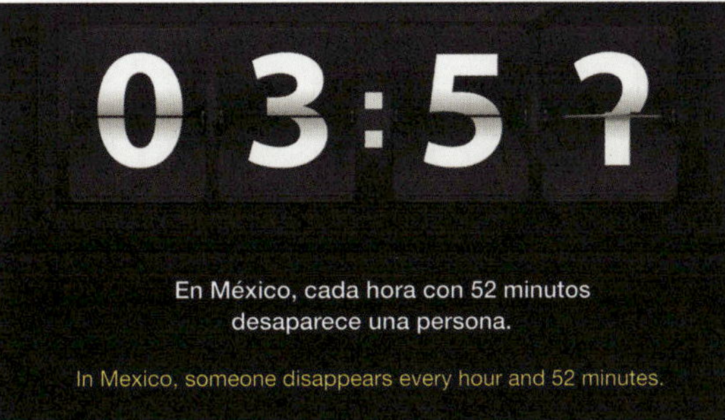

En México, cada hora con 52 minutos desaparece una persona.

In Mexico, someone disappears every hour and 52 minutes.

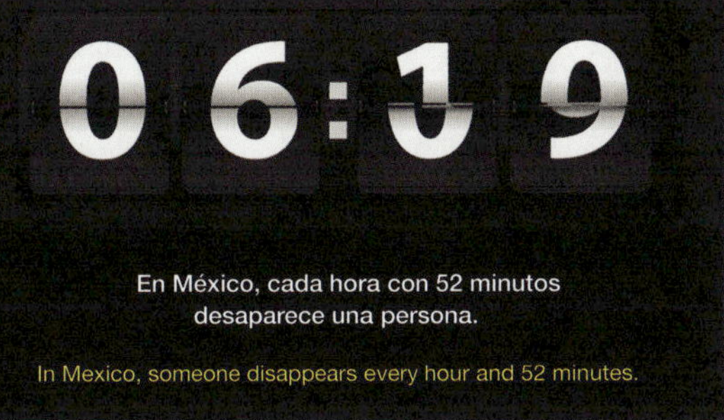

En México, cada hora con 52 minutos desaparece una persona.

In Mexico, someone disappears every hour and 52 minutes.

En México, cada hora con 52 minutos desaparece una persona.

In Mexico, someone disappears every hour and 52 minutes.

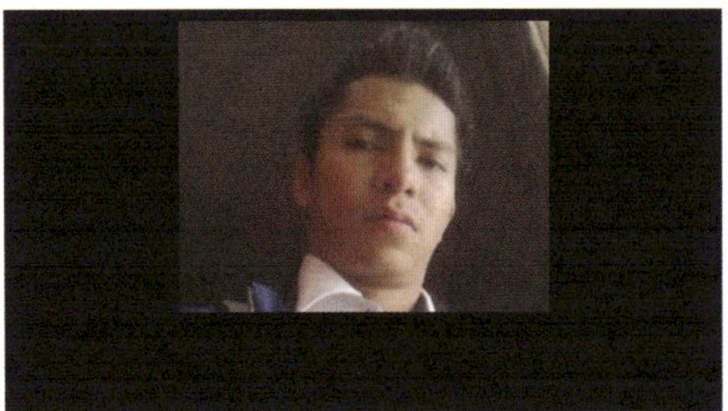

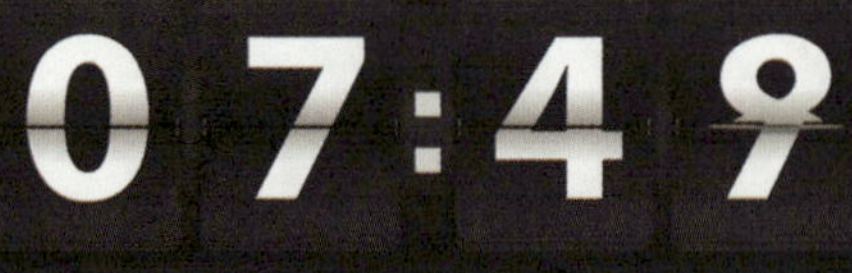

En México, cada hora con 52 minutos desaparece una persona.

In Mexico, someone disappears every hour and 52 minutes.

09:41

En México, cada hora con 52 minutos desaparece una persona.

In Mexico, someone disappears every hour and 52 minutes.

10:45

En México, cada hora con 52 minutos desaparece una persona.

In Mexico, someone disappears every hour and 52 minutes.

11:51

En México, cada hora con 52 minutos desaparece una persona.

In Mexico, someone disappears every hour and 52 minutes.

12:33

En México, cada hora con 52 minutos desaparece una persona.

In Mexico, someone disappears every hour and 52 minutes.

13:09

En México, cada hora con 52 minutos desaparece una persona.

In Mexico, someone disappears every hour and 52 minutes.

14:37

En México, cada hora con 52 minutos desaparece una persona.

In Mexico, someone disappears every hour and 52 minutes.

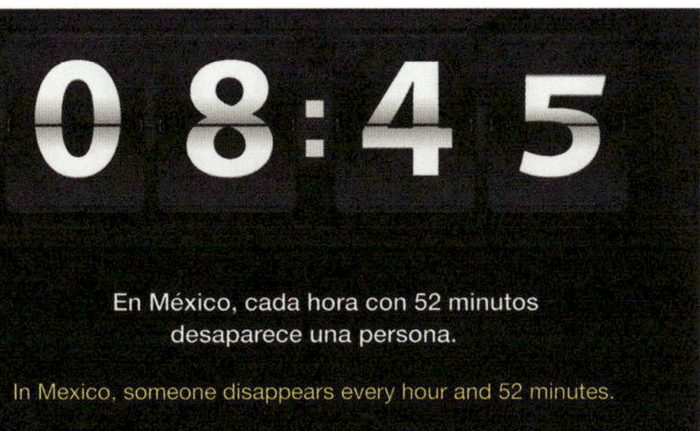

En México, cada hora con 52 minutos desaparece una persona.

In Mexico, someone disappears every hour and 52 minutes.

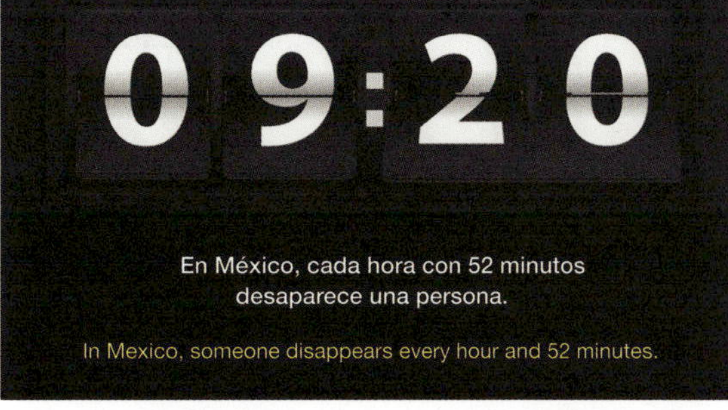

En México, cada hora con 52 minutos desaparece una persona.

In Mexico, someone disappears every hour and 52 minutes.

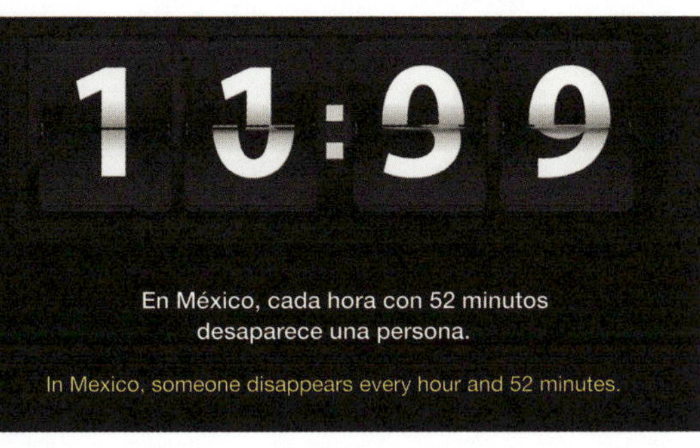

En México, cada hora con 52 minutos desaparece una persona.

In Mexico, someone disappears every hour and 52 minutes.

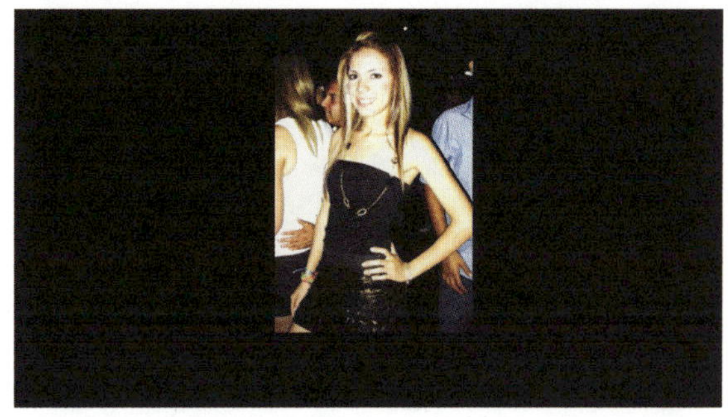

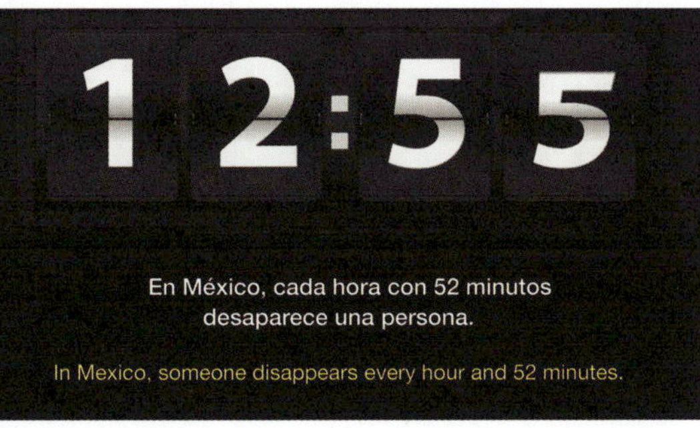

En México, cada hora con 52 minutos desaparece una persona.

In Mexico, someone disappears every hour and 52 minutes.

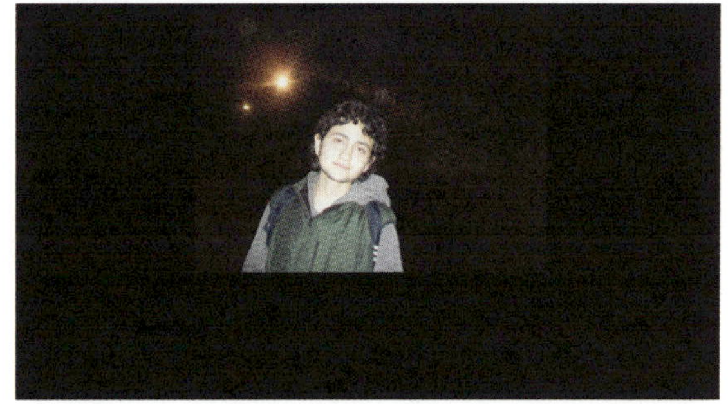

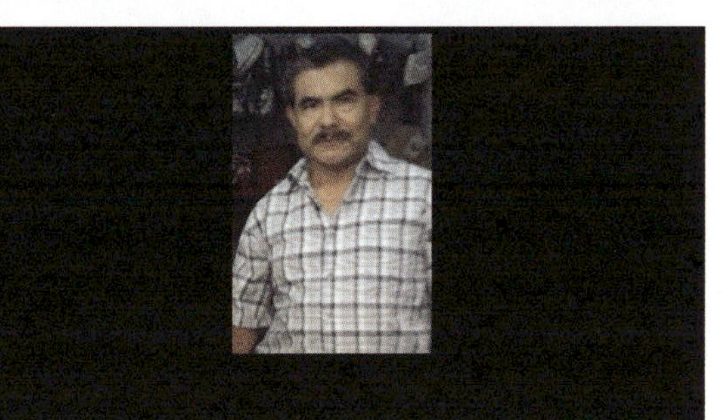

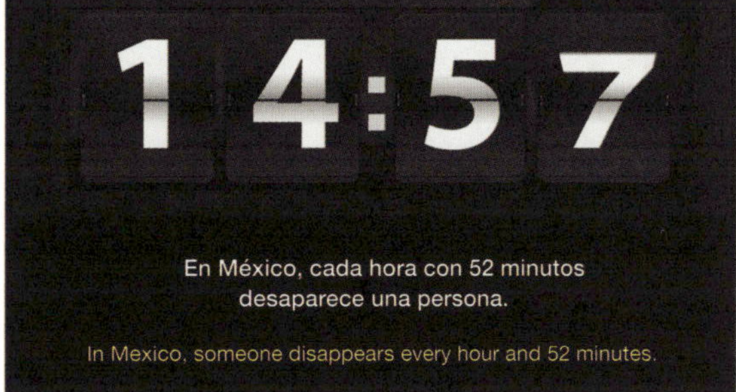

En México, cada hora con 52 minutos desaparece una persona.

In Mexico, someone disappears every hour and 52 minutes.

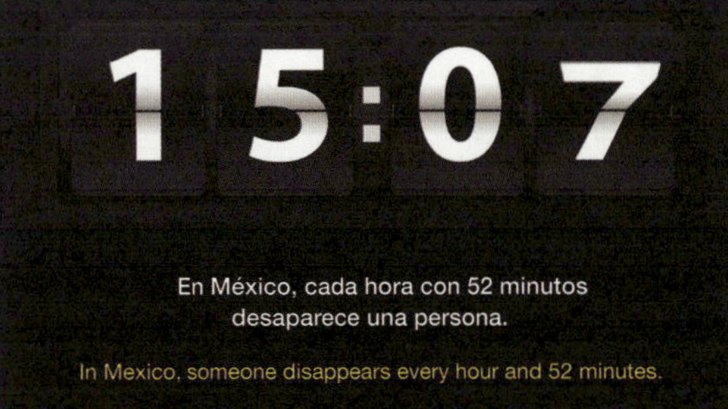
15:07
En México, cada hora con 52 minutos
desaparece una persona.
In Mexico, someone disappears every hour and 52 minutes.

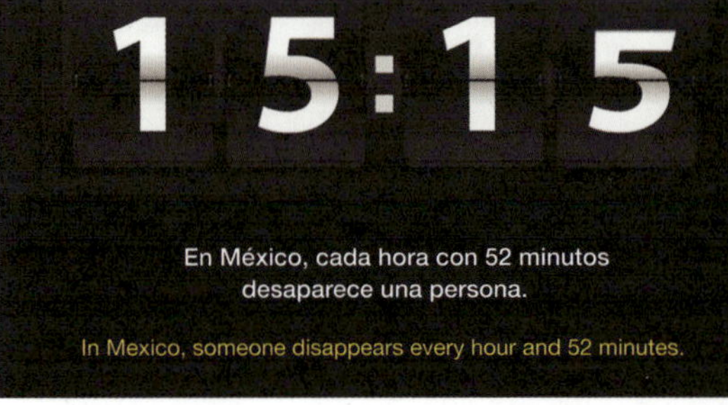
15:15
En México, cada hora con 52 minutos
desaparece una persona.
In Mexico, someone disappears every hour and 52 minutes.

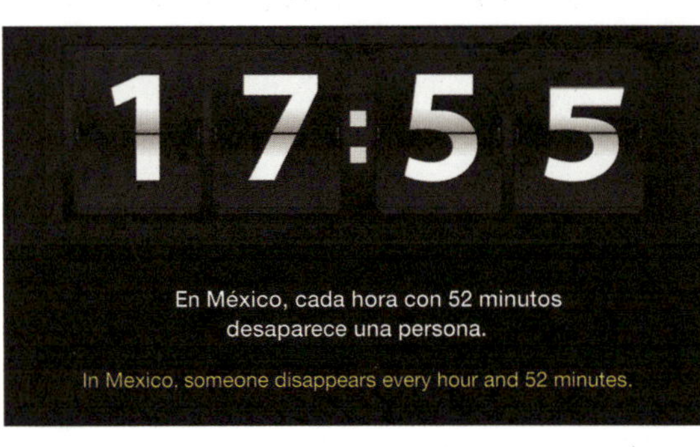
17:55
En México, cada hora con 52 minutos
desaparece una persona.
In Mexico, someone disappears every hour and 52 minutes.

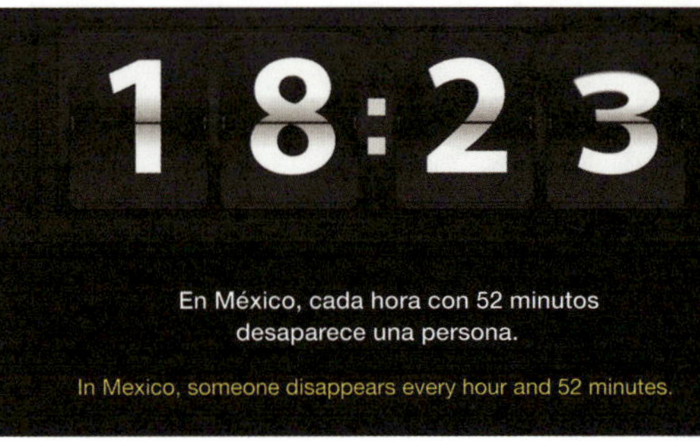
18:23
En México, cada hora con 52 minutos
desaparece una persona.
In Mexico, someone disappears every hour and 52 minutes.

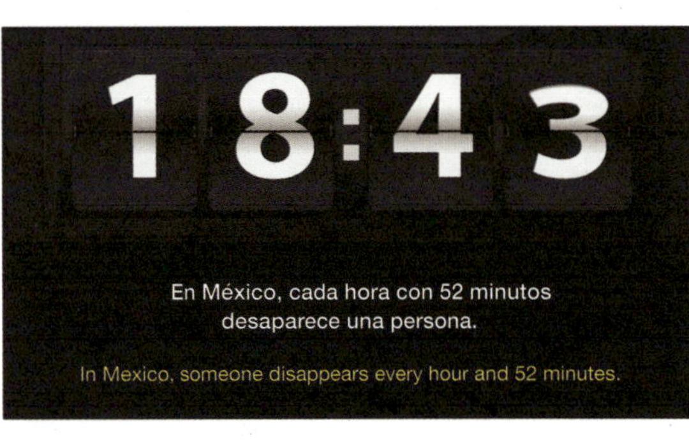
18:43
En México, cada hora con 52 minutos
desaparece una persona.
In Mexico, someone disappears every hour and 52 minutes.

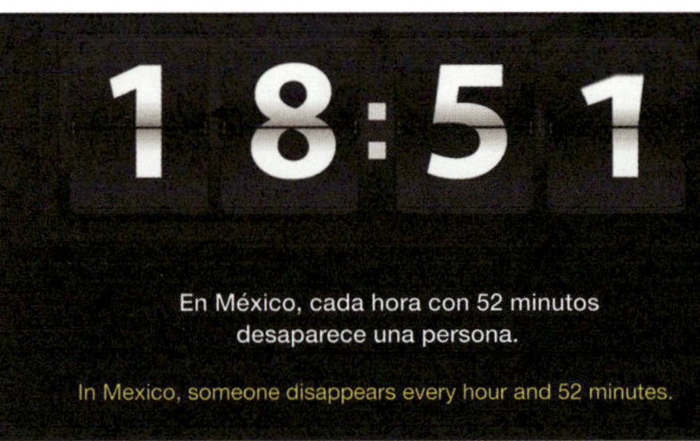
18:51
En México, cada hora con 52 minutos
desaparece una persona.
In Mexico, someone disappears every hour and 52 minutes.

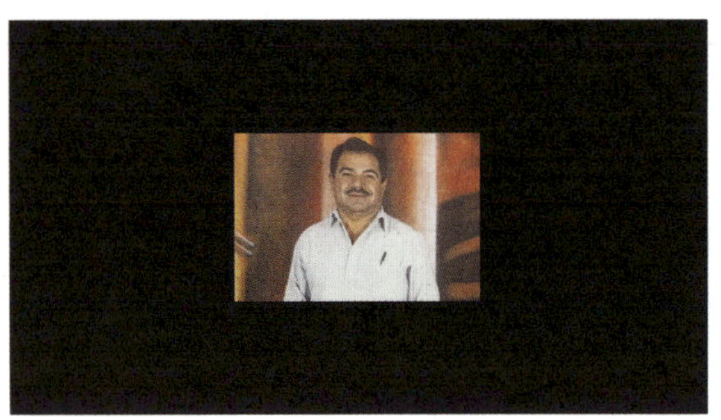

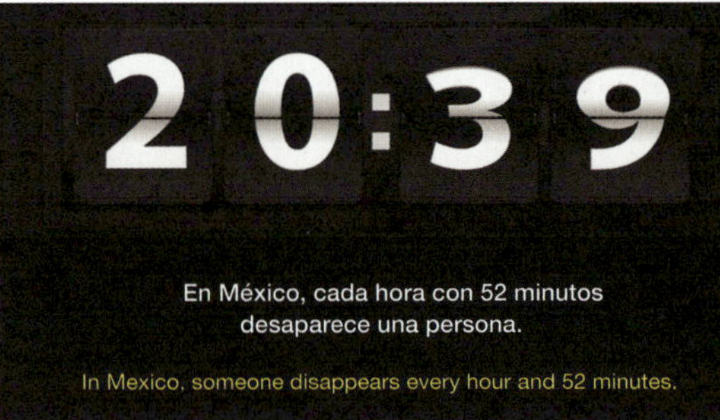
20:39
En México, cada hora con 52 minutos
desaparece una persona.
In Mexico, someone disappears every hour and 52 minutes.

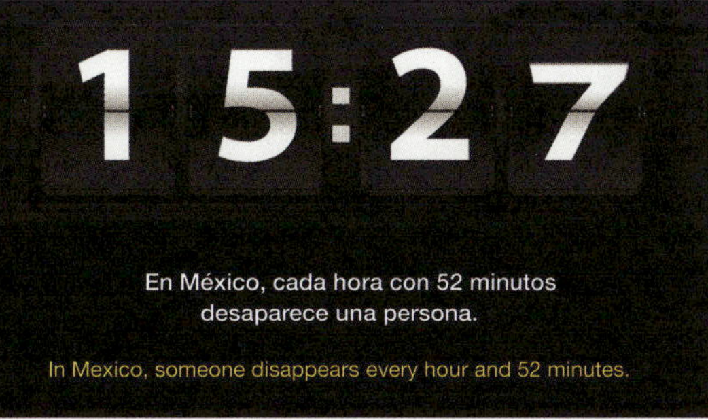

15:27
En México, cada hora con 52 minutos desaparece una persona.
In Mexico, someone disappears every hour and 52 minutes.

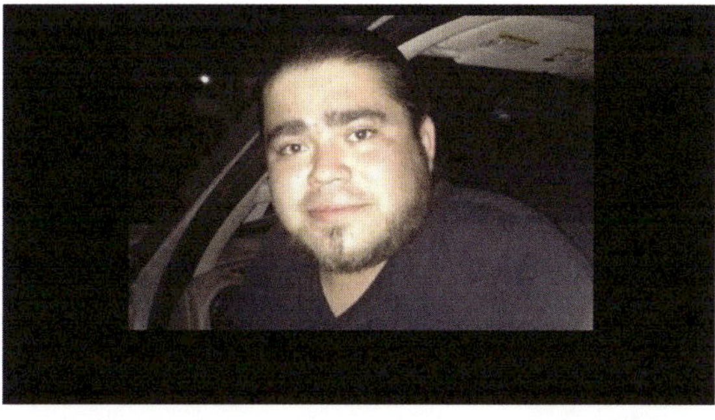

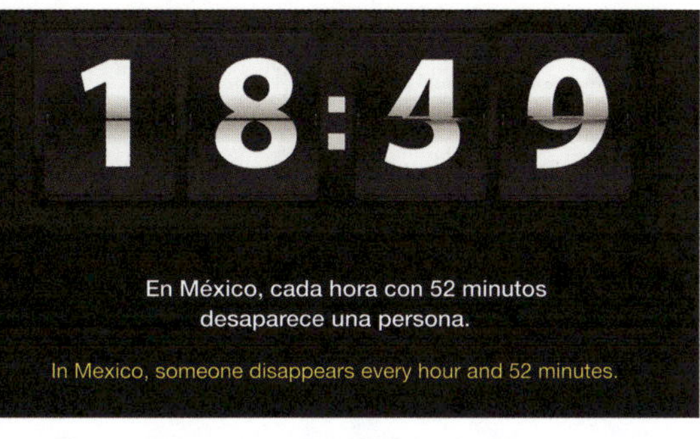

18:49
En México, cada hora con 52 minutos desaparece una persona.
In Mexico, someone disappears every hour and 52 minutes.

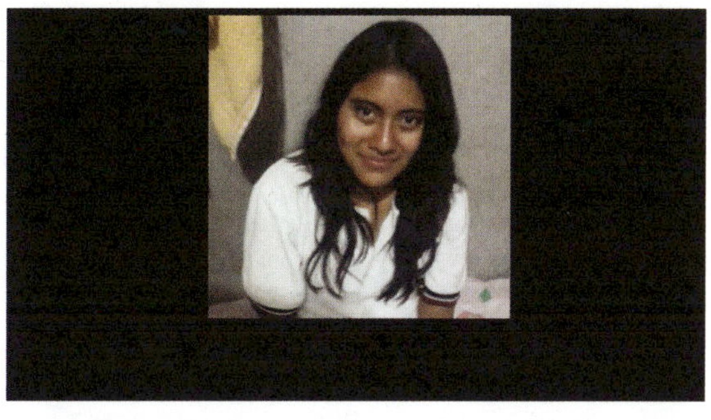

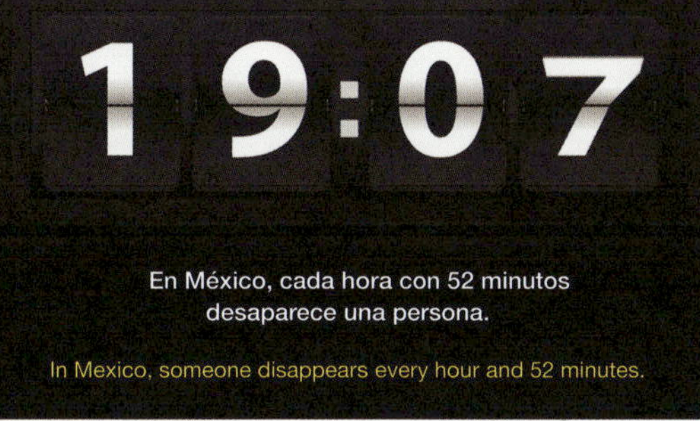

19:07
En México, cada hora con 52 minutos desaparece una persona.
In Mexico, someone disappears every hour and 52 minutes.

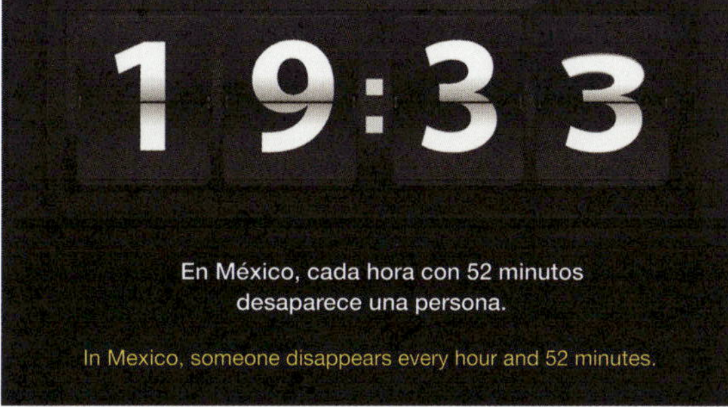

19:33
En México, cada hora con 52 minutos desaparece una persona.
In Mexico, someone disappears every hour and 52 minutes.

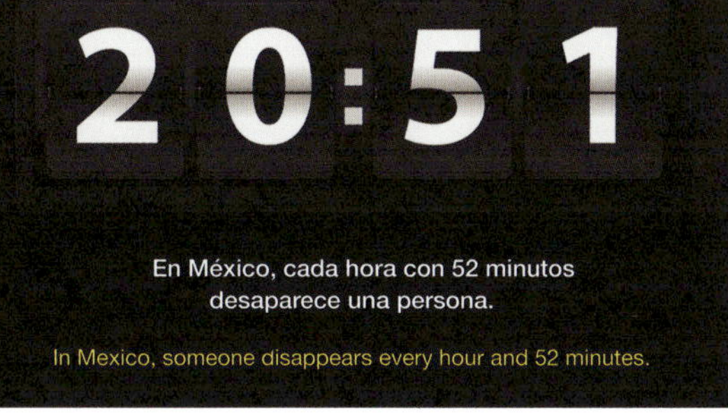

20:51
En México, cada hora con 52 minutos desaparece una persona.
In Mexico, someone disappears every hour and 52 minutes.

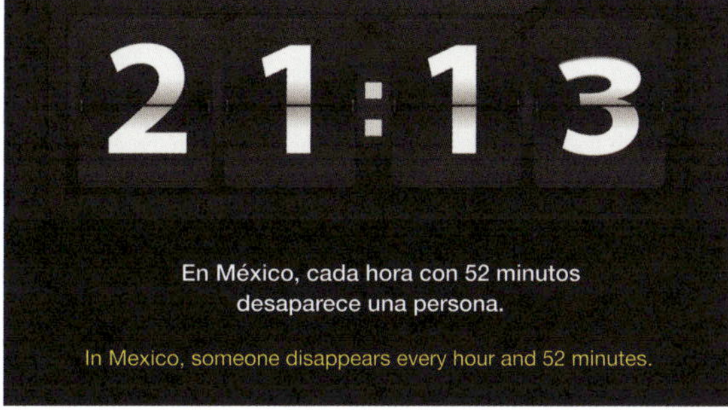

21:13
En México, cada hora con 52 minutos desaparece una persona.
In Mexico, someone disappears every hour and 52 minutes.

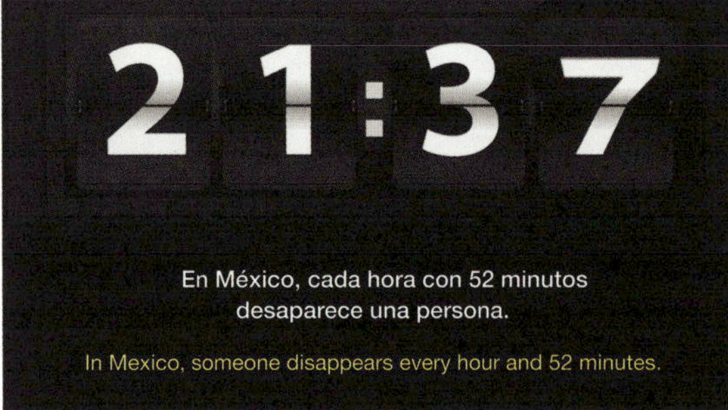

21:37
En México, cada hora con 52 minutos desaparece una persona.
In Mexico, someone disappears every hour and 52 minutes.

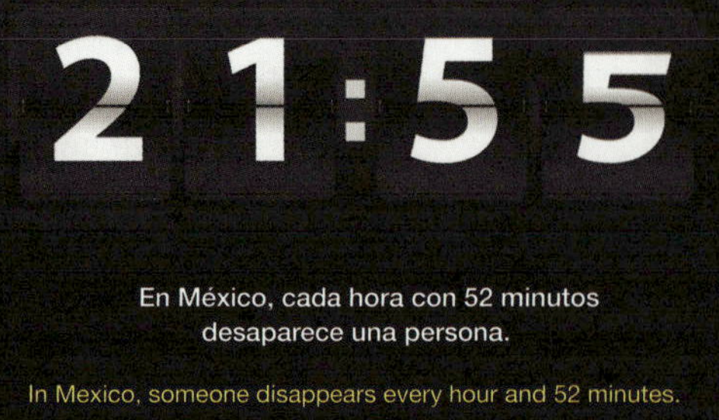

21:55
En México, cada hora con 52 minutos desaparece una persona.
In Mexico, someone disappears every hour and 52 minutes.

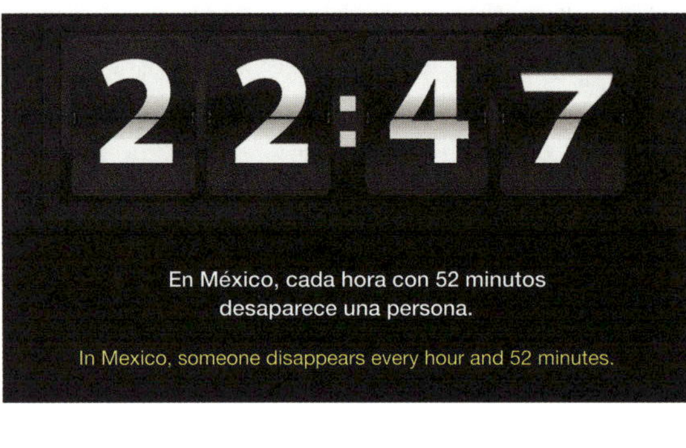

22:47
En México, cada hora con 52 minutos desaparece una persona.
In Mexico, someone disappears every hour and 52 minutes.

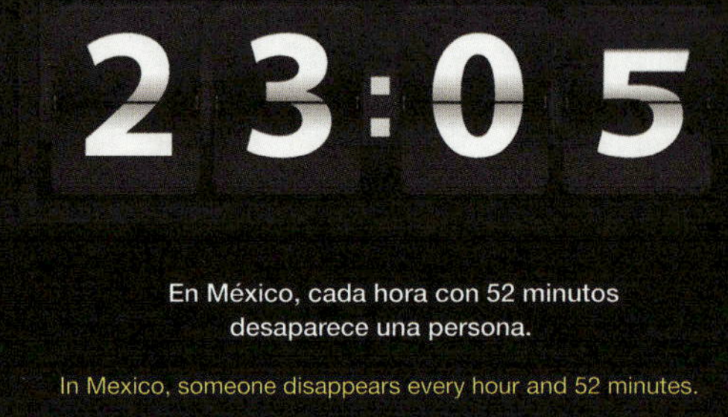

23:05
En México, cada hora con 52 minutos desaparece una persona.
In Mexico, someone disappears every hour and 52 minutes.

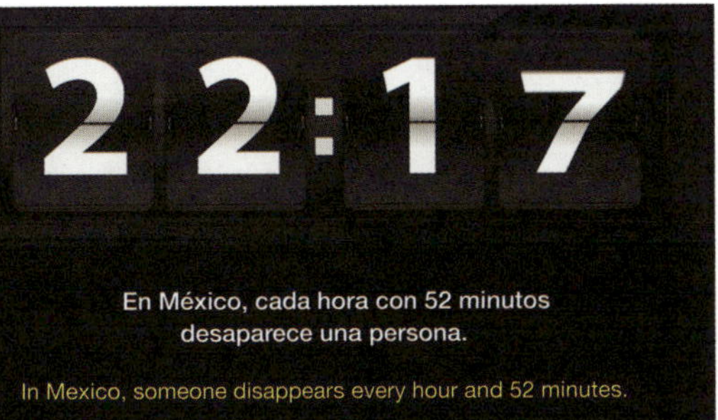

22:17
En México, cada hora con 52 minutos desaparece una persona.
In Mexico, someone disappears every hour and 52 minutes.

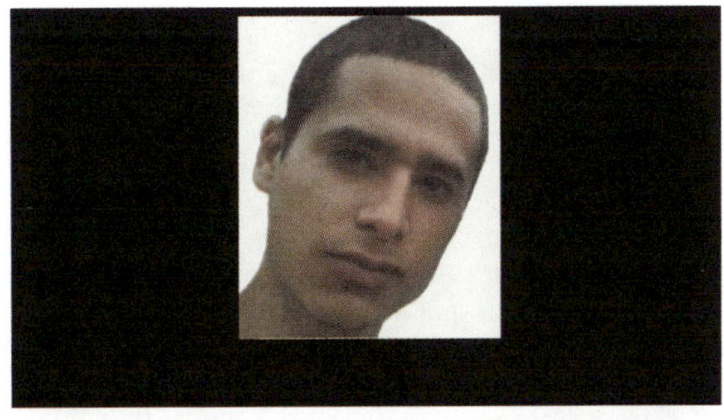

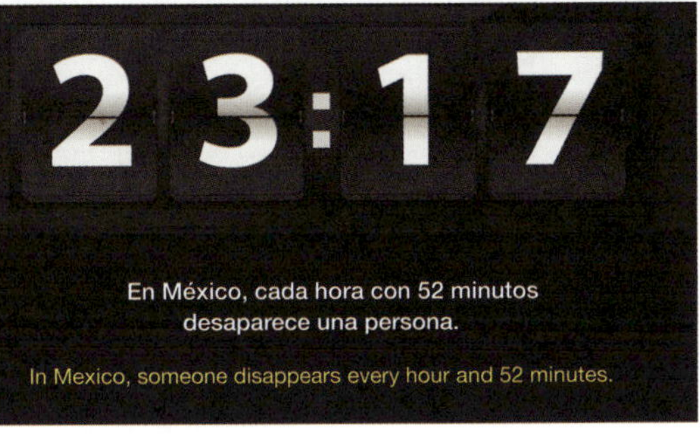

23:17
En México, cada hora con 52 minutos desaparece una persona.
In Mexico, someone disappears every hour and 52 minutes.

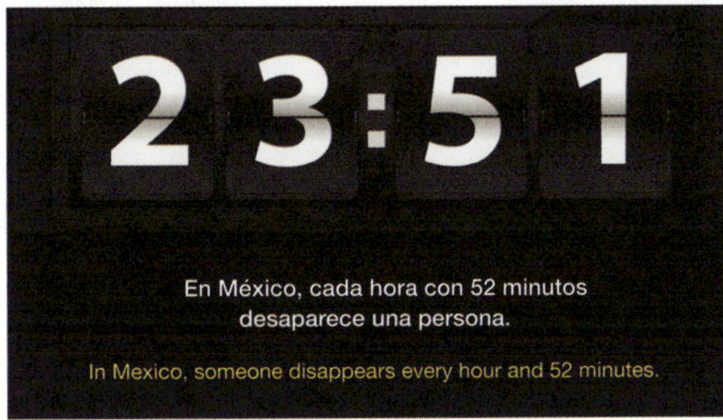

23:51
En México, cada hora con 52 minutos desaparece una persona.
In Mexico, someone disappears every hour and 52 minutes.

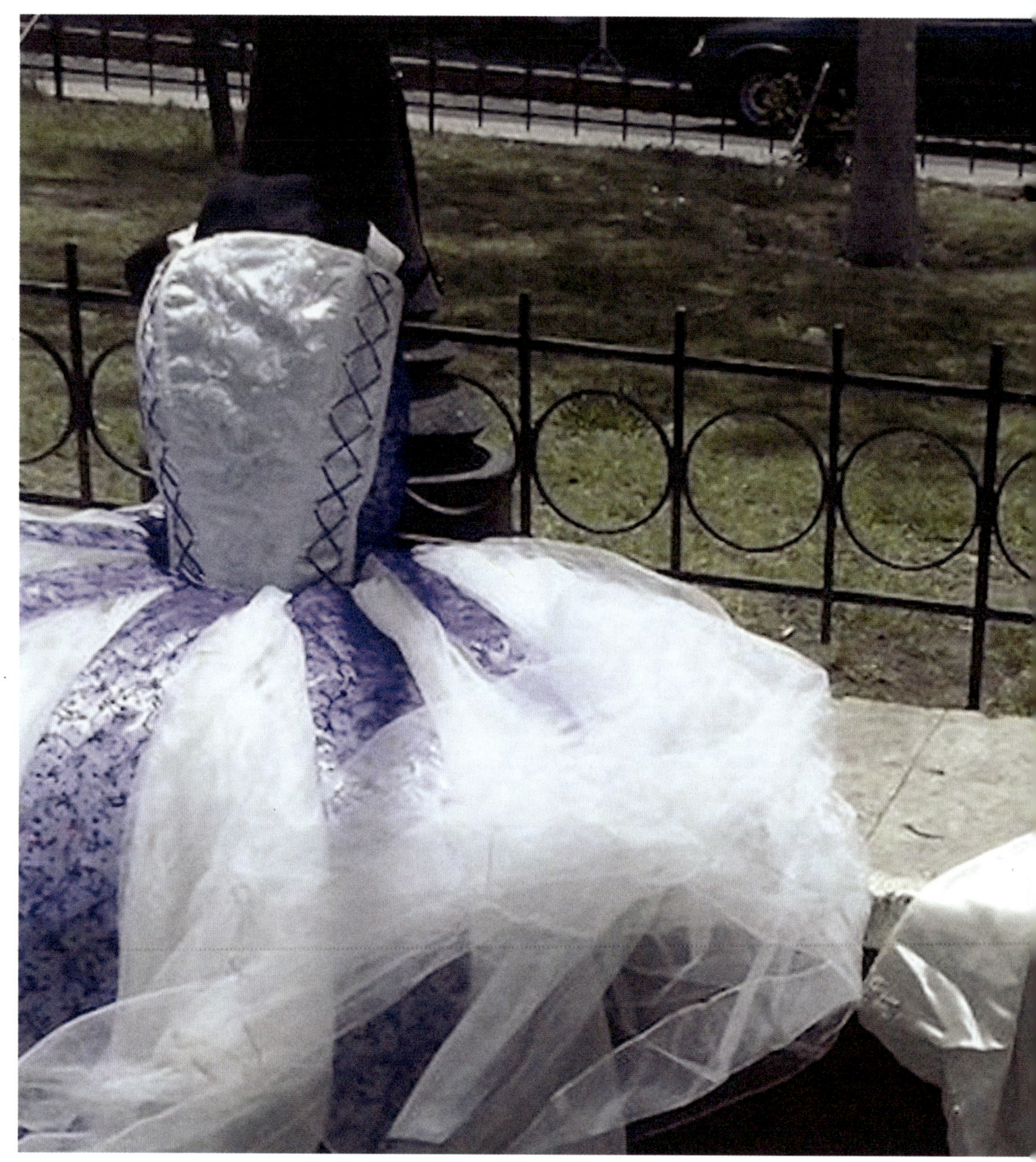

Acción simbólica de los familiares para celebrar los 15 años de sus hijas
desaparecidas—Symbolic action of family members to mark 15 years
since the disappearance of their daughters. Ciudad Juárez

 Voz—Voice: Gabriela Reyes. Mujeres de Pacto. A.C.

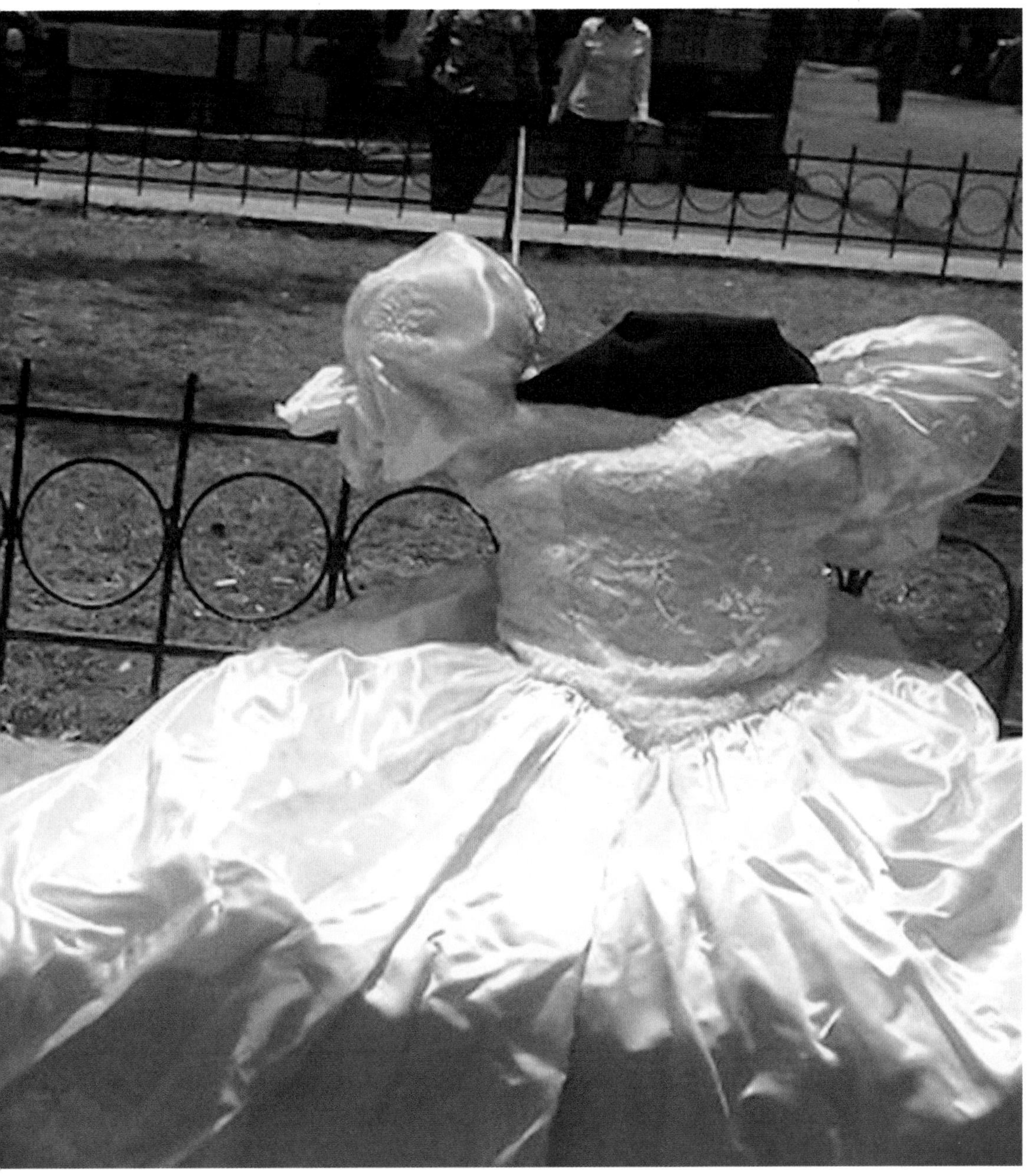

[¿En dónde están las autoridades que deben de dar respuesta a las familias? ¿En dónde están las autoridades que en algún momento han revictimizado a las familias también, diciendo que sus hijas se lo merecían porque se vestían de determinada manera? ¿En dónde están las autoridades que tienen que entregarlas vivas?]

[Where are the authorities who should be answering to the families? Where are the authorities who, at some point, have also re-victimized families, saying their daughters deserved it because they were dressed in a certain way? Where are the authorities who should find and return them alive?]

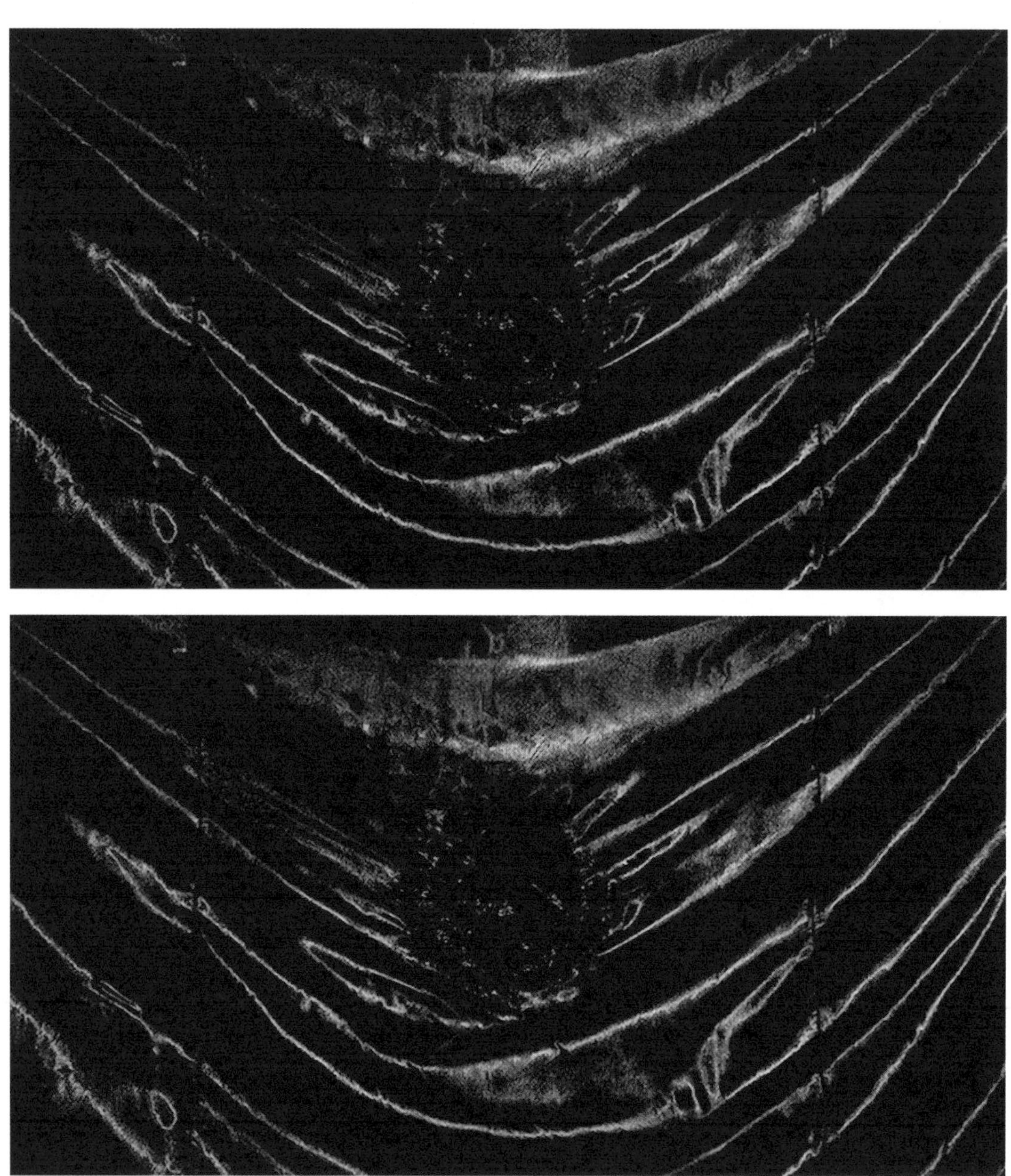

Texto—Text: Ricardo Flores Magón, 1906
138   Imagen—Image: *Sin título—Untitled*. Andrés Villalobos-Diego Teo, Siempreotravez, 2010

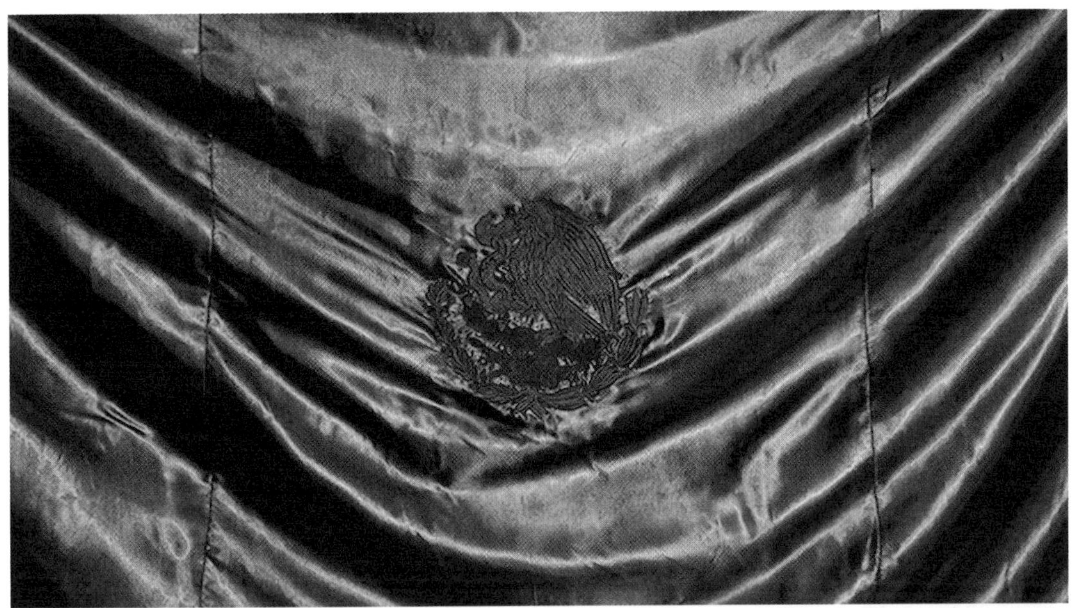

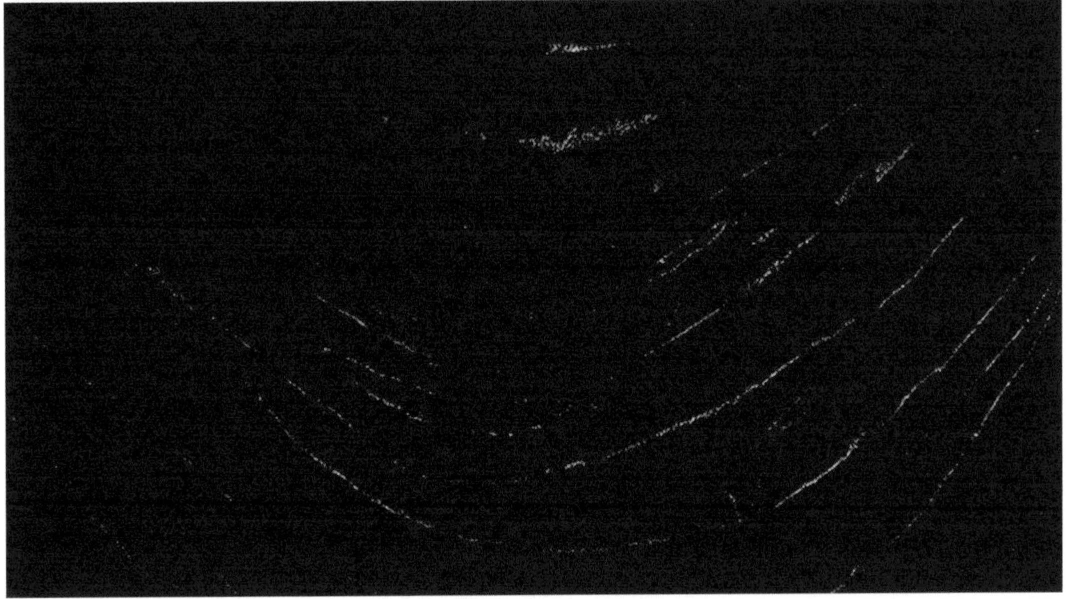

[El programa de esa prensa que se nutre del tesoro nacional puede resumirse en estas palabras: guerra a la honra de los ciudadanos, alabanzas de las torpezas o delitos de los funcionarios y ese programa desastroso mezcla de venalidad y de cinismo agresivo, flota como una bandera negra solapando crímenes, amenazando virtudes, propagando la maldad y la barbarie]

[The program of the press that feeds off of the national bounty can be summarized in these words: war on the honor of the citizens, praise be to the crime and ineptitude of the functionaries, and that disastrous program mixes venality and aggressive cynicism, floating like a black flag covering over crimes, threatening virtues, propagating evil and barbarousness]

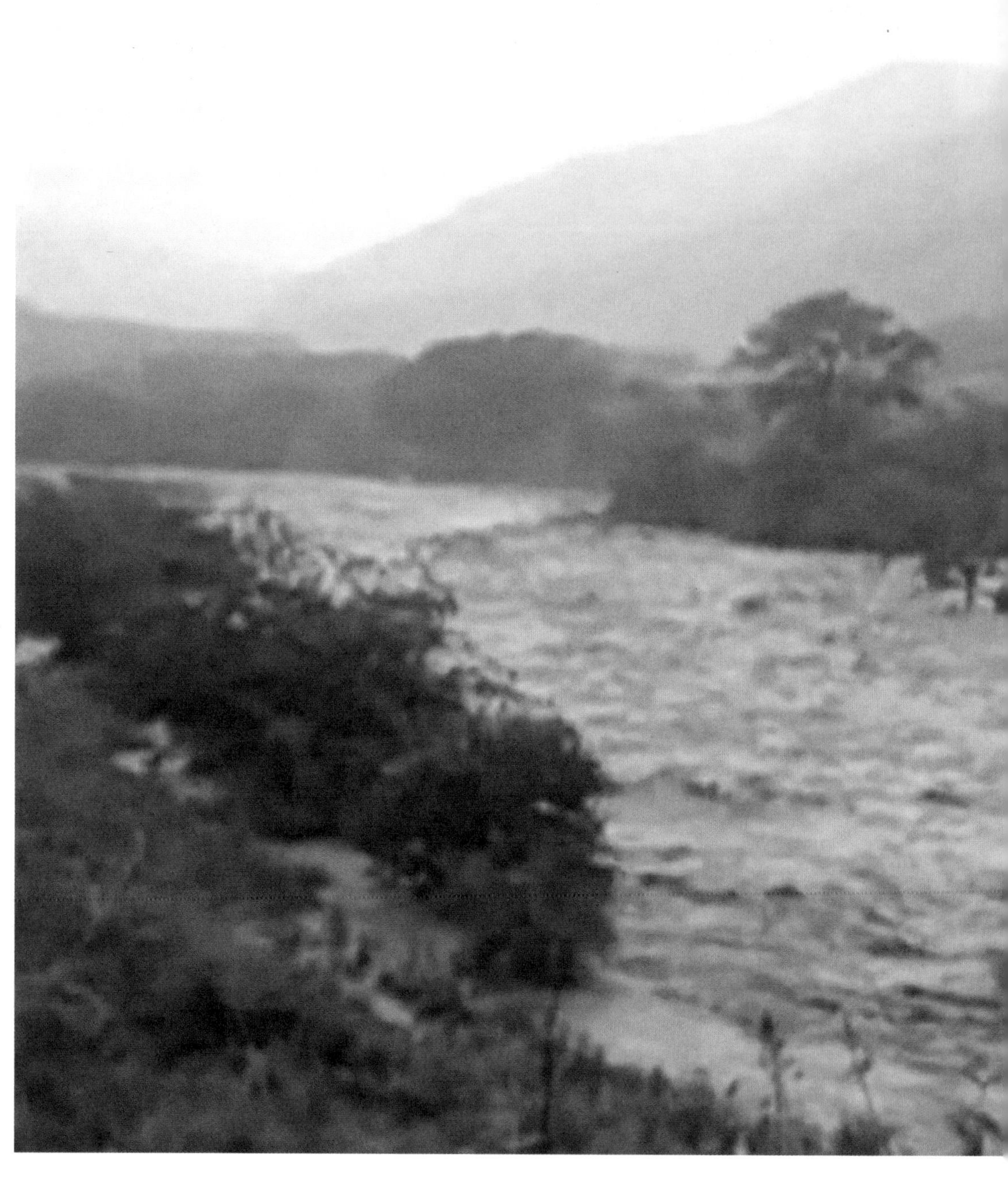

   Voz—Voice: Mario Vergara. Comité de Búsqueda Los Otros Desaparecidos de Iguala

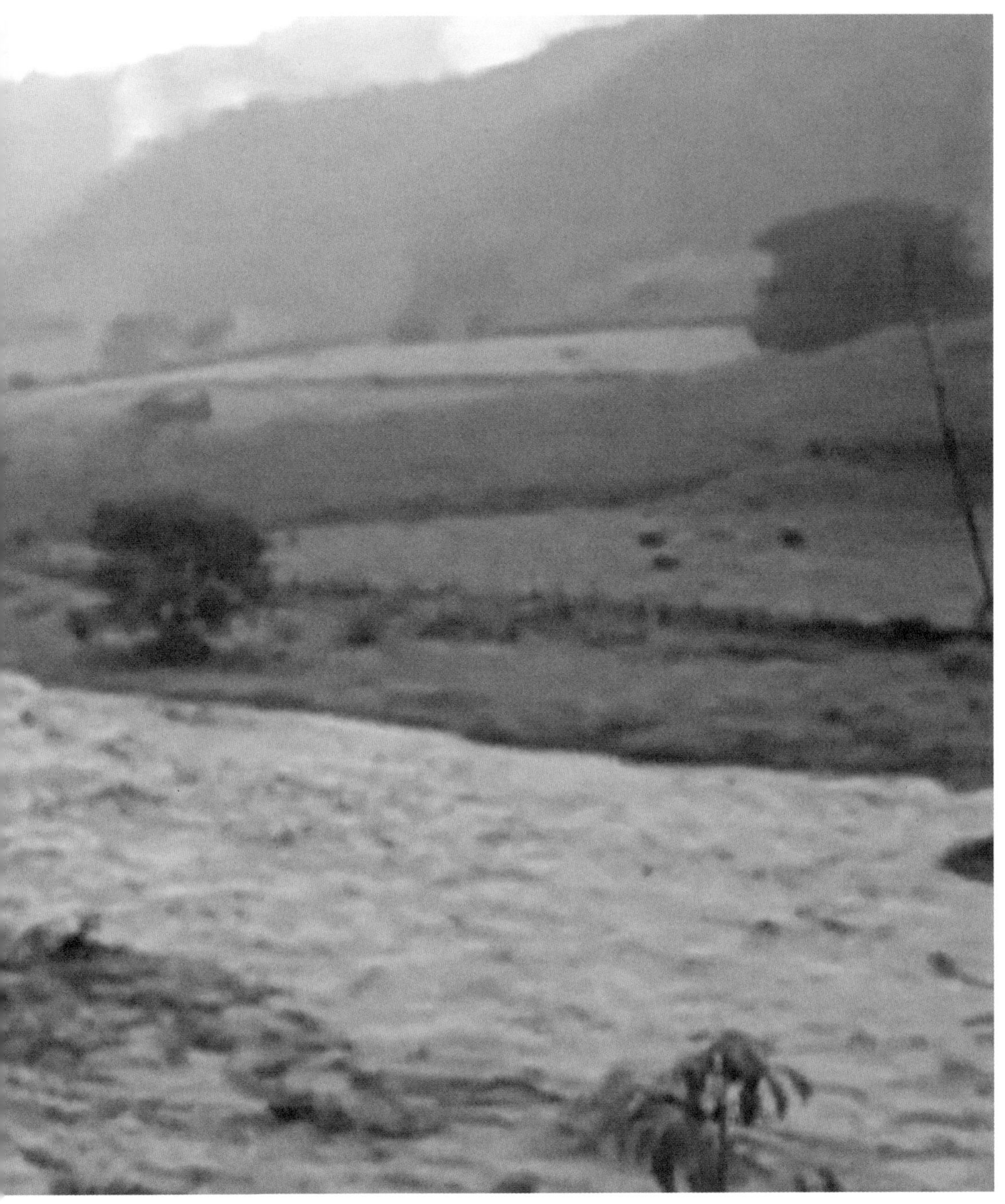

[Al pasar el tiempo llegaron las lluvias y volvimos a ir a ese lugar porque presentíamos que había algo alrededor. Y como caen las lluvias y empieza a escurrir la tierra, empezaron a nacer los huesos que nosotros no habíamos visto...]

[As time went on the rains came and we started going back there because we had a premonition that there was something there. And since the falling rain started carrying the soil away, bones that we hadn't seen before started to appear...]

NO TENEMOS AGUA PARA CONSUMO HUMANO...

Lic. Rubén Ignacio Moreira Valdez
Gobernador Constitucional
De Coahuila de Zaragoza
Saltillo, Coahuila

NO TENEMOS AGUA PARA CONSUMO HUMANO......

A T E N T A M E N T E
"Sufragio Efectivo, No Relección"

PRESIDENCIA MUNICIP

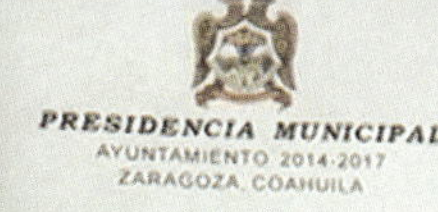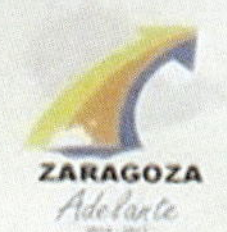

PRESIDENCIA MUNICIPAL
AYUNTAMIENTO 2014-2017
ZARAGOZA, COAHUILA

ZARAGOZA
Adelante

DEPENDENCIA ________
SECCIÓN ________
OFICIO **MZZ OF 0463/2016.**
EXPEDIENTE ________
ASUNTO ________

"2016, Año de la Lucha Contra la Diabetes"

Zaragoza, Coahuila a 27 de Junio de 2016.

Lic. Rubén Ignacio Moreira Valdez
Gobernador Constitucional
De Coahuila de Zaragoza
Saltillo, Coahuila

NO TENEMOS AGUA PARA CONSUMO HUMANO......

ATENTAMENTE
"Sufragio Efectivo, No Reelección"

C. Leoncio Martínez Sánchez
Presidente Municipal

C.C.P. ARCHIVO

Allende # 104   Col. Centro   C.P. 26450   Tels. (862) 626.00.61, 626.06.11
Zaragoza, Coahuila.

[La cerveza mexicana, la cerveza de mayor exportación
al mundo y hace que México sea ya el sexto productor de
cerveza más importante del mundo, esta inversión viene a
consolidar esta posición global, esta fortaleza de nuestro
país y también permitirá con la exportación de la cerveza
a otras partes del mundo lograr lo que genera la cerveza
en muchos, felicidad para muchos ciudadanos del mundo]
(Palabras de Enrique Peña Nieto durante el Anuncio del
Programa de Inversiones de Constellation Brands, 2015)

[Mexican beer is the most exported beer in the world,
making Mexico the sixth largest beer producer in the world.
This investment consolidates this global position, this
strongpoint for our country, and with the export of beer
to other parts of the world, will also make it possible to
achieve what beer generates in many people, happiness for
many citizens of the world] (Words spoken by Enrique Peña
Nieto during the Announcement of the Constellation Brands
Investment Program, 2015)

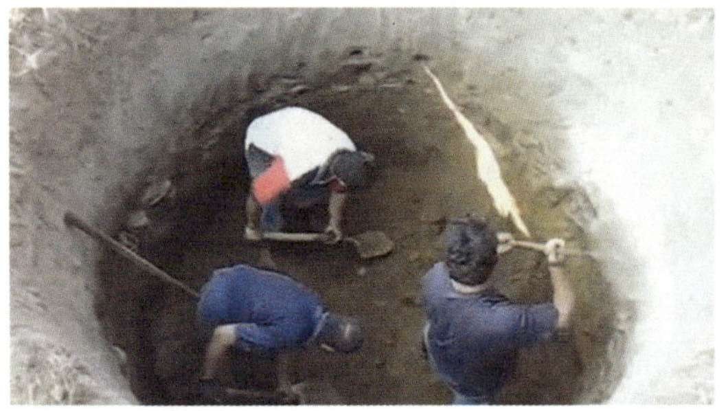
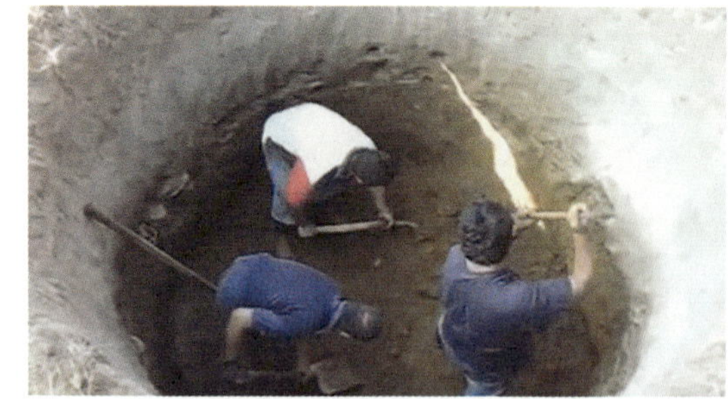
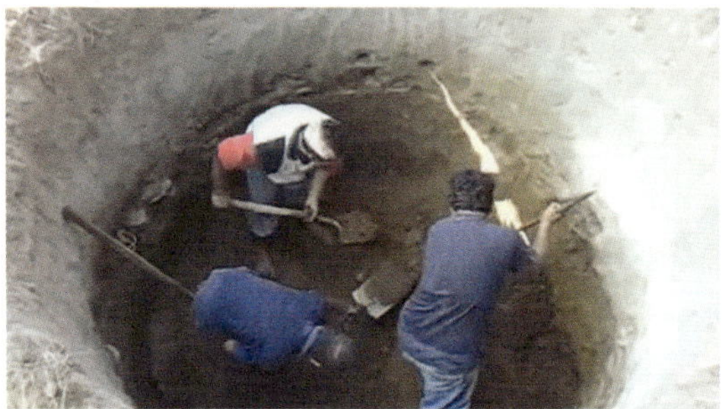
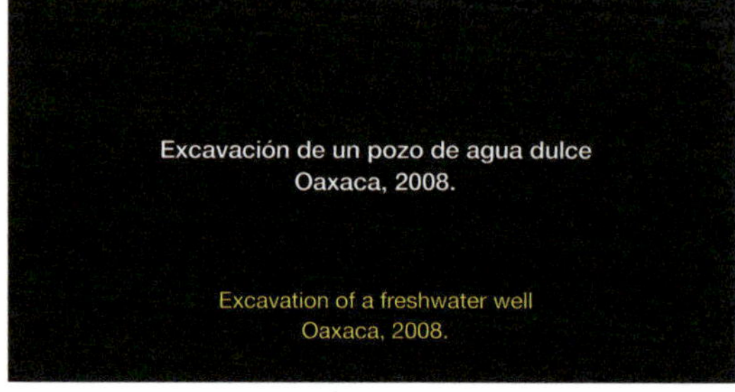
Excavación de un pozo de agua dulce
Oaxaca, 2008.

Excavation of a freshwater well
Oaxaca, 2008.
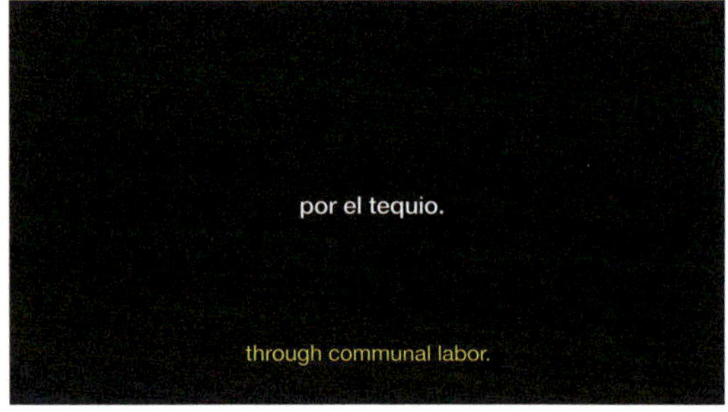
por el tequio.

through communal labor.
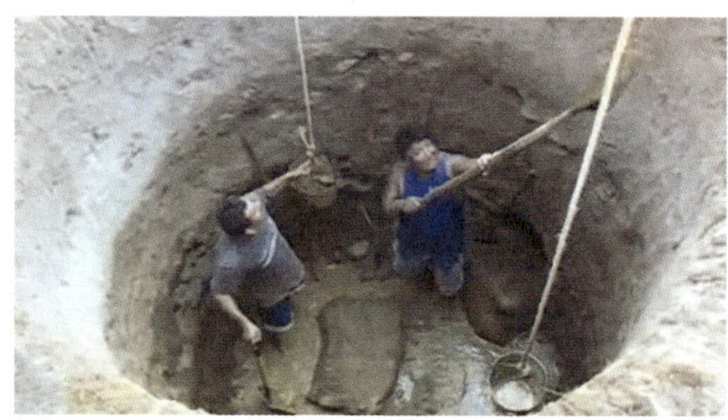

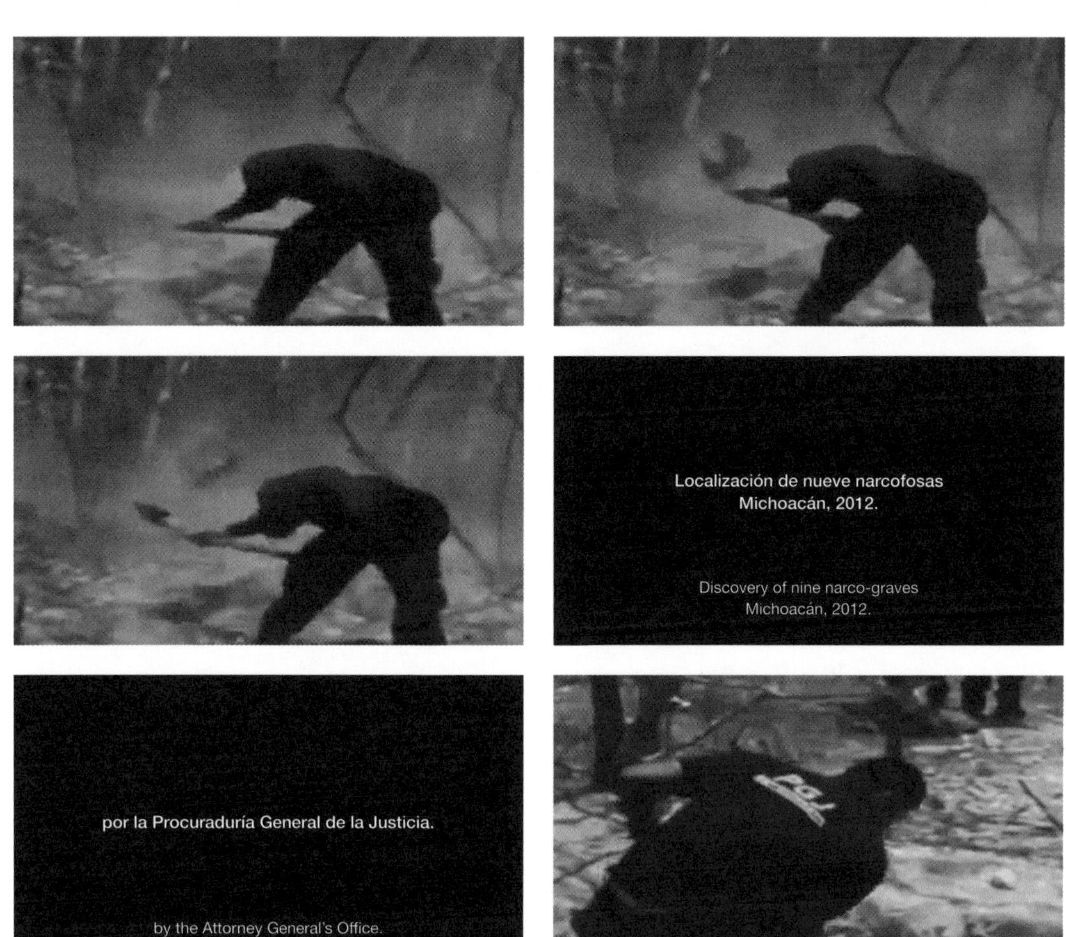
Localización de nueve narcofosas
Michoacán, 2012.

Discovery of nine narco-graves
Michoacán, 2012.

por la Procuraduría General de la Justicia.

by the Attorney General's Office.

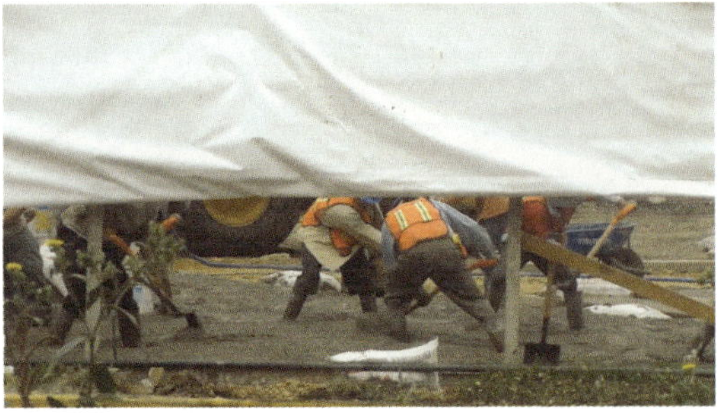
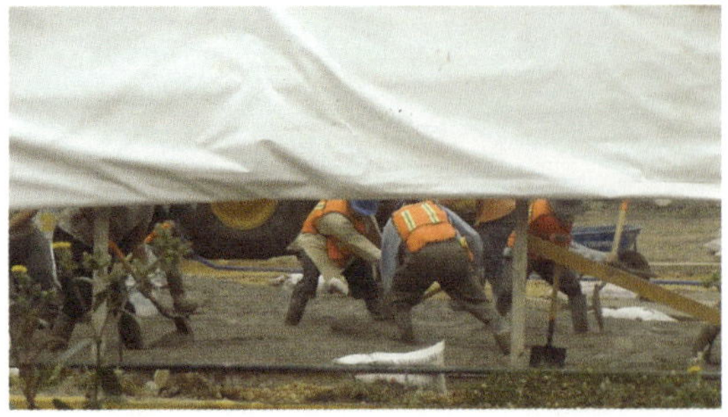
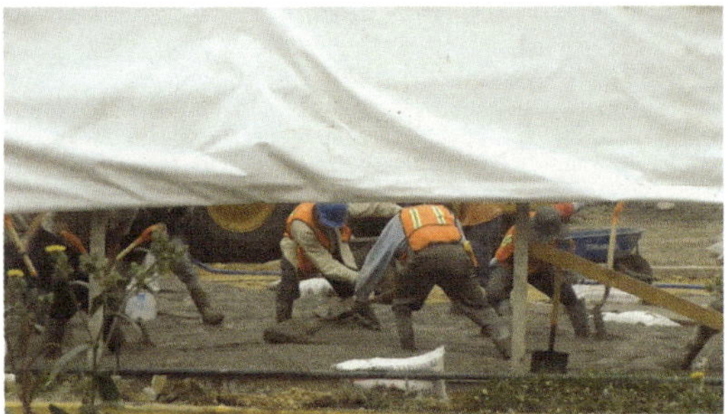
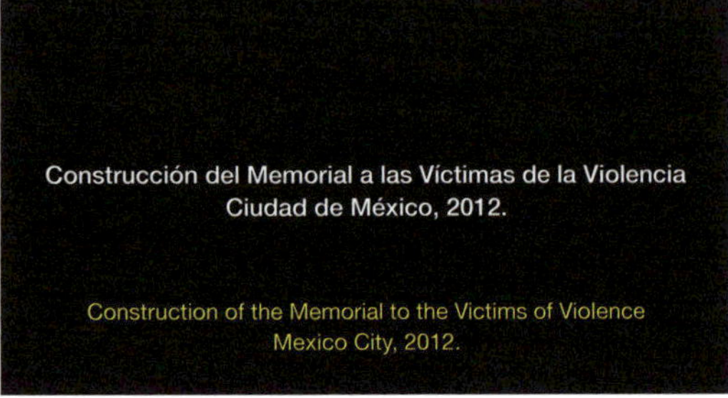

Construcción del Memorial a las Víctimas de la Violencia
Ciudad de México, 2012.

Construction of the Memorial to the Victims of Violence
Mexico City, 2012.

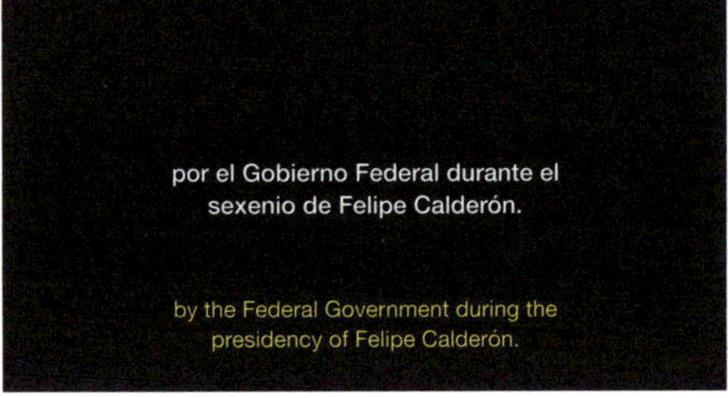

por el Gobierno Federal durante el
sexenio de Felipe Calderón.

by the Federal Government during the
presidency of Felipe Calderón.

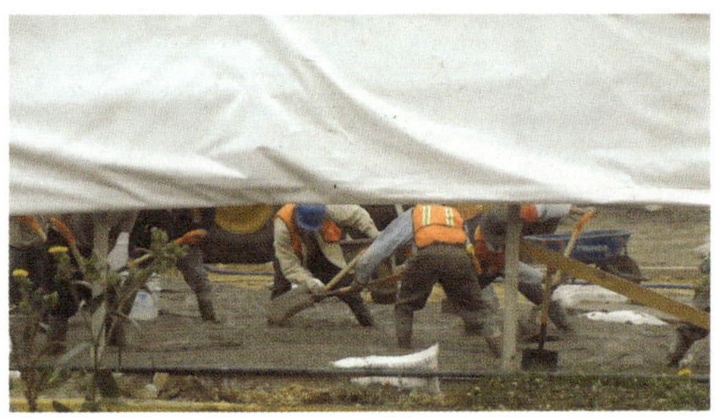

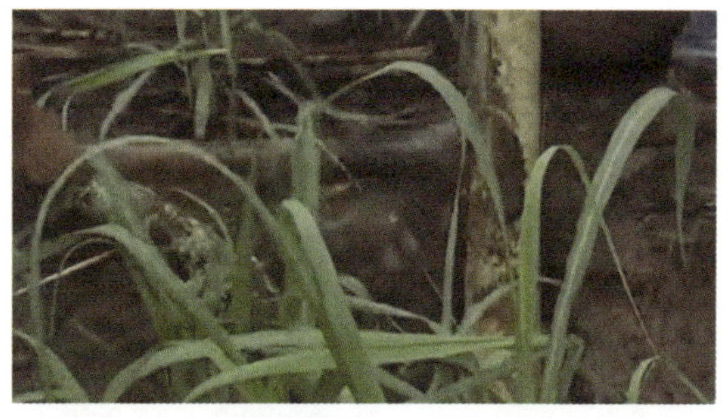
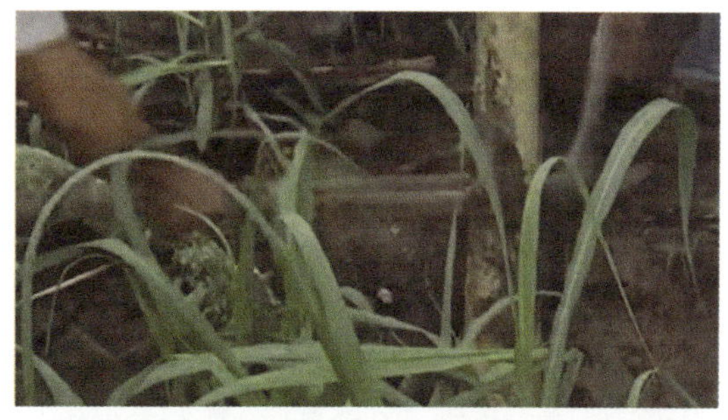
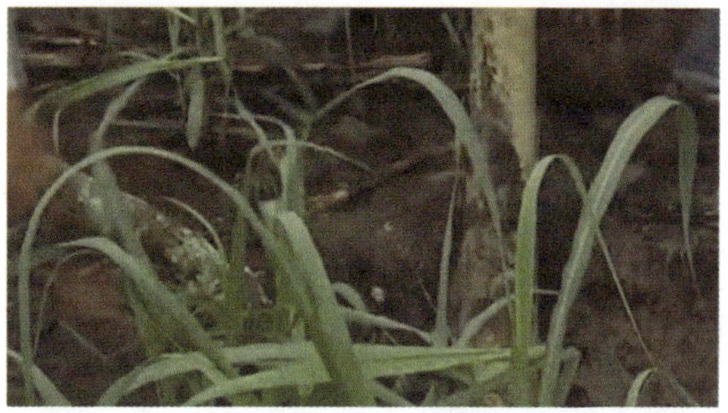
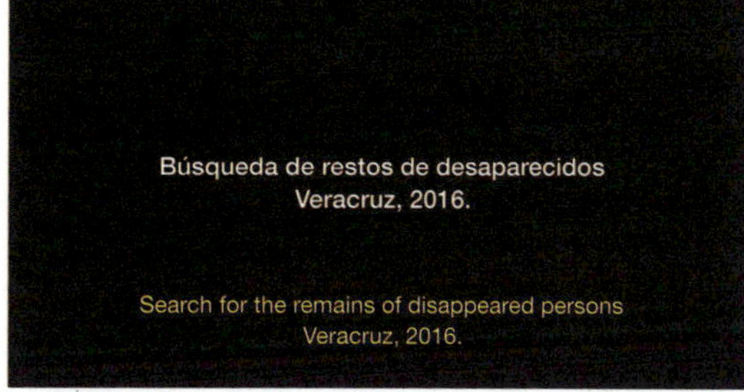
Búsqueda de restos de desaparecidos
Veracruz, 2016.

Search for the remains of disappeared persons
Veracruz, 2016.
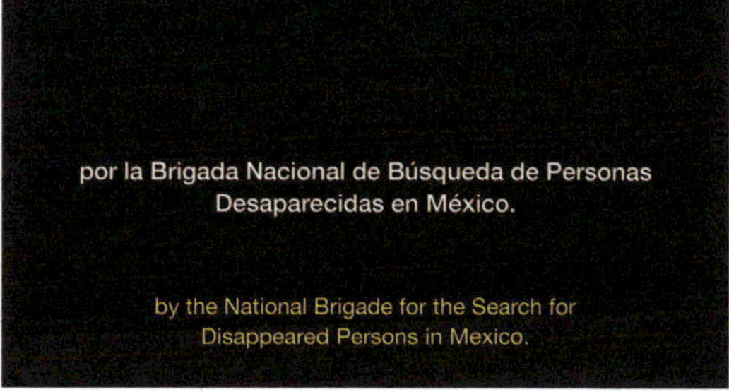
por la Brigada Nacional de Búsqueda de Personas
Desaparecidas en México.

by the National Brigade for the Search for
Disappeared Persons in Mexico.
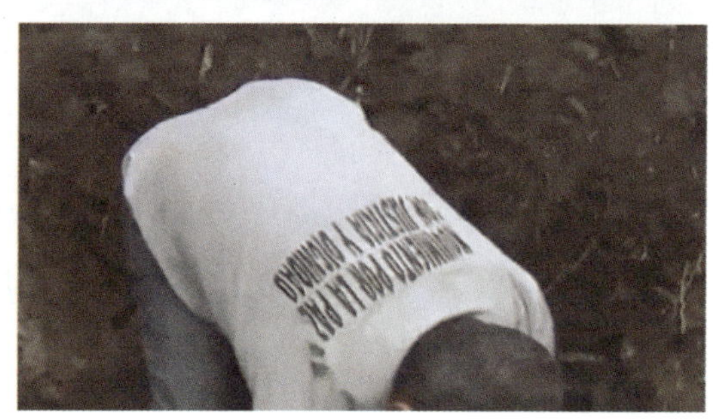

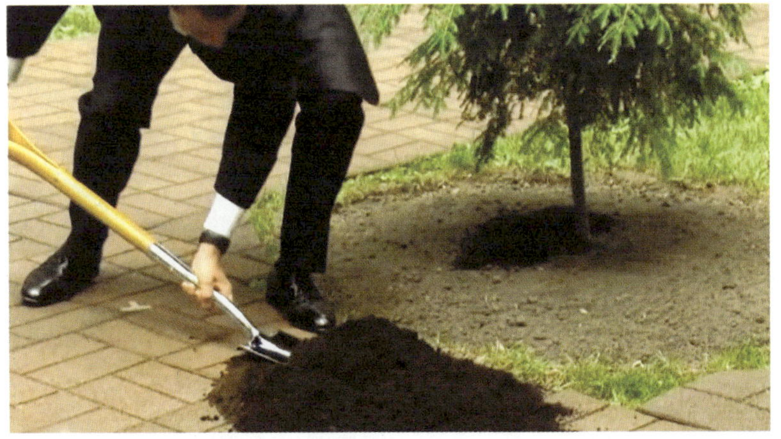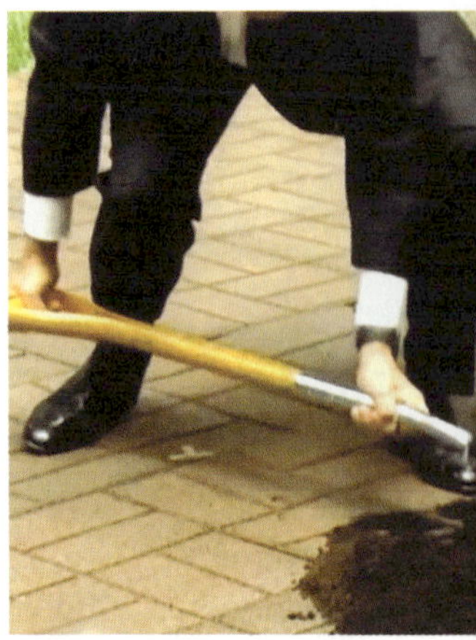

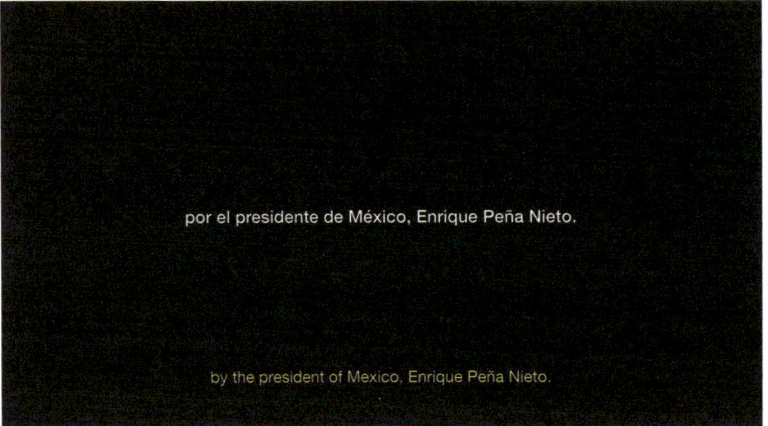
por el presidente de México, Enrique Peña Nieto.

by the president of Mexico, Enrique Peña Nieto.
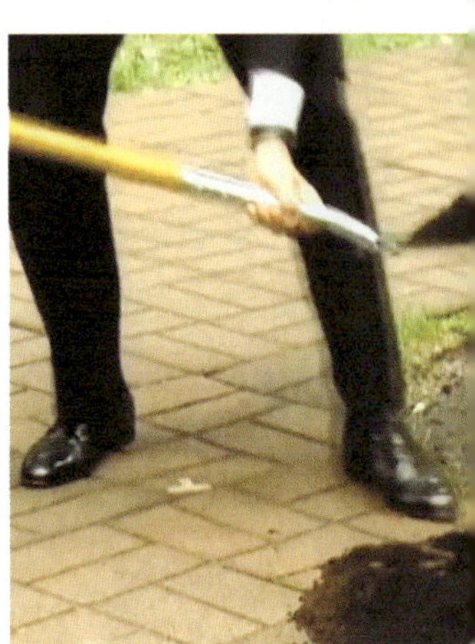

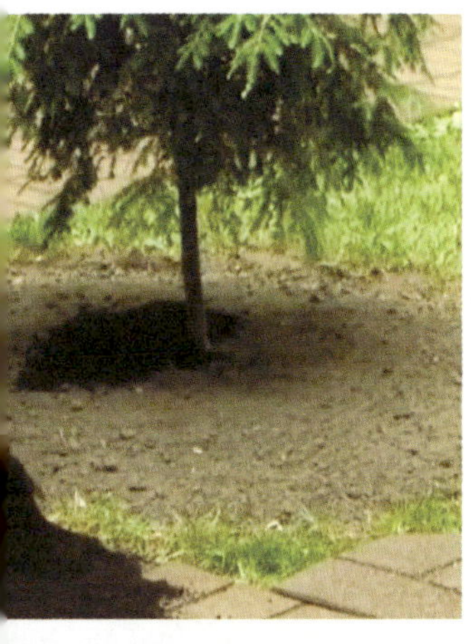

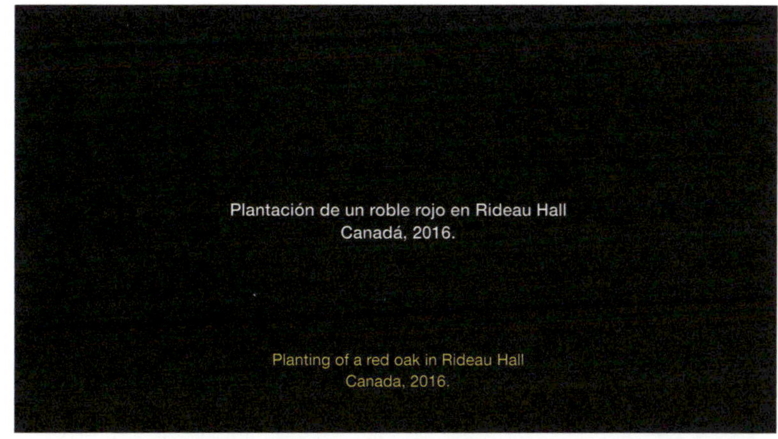
Plantación de un roble rojo en Rideau Hall
Canadá, 2016.

Planting of a red oak in Rideau Hall
Canada, 2016.

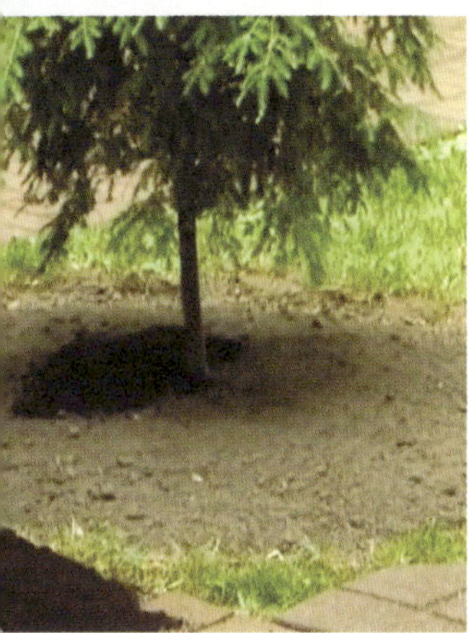

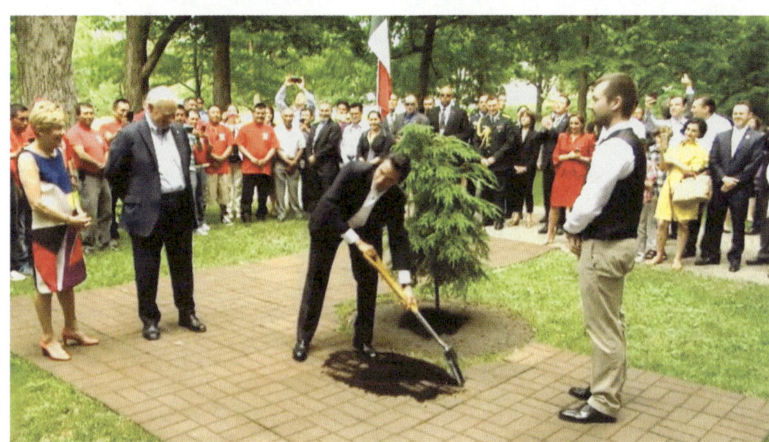

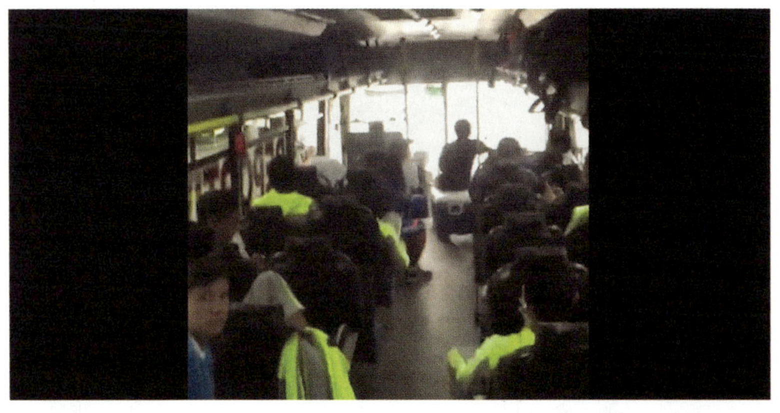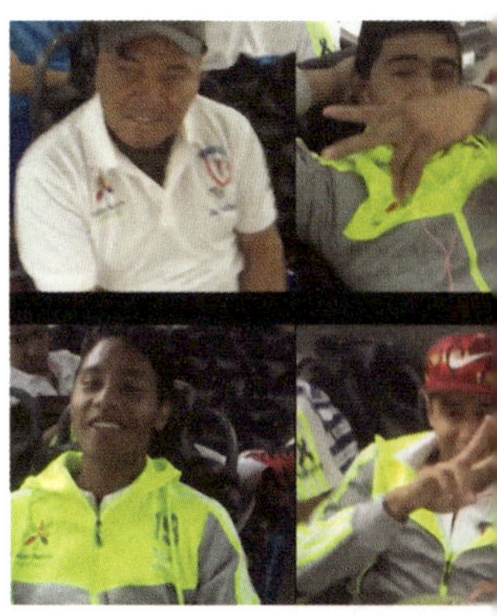

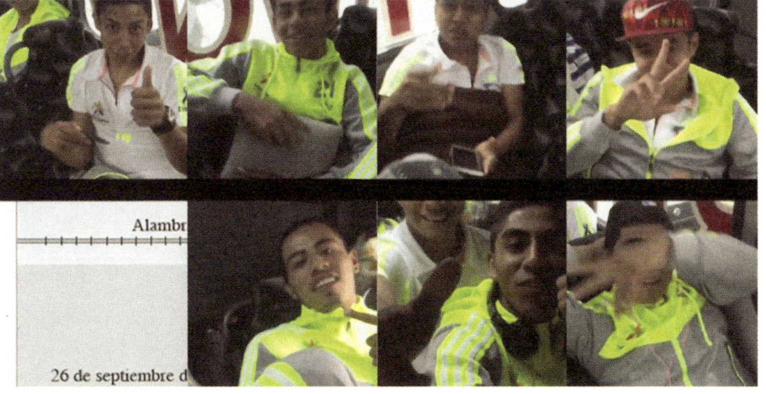

Alambr
26 de septiembre d

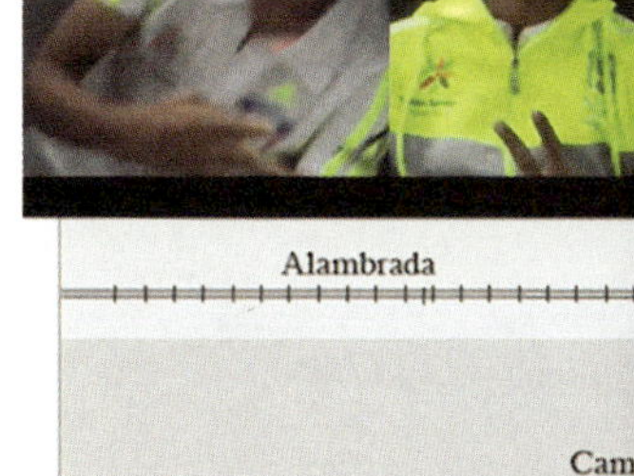

Alambrada
Cam
26 de septiembre de 2014 23:30

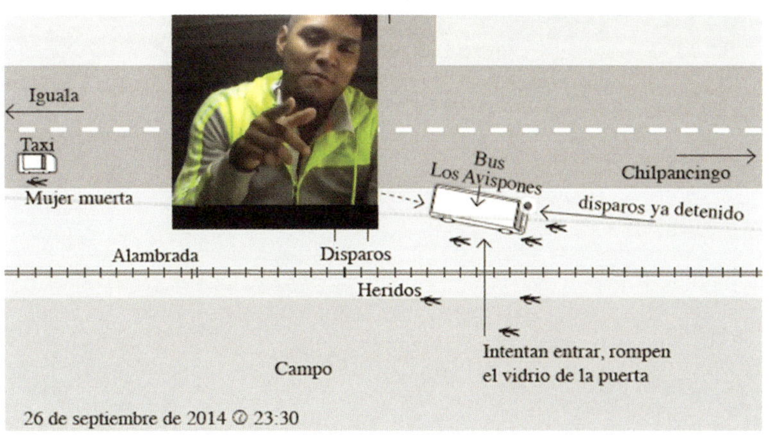

Iguala
Taxi
Mujer muerta
Bus
Los Avispones
Chilpancingo
disparos ya detenido
Alambrada
Disparos
Heridos
Intentan entrar, rompen
el vidrio de la puerta
Campo
26 de septiembre de 2014 23:30

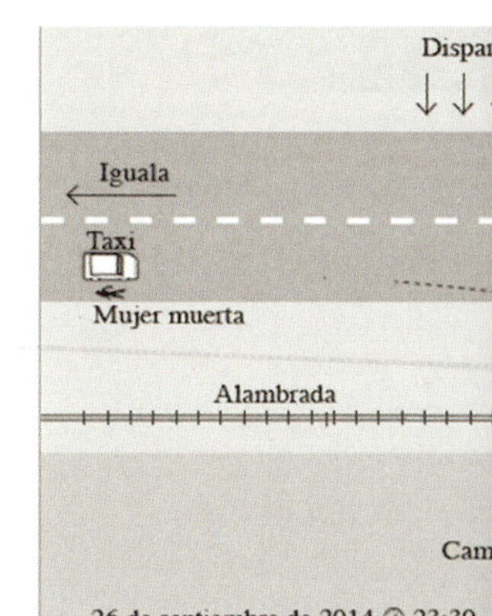

Dispar
Iguala
Taxi
Mujer muerta
Alambrada
Cam
26 de septiembre de 2014 23:30

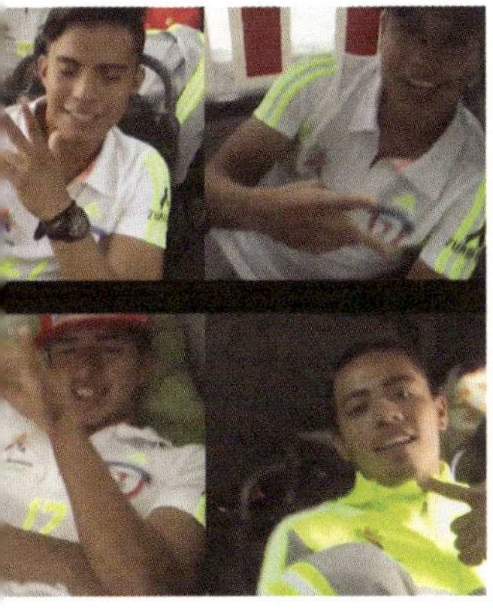

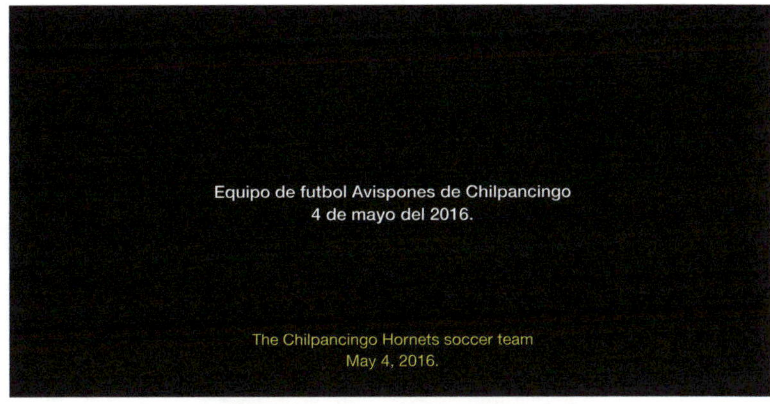

Equipo de futbol Avispones de Chilpancingo
4 de mayo del 2016.
The Chilpancingo Hornets soccer team
May 4, 2016.

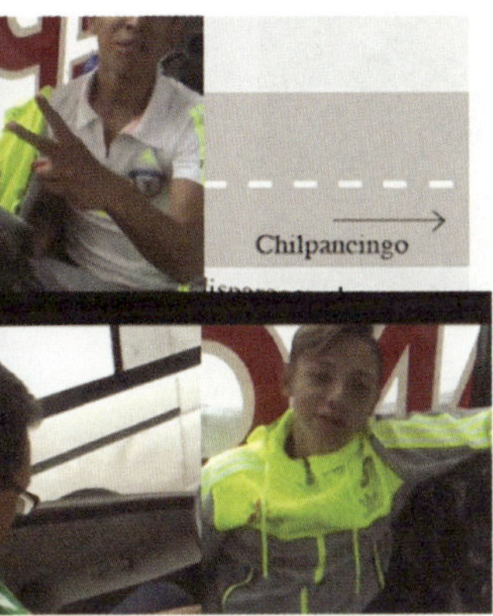

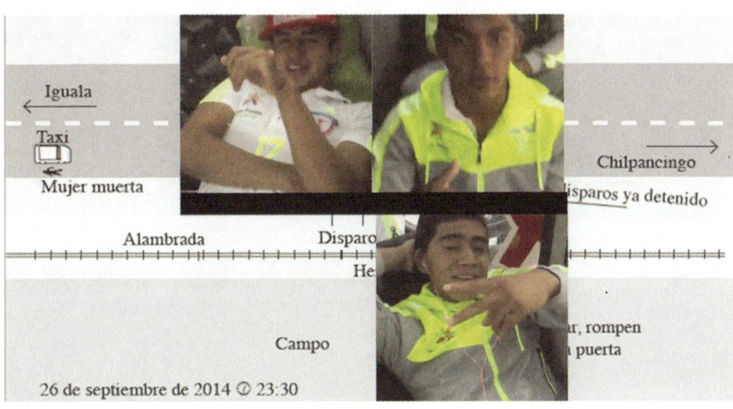

Iguala
Chilpancingo
Taxi
Mujer muerta
disparos ya detenido
Alambrada
Disparo
He
Campo
rompen
puerta
26 de septiembre de 2014 ⊘ 23:30

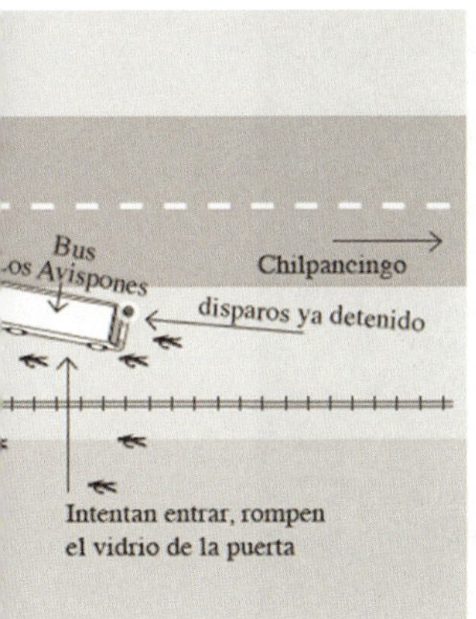

Bus
Los Avispones
Chilpancingo
disparos ya detenido
Intentan entrar, rompen
el vidrio de la puerta

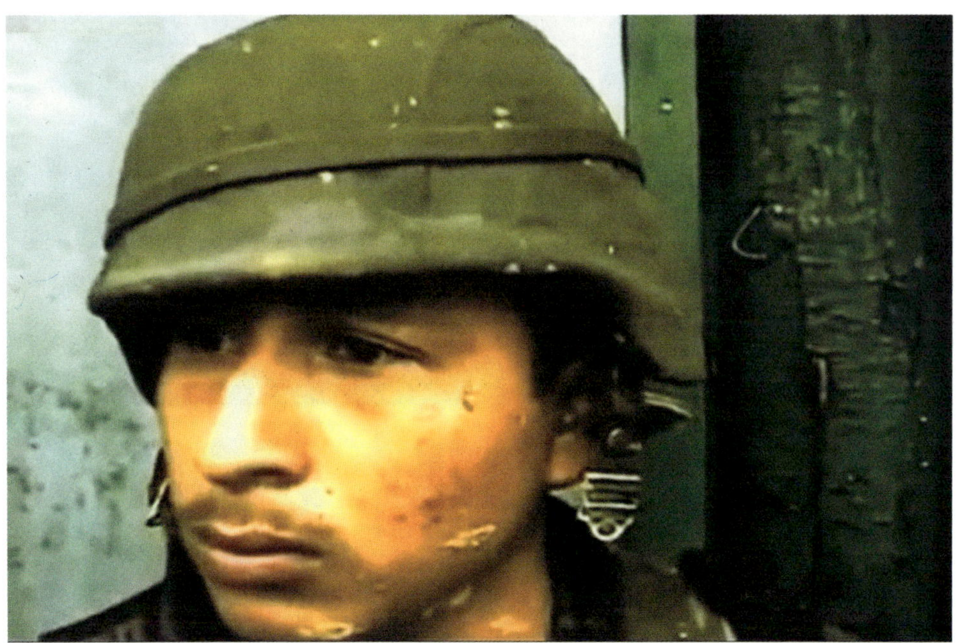

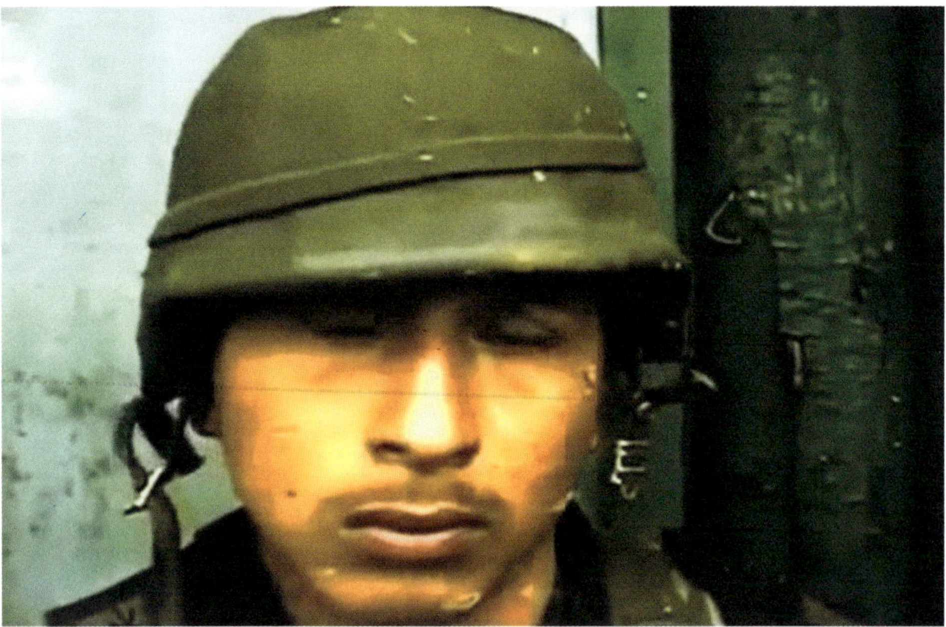

Voz—Voice: Dolores González Saravia. Servicios y Asesoria para la Paz A.C.
Video: Ocupación de Base Militar por Zapatistas—Occupation of a military base
by Zapatistas, San Andrés, Larráinzar, Chiapas, 2001

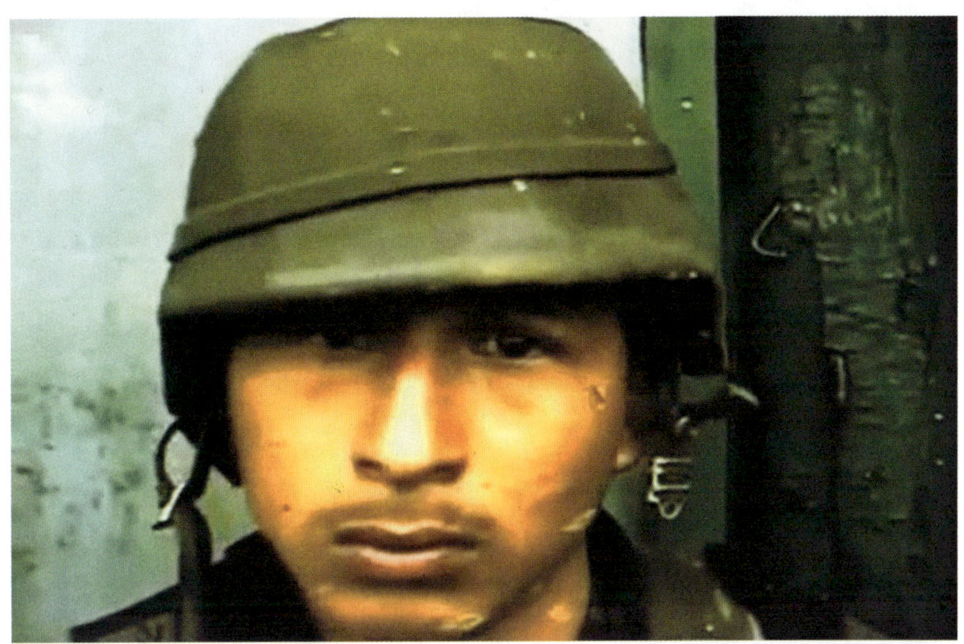

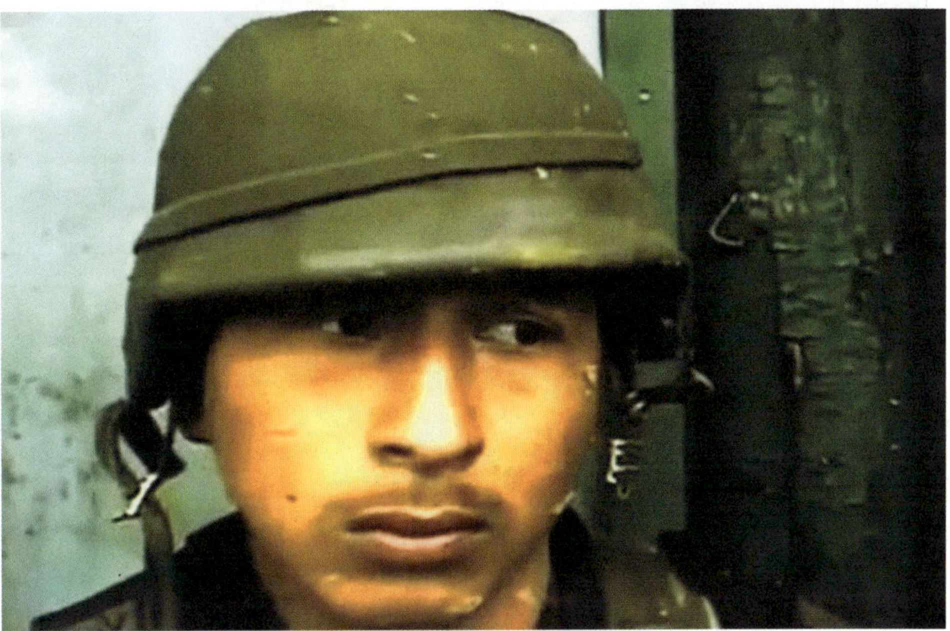

[Hay dos grandes factores de movilización social: el miedo y la esperanza, y
las dos cosas nos están movilizando. Nos moviliza el miedo de que esto siga y
se profundice, y nos moviliza la esperanza de que pueda cambiar…]

[There are two big factors behind social movements, fear and hope, and both
of them are mobilizing us. We're mobilized by the fear that this is going to
continue and get worse, and we're mobilized by the hope that it might change…]

Teatro Ojo

México, 2016

Pese a todo,
aparecer*

—

HELENA CHÁVEZ MAC GREGOR

* Este texto fue publicado por primera vez en la revista *Re-visiones,* núm. 5, diciembre de 2015. Disponible en: <http://www.re-visiones.net/index.php/ RE-VISIONES/article/view/46/56>.

I.

Desde el 2010 sueño con olas. Olas grandes, gigantescas.
Al despertar, el miedo no está en esa ola que pasó sino en
saber que siempre hay otra, que viene.

II.

En 1975, a pocos meses de morir brutalmente asesinado,
Pasolini escribió el texto que se conoce como "El artículo
de las luciérnagas", en el que declaraba que la cultura
de resistencia y vanguardia había desaparecido. Se trata,
según la argumentación de Georges Didi-Huberman en el
libro *Supervivencia de las luciérnagas*,[1] de una lamentación
fúnebre sobre el momento en que en Italia desaparecieron
estos seres, esas señales humanas de inocencia, aniquiladas por la noche —o por la luz "feroz" de los reflectores—
del fascismo triunfante.

El diagnóstico de Pasolini manifiesta un duelo por la
política, una especie de lamento por las condiciones que
han hecho imposible desde el capitalismo tardío cualquier
forma de resistencia. Una crítica a la forma en que todo,
incluso o quizá con mayor contundencia el arte, ha sido
absorbido por el espectáculo, haciendo imposible una
forma de aparición que se revele contra las formas de
sometimiento. Este texto de Pasolini, que cobra un sentido
implacable a la luz de su última película —*Salò o los 120
días de Sodoma*—, es un grito de desesperación por la
imposibilidad de generar una representación que permita
organizar otras formas de existencia. Por ver cómo la violencia se apodera no sólo de la historia sino de cada uno de
nosotros, generando en su brutalidad una desidia que lleva
al aburrimiento, donde hasta la tortura se conforma como
un paisaje de fondo sobre el cual bailar. Donde, lo que ha
quedado fuera de escena —en la luz o la oscuridad—, es el
espacio, es el "con", es, en última instancia, la política.

—

1— Georges Didi-Huberman, *Supervivencia de las luciérnagas*, Madrid, Abada
Editores, 2012.

III.

Entre el 26 y el 27 de septiembre del 2014, 43 estudiantes de la Escuela Normal Rural Raúl Isidro Burgos de Ayotzinapa desaparecieron en la ciudad de Iguala en el estado de Guerrero. Los jóvenes pertenecían a una de las escuelas públicas herederas de la Revolución mexicana en las que se forman maestros para comunidades campesinas, y donde estudiaron líderes comunales como Lucio Cabañas y Genaro Vázquez, que impulsaron la lucha armada en Guerrero en los tempranos años setenta.

A finales de septiembre de 2014, los normalistas de las diferentes escuelas rurales preparaban desde la sede de Ayotzinapa la campaña para acudir a la manifestación en la Ciudad de México que se realizaría, como todos los años, para conmemorar la matanza del 2 de octubre en la que el ejército mexicano reprimió un mitin estudiantil durante las movilizaciones de 1968.[2] Los jóvenes tomaron dos autobuses de ruta comercial y se encaminaron a buscar otros más.[3] Uno de los autobuses se dirigió a la ciudad de Iguala a dejar el pasaje previo acuerdo con los estudiantes, pero al

—

2— Desde 1977, se organiza una marcha anual en conmemoración de la violenta represión por miembros del ejército mexicano de un mitin de estudiantes durante las movilizaciones de 1968. Se desconoce el número de participantes asesinados.

3— Actualmente en México hay 245 escuelas normales públicas, de ellas 17 son escuelas normales rurales. Éstas son proyectos educativos que nacen de la Revolución mexicana y en ellas ha habido un trabajo profundo con las comunidades campesinas altamente marginadas. En ese sentido, han sido un campo de trabajo educativo, pedagógico y político que, en algunos de los casos, ha coincidido con proyectos de corte revolucionario o guerrillero. Por estas razones, las escuelas rurales han estado altamente vigiladas y desde hace muchos años están en tensión tanto con gobiernos municipales como con el gobierno estatal por la limitación de presupuestos y recursos. Bajo esta situación, los estudiantes han desarrollado estrategias de presión con toma de autobuses y casetas de carreteras, lo que ha generado enfrentamientos cada vez más violentos. De hecho, antes de la desaparición de los 43 estudiantes en diciembre de 2011, hubo un enfrentamiento de estudiantes de la Escuela Rural Raúl Isidro Burgos con la policía estatal de Guerrero ante el bloqueo de la autopista del Sol, que conecta la Ciudad de México con el puerto de Acapulco. En este choque murió un joven y otros tantos fueron detenidos. En este sentido, en toda la trama que encierra el caso de los 43 hay que entender el contexto de las escuelas normales rurales, pues supone un foco de tensiones entre estudiantes, campesinos, guerrilla, policía, militares y ahora también grupos del narcotráfico.

llegar a la central de autobuses el chofer se negó a darles el vehículo y los encerró en él. Los estudiantes llamaron al resto de sus compañeros que los esperaban en las afueras de la ciudad, quienes se unieron a ellos y tras liberarlos tomaron otros tres autobuses comerciales. Al salir de la central de autobuses de Iguala, en tres direcciones diferentes, los normalistas fueron atacados.

Al día siguiente, ante un caos de información, de heridos y muertos, se confirmó lo peor: faltaban 43 estudiantes. Nadie sabía dónde estaban ni a dónde se los habían llevado.

Poco a poco los periódicos informaban sobre lo sucedido. Lo que inició como un enfrentamiento con los normalistas empezaba a tomar la forma de una masacre. Las imágenes comenzaron a circular en Internet, en Facebook se propagaba la imagen de un normalista muerto sin rostro. Había sido desollado. Su nombre era Julio César Mondragón, y su mujer se enteró que éste había muerto al reconocerlo por su ropa en la imagen que circulaba en la red social.

Con el alcalde municipal en fuga, mismo que había pedido una licencia de baja temporal un día después de los ataques, comenzaron las averiguaciones. Versiones iban y venían. Una semana después de lo ocurrido, bajo presión por parte de las organizaciones estudiantiles, se hizo público y viral un video en el que se veía a los jóvenes detenidos en camionetas de la policía municipal. Posteriormente, la policía, que había sido arrestada, afirmó que los estudiantes habían sido entregados a un grupo de narcotraficantes llamados Guerreros Unidos.

Ante una demanda social sin precedentes desde que comenzara la guerra contra el narco, declarada en 2006 por el presidente Calderón, el gobierno, forzado por la condena internacional, comenzó la búsqueda. Fosas clandestinas no cesaron de aparecer. Con poco que se moviera la tierra aparecían cuerpos, pero no eran los de los estudiantes.

El 7 de noviembre de 2014, el entonces procurador general de la República, Jesús Murillo Karam, ofreció una rueda de prensa en la que presentó lo que él mismo denominaría como "la verdad histórica" del caso Ayotzinapa: los normalistas habían sido atacados por el grupo de narcotraficantes Guerreros Unidos al confundirlos con

miembros de su grupo rival, los Rojos. Los estudiantes
habían sido asesinados en un basurero en el municipio de
Cocula, posteriormente cremados y las cenizas arrojadas
al río San Juan. Habían desaparecido por completo, no
quedaba nada. Ni los huesos para poder hablar.[4]

Casi un año después de la desaparición de los estudiantes, y, con un nuevo procurador general de la República,
salió públicamente el "Informe Ayotzinapa, una investigación
y primeras conclusiones sobre las desapariciones y homicidios de los normalistas de Ayotzinapa" realizado por el Grupo
Interdisciplinario de Expertos Independientes (GIEI).[5]

Este grupo fue convocado por la Comisión Interamericana de Derechos Humanos, de acuerdo con el Estado
mexicano y los representantes de las víctimas, para cola-
borar en la investigación de los crímenes. Gracias a este
informe varias cosas quedaron asentadas.

Por un lado, entre el 26 y 27 de septiembre, lo que
se dio fue un ataque masivo en el que desaparecieron 43
estudiantes; seis personas fueron ejecutadas extrajudicial-
mente —incluyendo un normalista, Julio César Mondragón,
con claros signos de tortura—; tres personas fueron ata-
cadas en el autobús que transportaba al equipo de futbol
Los Avispones que fue perseguido, presumiblemente porque
pensaron que era uno de los vehículos tomados por los
normalistas; 40 personas fueron heridas de gravedad, una
de ellas continúa en coma, y 110 personas sufrieron perse-
cución y ataques contra su vida durante esas horas.

Por el otro lado, lo que el informe demuestra es que
hubo un ataque sostenido en varios escenarios. Con un

—

4— Los restos encontrados en el río San Juan en el municipio de Cocula fueron
enviados al Laboratorio de Medicina Forense de la Universidad de Innsbruck en
Austria. De esos restos, sólo han podido ser identificados Alexander Mora y Jhosivani Guerrero de la Cruz, éste último a casi un año de la desaparición y con un
resultado que no puede ser concluyente. Sin embargo, el Equipo Argentino de
Antropología Forense, que ha acompañado buena parte del proceso a petición
de los padres de familia y de la sociedad civil, si bien reconoce la identificación
no ha certificado de dónde viene el fragmento del hallazgo, dejando abierta la
posibilidad de que los restos encontrados en Cocula no pertenezcan a los estudiantes desaparecidos y que los fragmentos que sí corresponden provengan
de otro sitio.

5— El Grupo Interdisciplinario de Expertos Independientes está compuesto
por Alejandro Valencia Villa, Ángela María Buitrago, Carlos Martin Beristaín,
Claudia Paz y Paz Baile y Francisco Cox Vial.

nivel progresivo de violencia, hubo emboscadas, bloqueos y persecuciones que duraron toda la noche. A diferencia de las investigaciones previas que aseguraban que los estudiantes habían tomado cuatro autobuses y que habían sido atacados por orden del presidente municipal, José Luis Abarca, por haber interrumpido deliberadamente el informe de gobierno que su mujer había dado ese mismo día, la investigación del GIEI apunta la existencia de un quinto camión, que habría sido eliminado del expediente oficial. La investigación deja abierta la hipótesis de que este último autobús pudo haber sido el detonante de los violentos ataques. Los estudiantes pudieron haber tomado, sin saberlo, un autobús de Guerreros Unidos que transportaba heroína a Estados Unidos.[6]

El informe que reconstruye los diferentes ataques muestra claramente una dirección y coordinación por parte de la policía. Desde las seis de la tarde de ese 26 de septiembre se monitorearon todos los movimientos de los estudiantes por medio del sistema de coordinación de los tres niveles de gobierno (C4) que incluye a la Secretaría de la Defensa Nacional. Esto quiere decir que hubo presencia de agentes federales, estatales y municipales, así como de militares en todos los escenarios, ya sea como perpetradores o como observadores.

El informe también señala que no hay datos forenses contundentes para poder determinar que la incineración de los cuerpos de los estudiantes haya podido ocurrir en el basurero de Cocula. Las condiciones del lugar, según la evaluación del GIEI, no hacen viable una destrucción del material óseo como la que afirmó el gobierno.[7]

—

6— Si bien hubo varios reporteros e investigadores que en el momento señalaron la existencia de un quinto autobús, no fue sino hasta la aparición del informe y la recomendación del GIEI que se investigó más el tema. A partir de ahí se ha hablado de la existencia de una ruta de transporte de heroína entre Guerrero y Chicago. El quinto autobús se ha vuelto muy importante para entender no sólo la virulencia del ataque sino la configuración de éste y el involucramiento de las autoridades locales y federales.

7— Véase Grupo Interdisciplinario de Expertos Independientes (GIEI), "Informe Ayotzinapa, Investigación y primeras conclusiones de la desaparición y homicidios de los Normalistas de Ayotzinapa", 2015. Disponible en: <http://prensagieiayotzi.wix.com/giei-ayotzinapa#!informe-/c1exv>. Consultado el 31 de octubre de 2015.

De esta manera, la "verdad histórica" se desmoronó y
los estudiantes volvieron al limbo de los desaparecidos, con
el miedo y la esperanza que ello convoca.

IV.

"Fue el Estado". Sin duda la frase que apareció en las protestas masivas por la desaparición de los 43 estudiantes de
la Escuela Normal Rural de Ayotzinapa nombraba aquello
que el gobierno mexicano se esforzaba por negar, a saber, que
lo ocurrido era un crimen de Estado. Si bien el ataque no fue
ordenado y organizado por las esferas más altas del gobierno,
como fue el caso de la matanza del 68, es un hecho que éste
fue perpetrado y observado por agentes que pertenecían a los
tres órdenes de gobierno.

"Fue el Estado" señala la responsabilidad del Estado
mexicano en el caso de Ayotzinapa y acumula, en una
especie de palimpsesto, una historia de violencia. Si bien
la genealogía de la violencia permite recuperar una memoria
del horror, lo que oculta en la repetición es la diferencia y lo
que se nos escapa es la configuración actual de la política.

V.

Habrá que tener claro que la situación de violencia en
México no deriva solamente del narcotráfico, en realidad
éste está ligado al modelo económico y político del país: la
desregulación de la economía, la flexibilización del trabajo,
el debilitamiento de las infraestructuras gubernamentales, la
rotura del tejido social, la impunidad y la corrupción, han
establecido las condiciones para un tiempo del despojo
donde lo que ha desaparecido es la política.

Para las naciones que en los años ochenta fueron deno-
minadas como "países en vías de desarrollo", el neoliberalismo significó un tipo de explotación que continuaba pero
que marcaba una diferencia radical con las formas de dominación del pasado. Como describe el historiador Adolfo Gilly:

> Este nuevo despojo adquiere su expresión condensada en
> la oleada de privatizaciones de bienes y servicios públicos

de los últimos treinta años: tierras, medios de comunicación
y transporte, telecomunicaciones, banca y servicios finan-
cieros, seguridad pública y servicios militares, petróleo y
petroquímica, minas y complejos siderúrgicos, sistemas de
seguridad social y fondos de pensión de los trabajadores,
puertos, carreteras, sistemas de agua potable, represas,
energía, hasta el proceso perverso a lo largo y ancho
de América Latina de la imposición sin fronteras de la
minería a cielo abierto, destructor de la naturaleza y de
las vidas humanas.[8]

El caso de México, que lamentablemente no es el único,
plantea que el correlato del neoliberalismo es la necropolítica. Esta noción planteada por Achille Mbembe explica
un tipo de organización en el que la soberanía reside en
la capacidad de hacer matar, y permite entender lo que
sucede en espacios donde la política se establece como
trabajo de muerte.

El crecimiento del narcotráfico en México y su compleja relación con el Estado y las estructuras de gobierno
pudo desarrollarse de la manera que lo hizo por las condiciones que estableció el neoliberalismo. En éste, los
enclaves de extracción y circulación de recursos valiosos
se convierten en zonas privilegiadas de muerte. La articulación entre guerra, extracción y circulación de recursos ha
generado una estructura de soberanía que se basa exclu-
sivamente en la distinción de aquellos que llevan armas
y aquellos que no. Aquí, el monopolio de la violencia se
articula en una nueva configuración del poder. Mbembe la
describe de la siguiente manera:

Estas máquinas se componen de facciones de hombres
armados que se escinden o se fusionan según su tarea y
circunstancias. Organizaciones difusas y polimorfas, las
máquinas de guerra se caracterizan por su capacidad para
la metamorfosis. Su relación con el espacio es móvil. Algunas
veces mantienen relaciones complejas con las formas estatales (que pueden ir de la autonomía a la incorporación). El

—

8— Adolfo Gilly, "El tiempo del despojo. Poder y territorio", *Sinpermiso*, 2014,
p. 7. Disponible en: <http://www.sinpermiso.info/sites/default/files/textos//gily.
pdf>. Consultado el 31 de octubre de 2015.

Estado puede, por sí mismo, transformarse en una máquina
de guerra. Puede, por otra parte, apropiarse para sí de
una máquina de guerra ya existente, o ayudar a crear una.[9]

Como lo expone Mbembe, el Estado está mejor concep-
tualizado en nuestros días por la imagen de esta máquina
indefinida e indeterminada que permite configuraciones
antes imprevistas.

Sin duda "Fue el Estado", pero el Estado ya no es lo
que solía ser, sino que es la fuerza de intercambios y nego-
ciaciones que administran al territorio y a la población en
una explotación sistemática compuesta de muchas máquinas
que difícilmente podemos nombrar.

VI.

El miedo fue lo que nos sacó de la infancia. Para la gene-
ración nacida a finales de los setenta y principios de los
ochenta, 1994 fue el año en que empezamos a ser adultos.
La aparición del Ejército Zapatista de Liberación Nacional
(EZLN) rompió el encantamiento de la promesa de modernización y globalización al enseñarnos los rostros y las lenguas
de los que habían sido sistemáticamente excluidos. La posibilidad de un mundo más justo se articuló con el zumbido
de muerte. Los asesinatos políticos aceleraban el espanto de
una crisis económica que había dejado más frágiles las posibilidades de un futuro, y una década de convulsiones acabó
con el fiasco de una transición que nunca llegó.

En el año 2000, Vicente Fox fue el primer presidente
de México en 70 años que no pertenecía al Partido Revolucionario Institucional (PRI).[10] Tuvo la posibilidad de acomodar
lo que había salido de quicio, de nombrar lo que había
sido ignorado, de llevar a juicio a los responsables de los
diferentes crímenes de Estado y prefirió no hacerlo.

—

9— Achille Mbembe, *Necropolítica*, Madrid, Mesulina, 2011, p. 59.

10— En 1929, para afrontar la crisis desatada por el asesinato del presidente
electo, se fundó el Partido Nacional Revolucionario; unos años más tarde, en
1938, se transformó en el Partido de la Revolución Mexicana para dar forma,
en 1946, al Partido Revolucionario Institucional. Los cambios de nombre fueron
acompañados de modificaciones en la organización que hicieron posible que la
agrupación se adaptara a los nuevos tiempos.

Por ahí vino lo malo y se coló lo peor.

En 2006, el entonces presidente de México, Felipe Calderón, después de una elección que lo dejaba con el poder por una diferencia del 0.56%, declaró la guerra al narcotráfico. Desde esa fecha se calcula, aunque no hay cifras oficiales, que más de 121 mil personas han muerto y más de 300 mil están desaparecidas.[11]

VII.

¿Cómo ha sido su vida en los últimos seis años?
¿Qué le preocupa?
¿Qué ha cambiado en su vida?
¿Cómo está su familia?
¿Actualmente tiene algún presentimiento?
*¿Tiene alguna preocupación que le inquiete
en este momento?*
¿Extraña algo del pasado?
*¿Recuerda algún sueño que haya tenido en los
últimos seis años?*

Éstas eran las preguntas que te recibían a la entrada del teatro El Galeón, donde se desarrolló el proyecto *Lo que viene*,[12] del colectivo Teatro Ojo, unas semanas antes de que acabara el sexenio del presidente Felipe Calderón, quien gobernó México del 2006 al 2012.

En el teatro no había funciones sino sesiones de hasta diez horas donde el escenario era una caja negra en la que, sobre el piso, se encontraba una hemeroteca que reunía los periódicos de cada día de esos seis años. Un archivo

---

11— Estas cifras se basan en el informe que reveló el Centro de Investigaciones para el Desarrollo, A.C., el 26 de agosto de 2012. Algunos datos arrojan que en los primeros dos años de la administración de Peña Nieto desaparecieron 9,384 personas. *Cfr.* Homero Campa, *Proceso*, febrero de 2015. Disponible en: <http://www.proceso.com.mx/?p=395306>. Consultado el 29 de octubre de 2015.

12— *Lo que viene* se presentó en el teatro El Galeón de la Ciudad de México del 18 de octubre al 11 de noviembre de 2012. Para ese proyecto participaron dentro del colectivo Teatro Ojo: Héctor Bourges, Karla Rodríguez, Laura Furlan, Patricio Villarreal, Jorge Pérez Escamilla, Itzel Aparicio, Emanuel Bourges, Gisela Cortés y Elizabeth Pedroza.

para consultar, mientras en improvisadas mesas la gente
que asistía tomaba café, jugaba, dibujaba, platicaba y
escuchaba. Un micrófono y una silla a mitad del espacio
permanecían abiertos para que cualquier persona que así
lo quisiera pudiera contestar o hablar sobre lo que plan-
teaban las interrogantes. Al mismo tiempo, una línea tele-
fónica gratuita recibía respuestas en vivo de gente de otras
partes de la República Mexicana.

Un teatro sin teatro, en el que la escena era la pura
puesta del habla: relatos confusos, quebrados, fragmenta-
rios, esquivos, huidizos, en los que cada narrador intentaba
articular un relato para exponer historias vividas que se
tejían en la inestabilidad de la narración en primera persona. Teatro Ojo retomaba el foro para, al preguntar por el
pasado, abrir la figuración del porvenir en aquello que se
intuye, quizá porque ya ha llegado, que viene.

Fue en ese foro que entendí que no era la única
soñando con olas. Además de la presencia constante de
terremotos, en las sesiones de *Lo que viene* un sueño recu-
rrente entre los participantes eran las olas. Yo solía pensar
que mi fijación con las olas era el resultado de la fasci-
nación que éstas me provocaban desde niña. Mis padres,
que no sabían nadar, me habían metido a clases antes de
que siquiera pudiera caminar. Desde entonces, cada vez que
íbamos a la playa me metía en el mar, para terror de mis
padres y divertimento mío, hasta desaparecer. Una noche,
tendría 16 años, acampaba con mis amigos en la costa de
Guerrero y hubo una tormenta. Iba a meterme en el océano
cuando un pescador que estaba refugiándose de la lluvia
junto a nosotros me dijo: "En este mar sólo tienes una oportunidad de entrar y otra de salir". Ya no quise nadar.

Lo que entendí ese día en el foro es que el presentimiento de lo irremediable no era una sensación personal
que me acosaba al dormir. Lo que la ola manifestaba en
muchos de nosotros no era lo vasto, sino el miedo. La operación de Teatro Ojo, de interrogar colectivamente sobre
los sueños, partía de la idea de replicar la operación de
Charlotte Beradt que entre 1933 y 1939 recogió un *corpus*
de sueños en Alemania. Éstos, como señala Didi-Huberman,
eran "un documento psíquico del totalitarismo, del terror
político en cuanto proceso obsesivo —obsesionante— hasta

en lo más profundo de las almas".[13] Teatro Ojo intuía que en la memoria de estos años, en los sueños y presentimientos de futuro, habría algo con qué empezar a trabajar. Con esos "mínimos temblores" querían volver a lo público, figurar el miedo para hacer aparecer el reclamo.

VIII.

Mientras las personas ahí reunidas tartamudeábamos intentando significar con los otros o ante ellos lo que nos había pasado en estos seis años, en una esquina una pantalla mostraba un video de los avances del memorial que el gobierno erigía para las víctimas de la guerra contra el narco.

Sólo unos metros separaban *Lo que viene* del Memorial para las Víctimas de la Violencia en México que el ex presidente Felipe Calderón mandó construir en el Campo Marte, una propiedad federal que hasta entonces había estado bajo la jurisdicción de la Secretaría de Defensa. El parque no pudo abrir sus puertas durante el mandato de Calderón, el retraso se debió no sólo a la magnitud de la obra sino al creciente malestar expresado por el Movimiento por la Paz con Justicia y Dignidad. Éste, que fue un movimiento social encabezado por el poeta Javier Sicilia, cuyo hijo fue asesinado en la ciudad de Cuernavaca en 2011, se había reunido con el presidente Calderón para exigirle el fin de la guerra al narcotráfico, así como el esclarecimiento de los asesinatos y desapariciones. Calderón, en esa reunión, prometió impulsar la Ley General de Víctimas, pero una vez que ésta estuvo aprobada por los legisladores fue vetada por el propio presidente. En vez de la ley pactada, Calderón decidió erigir un monumento para las víctimas en propiedad militar.

El espacio fue inaugurado una vez que Enrique Peña Nieto asumió la presidencia, y abrió sus puertas al público bajo la invitación: "pinta lo que sientes, expresa lo que piensas".

El "memorial" es un parque hecho de láminas de acero colosales en las que se pueden escribir o borrar mensajes,

—

13— Didi-Huberman, *op. cit.*, p. 104.

recuerdos, consignas. En estas estelas hay inscripciones con fragmentos y frases de reconocidos escritores, así como mensajes en los que pueden leerse comentarios como "Alfonso Arqui Medina, ¡te extrañamos!" o "Te amo, Marcela". Los nombres que figuran en los escritos pueden, o no, ser parte de las víctimas de la violencia de los últimos años, pero no hay manera de saberlo porque no hay un registro oficial, ni este "memorial" pretende generar ningún compromiso para elaborar un proceso judicial para esclarecer las muertes y llevar a juicio a los responsables, directos e indirectos, de los crímenes de esta guerra.

El "memorial" pasó, como lo pretendía la propuesta del Movimiento por la Paz con Justicia y Dignidad, de ser un espacio para cuestionar la violencia de Estado y desde ahí plantear qué memoria sería posible, o si acaso sería posible, a un monumento que espera que el desajuste se resuelva en la conmemoración —que constituye el espacio público desde el ejercicio de la fuerza simbólica del poder— con un mausoleo. Espacio donde lo que se pierde y se cancela es la posibilidad de la aparición.

IX

Aparición.[14] No es un problema de visión, sino la posibilidad de la política. Condición necesaria para construir lo que Hannah Arendt llama la realidad, un mundo común, un mundo en-común que nos junta y a la vez nos separa. Más allá, y rompiendo con cualquier fundación de la política

—

14— El concepto de "aparición" será central para nuestra argumentación. Lo retomamos de los planteamientos de Hannah Arendt en *La condición humana*, donde desarrolla el problema del "space of appearance" que, en español, es traducido como "espacio de aparición". Las palabras "appearance" y "apariencia" proceden del latín *apparitĭo, -ōnis*. En el siglo XIII se utilizaban en el sentido de "entrar a la vista", "acción o efecto de aparecer", está registrado que para el siglo XIV se utilizaba también en sentido de "semejanza". Ambas nociones, sumadas al uso de "visión de un ser fantástico o sobrenatural", están presentes en la actualidad. Esta ambivalencia de sentido hace complicado el uso de la categoría de aparición ya que arrastra un sentido, por un lado, místico y, por el otro, de la dualidad original y semejante que se anuda al problema de la verdad y la apariencia. Sin embargo y quizá por este mismo embrollo, la aparición es central para romper las configuraciones políticas que afirman un orden natural. La aparición lo que problematiza es cómo aparece lo que aparece, es por tanto una cuestión estética a la vez que epistemológica y política.

basada en la naturaleza del hombre, el contrato social, la vida familiar o el origen de la comunidad por la posesión de lenguaje para describir lo justo y lo injusto, el mundo común es el que se construye como espacio de aparición. Así lo define la propia Arendt:

> El espacio de aparición cobra existencia siempre que los hombres se agrupan por el discurso y la acción, y por lo tanto precede a toda formal constitución de la esfera pública y de las varias formas de gobierno, o sea, las varias maneras en las que puede organizarse la esfera pública. Su peculiaridad consiste en que, a diferencia de los espacios que son el trabajo de nuestras manos, nos sobrevive a la actualidad del movimiento que le dio existencia, y desaparece no sólo con la dispersión de los hombres —como en el caso de grandes catástrofes cuando se destruye el cuerpo político de un pueblo—, sino también con la desaparición o interrupción de las propias actividades.[15]

El espacio de aparición, siguiendo el argumento de Arendt, no depende de una determinada asignación de lo público ni de una configuración del Estado, sino que se constituye en la agrupación y sólo puede ser destruido con la desaparición del pueblo.

Una manera de definir lo que sucede en México es la idea de una dominación de amplio espectro donde guerra y crisis se entrelazan.[16] Estas condiciones de violencia intentan limitar y desarticular el tejido social con un poder cada vez más autoritario. Paradójicamente, éste último ya no está en un cuerpo, sino que se disemina en una multiplicidad de organismos descoordinados en los que ya no hay un cálculo político sino una pura administración de beneficios. Así, el miedo y la criminalización son parte de un dispositivo de disciplinamiento que busca el cese de

—

15— Hannah Arendt, *La condición humana*, Madrid, Paidós, 2012, p. 225.

16— Esta descripción de la situación en México ha estado articulada por Dolores González Saravia, coordinadora de Procesos de Transformación Positiva de Conflictos del organismo civil Serapaz. Escuchado en el 2do y 3er Foros de Cultura y Emergencia Social realizados respectivamente en diciembre de 2014 en Casa del Lago y en enero de 2015 en el Centro Cultural Universitario Tlatelolco, Ciudad de México.

las actividades. En estas condiciones la pregunta por la
posibilidad de la aparición se vuelve central pues quizás
ahí resida alguna posibilidad de hacer política.

X.

La estética no sólo trabaja con el arte sino que, más allá de
objetos y experiencias, define las condiciones de posibilidad
de lo sensible y la sensibilidad. En este sentido, la estética es
la pregunta por lo que aparece, por cómo aparece lo que se
aparece. Si bien es claro que la estética es una categoría muy
cargada, es posible trazar una genealogía que nos permita
establecer una crítica a las condiciones de aparición.

Siguiendo el planteamiento de Kant en la Primera
Crítica, revisado por Foucault y re-pensado por Rancière, la
estética se presenta como aquello que determina las formas
del aparecer y desde las cuales se distribuyen las formas de
lo sensible generando un reparto de visibilidades y enunciaciones que ya son políticas.

Es importante entender cabalmente el sentido de estas
políticas del aparecer y entender cómo es que lo sensible con-
figura un campo específico de experiencia que establece los
marcos desde los cuales opera la distribución.

Bajo este esquema, lo político es una cosa estética
porque tiene que ver con apariencias. Apariencias que
aparecen por una ley general que determina la distribución de funciones y papeles en la comunidad —que en
Rancière se denomina la "policía"— y aparición que se
genera como acción, como proceso de desacuerdo que
reta, a partir de una subjetivación que se piensa como
des-identificación, esa ley del aparecer y que en Rancière
es la política misma. Como él mismo lo define:

> Propongo ahora reservar el nombre de política a una
> actividad bien determinada y antagónica de la primera: la
> que rompe la configuración sensible donde se definen las
> partes y sus partes o su ausencia por un supuesto que por
> definición no tiene lugar en ella: la de una parte de los que
> no tienen parte. [...] La actividad política es la que desplaza
> a un cuerpo del lugar que le estaba asignado o cambia el
> destino de un lugar; hace ver lo que no tenía razón para

ser visto, hace escuchar un discurso allí donde el ruido sólo tenía lugar, hace escuchar como discurso lo que no era escuchado más que como ruido.[17]

Bajo la distinción de Rancière entre lo político —ley del aparecer— y la política —desacuerdo sobre la previa distribución— queda claro que el aparecer es siempre estético, pero en el caso de lo político marca una forma de identificación y, en el caso de la política, se genera un desacuerdo con las formas de distribución que permiten la aparición de nuevos sujetos políticos. La propuesta de Rancière sobre la "estética de la política" es interesante pues, de alguna manera, permite complejizar la propuesta de Hannah Arendt sobre el espacio de aparición para pensar en dos momentos, uno que se establece como ley y otro que sería propiamente el momento de la política.

En este sentido, la política puede pensarse como una manifestación que deshace las ordenaciones sensibles del orden policial mediante una serie de intervenciones que, bajo la idea de la actualización y comprobación de la igualdad, permite que los marcos de aparición se transformen para abrir otros campos de experiencia. Esta noción de política rompe con la teoría política clásica y moderna que busca un fundamento de la comunidad, aquí el único principio es que no lo hay, y que ésta es una actividad que permite poner en cuestión la distribución de lo sensible. La política entonces ocurre cuando, a pesar de lo improbable, hay apariciones.

XI.

Si bien el trabajo de Teatro Ojo lleva más de una década interrogando cómo un teatro sin teatro puede intervenir en la memoria para desestabilizar la historia,[18] en *Lo que*

—

17— Jacques Rancière, *El desacuerdo*, Buenos Aires, Nueva Visión, 1996, p. 45.

18— En proyectos como *México, mi amor, nunca mires atrás* se generó un archivo auditivo para tensionar el proyecto de modernización en el espacio mismo donde se cayeron algunos de los edificios del Multifamiliar Juárez en 1985. Este espacio fue panteón, Estadio Nacional, joya de la arquitectura modernista mexicana y, tras la caída de los edificios por el terremoto, cancha de tierra de fútbol para los vecinos de la zona. Teatro Ojo intervino el espacio para abrir la ruina y preguntar por las tantas capas de historia que se acumulaban.

viene la operación supuso retomar las condiciones políticas del teatro para, en una relocalización de la escena, hacer aparecer lo común. La escena etimológicamente marca el espacio de aparición de los actores para representar en la tragedia griega el conflicto entre el *oikos* y la *polis*. En la apropiación de este teatro sin teatro, la escena marca la apertura espacial y temporal de una aparición. Lo que la deslocalización teatral parece marcar en el trabajo de Teatro Ojo es que, una vez arrasada el ágora, la escena puede ser el lugar de lo político y ésta se instala en la calle, la ruina, la cancha de fútbol o los pasajes de la ciudad.

En el caso de *Lo que viene*, aunque el proyecto haya sido realizado en un teatro, el espacio no construía una representación teatral. Siguiendo los pasos de la vanguardia —teatro del absurdo, del distanciamiento, de la crueldad—, buscaban en el arte la posibilidad de lo público. Un lugar desde el cual salir de lo privado, del alejamiento del mundo para hacer aparecer nuestros temores, nuestros balbuceos, nuestro tartamudeo, ante los otros-con los otros. Para reclamar, como lo hiciera Antígona, que si nuestro duelo es público es porque es político.

La fortaleza de lo privado, de lo íntimo, de lo individual, las sublimaciones emancipatorias en comunidades cerradas y excluyentes, son una manera de desvanecer el mundo común, de debilitar la posibilidad de antagonismo, de discrepancia, de desacuerdo. Hay que tenerlo en claro, tener un mundo en común, aparecer ante los otros, es afirmar que si bien hay un mundo en común, hay una variedad de posiciones, una total diversidad de formas de comprensión y de deseo. El supuesto del reconocimiento, en el amor o en el odio —en las figuras de identificación que fundan la teoría política moderna como amigos o enemigos—, no puede ser la base del estar "con". Como dice Butler citando a Hannah Arendt, "uno no escoge con quién cohabita el mundo",[19] su propio estar ahí, su propio aparecer establece su derecho de ser y de estar.

—

19— Ray Filar, "Willing the Impossible: An Interview with Judith Butler", *Transformation*, 2014. Disponible en: <http://www.opendemocracy.net/transformation/ray-filar/willing-impossible-interview-with-judith-butler>. Consultado el 22 de julio de 2015.

XII.

A principios de octubre de 2014 apareció una serie fotográfica con los rostros de los normalistas desaparecidos. El montaje estaba compuesto por fotografías que en México denominamos "tamaño infantil". En el retrato, el encuadre está centrado en el rostro que aparece sobre fondo blanco. Estas fotografías son utilizadas para documentos oficiales y tienen la característica de estar tomadas en estudios pues no pueden ser ni instantáneas ni digitales.

En esta serie se ven los rostros de cuarenta estudiantes de la Escuela Normal Rural de Ayotzinapa. Tres de ellos están representados por una silueta presumiblemente masculina, que siempre es la misma, con el pelo un poco largo y que contrasta con el cabello corto y engominado de los estudiantes retratados. Casi todos ellos están serios. La mayoría parecen todavía niños, aunque muchos de ellos tienen la mirada severa.

Probablemente las fotografías provienen de los archivos de la propia escuela y fueron entregadas a las autoridades para iniciar la búsqueda sin perder tiempo. Irremediablemente su índice, "eso-que-ha-sido", está fijo en el propio aparato institucional.

Esta serie fue utilizada oficialmente para su búsqueda, pero también fue apropiada de manera espontánea en las protestas en múltiples variables. Desde esta apropiación, no es sólo un conjunto de rostros sino una comunidad de rostros. En esta comunidad, siguiendo a Didi-Huberman en *Pueblos expuestos, pueblos figurantes*, se figura una parcela de humanidad desde la que se expone un pueblo.

Dichas imágenes recuerdan las fotografías clínicas de Philippe Bazin. En ellas, se exploran rostros de recién nacidos, mujeres o ancianos en los que se tensa, de manera radical, la frialdad del encuadre con el *pathos* del rostro. Ahí pareciera que, como explica el mismo Bazin en el libro de Didi-Huberman, "todos esos rostros que avanzan hacia nosotros, que nos miran, y cuya carne tiene una presencia extrema, van a reconstruir mentalmente el sentimiento del pueblo".[20]

20— Philippe Bazin, "Entretiens. Propos recueillis par Christiane Vollaire", *Agora. Éthique, médicine, société*, núm. 39 (1997-1998), p. 72.

La serie de los normalistas se estructura con fotografías de identificación, hechas a partir de un aparato de clasificación que parte de los saberes y formatos de la antropología forense. La crudeza de la imagen, su aspecto técnico y clínico hacen que la serie marque un régimen estético, aquel que los hizo invisibles. La apropiación de ésta en la protesta llevó el gesto burocrático a uno político en tanto que esa imagen se convirtió en la denuncia de ese mismo reparto que los excluyó en cuanto la parte sin parte. Es decir, en tanto pueblo.

La imagen de esta comunidad de rostros contrasta con las *selfies* que circulan constantemente en internet y desde la que se instaura el "yo" como cara. Este rostro colectivo muestra algo que no tiene representación. Como lo explora Didi-Huberman, lo que se ha denominado "la gente" está representada por ricos y famosos. El pueblo es un significante vacío que sólo toma rostro en la aparición de un reclamo. La circulación de esta serie en redes sociales, su acompañamiento en las protestas, su presencia en las calles y en obras de arte ha hecho aparecer un pueblo que está siendo expuesto a su desaparición.

No sólo son los 43, son miles de otros y otras sin nombre y sin rostro que se han esfumado y que hemos dejado desaparecer. La violencia en México está, por las condiciones descritas anteriormente, golpeando principalmente y con mayor brutalidad a grupos marginalizados: mujeres solas y trabajadoras, jóvenes sin trabajo, migrantes y población rural.

¿Qué fue lo que ocurrió con los estudiantes de Ayotzinapa que hizo visible su desaparición? Sin duda fue la evidencia del contubernio, o aún peor, la imposibilidad de diferenciación entre autoridades y crimen organizado. Pero también fue el hecho de que éstos fueran estudiantes, representación que convoca a los afectos de una historia de represiones y que es imposible de silenciar. De no haberlo sido, seguramente los 43 estudiantes desaparecidos no tendrían rostro y pasarían, como la mayoría, inadvertidos entre las notas del diario.

La fuerza del caso de Ayotzinapa es que la comunidad de rostros que ha aparecido nos obliga a ver a ese pueblo expuesto que hemos dejado desaparecer.

XIII.

Desde su desaparición, aparecí con otros. Salimos a la calle
para negarnos a ser este puro vacío que esquiva a la muerte
por ser nada. Estar juntos no me quitó el miedo, pero rompió
el encantamiento. Han sido instantes que no logran, todavía,
delinear un movimiento. Pero su aparición nos permite
asumir que la política no está dada y que la única manera
de imaginarla será insistiendo. Una y otra vez, aquí y en cualquier parte. Como afirma Didi-Huberman:

> Sólo de nosotros depende no ver desaparecer a las luciér-
> nagas. Ahora bien, para ello debemos asumir nosotros
> mismos la libertad de movimiento, la retirada que no se
> repliegue, la fuerza diagonal, la facultad de hacer aparecer
> parcelas de humanidad, el deseo indestructible. Debemos,
> por tanto, convertirnos nosotros mismos —en retirada del
> reino y de la gloria, en la brecha abierta entre el pasado y
> el futuro— en luciérnaga y volver a formar, así, una comu-
> nidad del deseo, una comunidad de fulgores emitidos, de
> danzas a pesar de todo, de pensamientos que transmitir.
> Decir sí, en la noche surcada de fulgores y no contentarse
> con describir el no de la luz que nos ciega[21]

Habrá que tener la paciencia y la inteligencia de saber
dirigir esos afectos, para generar una crítica que nos man-
tenga negando cualquier naturalización. Porque siempre
todo puede ser de otra manera, aunque, de hecho, nunca
lo sea.

XIV.

Todavía sueño con olas.

—

21— Didi-Huberman, *op. cit.*, pp. 119-120.

In Spite of Everything, to Appear*

—

HELENA CHÁVEZ MAC GREGOR

* Translated by Christopher Follett. This text was published at the journal *Re-visiones*, no. 5, December 2015. Available at: <http://www.re-visiones.net/index.php/RE-VISIONES/article/view/45/75>.

I.

Since 2010 I dream of waves. Enormous, gigantic waves. On waking up, the fear is no longer of the wave that has just passed but in knowing that there is always another one to come.

II.

In 1975, a few months before his brutal murder, Pasolini wrote an article known as "The Disappearance of the Fireflies," in which he declared that the culture of resistance and vanguard had disappeared. This was, according to the arguments of Georges Didi-Huberman in the book *Survival of the Fireflies*,[1] in the nature of a funeral lamentation on the moment at which those creatures disappeared from Italy, those human symbols of innocence, annihilated by the night—or by the "ferocious" light of the floodlights—of triumphant fascism.

Pasolini's diagnosis manifests a mourning for politics, a kind of lamentation over the conditions that, since the arrival of late capitalism, have made any form of resistance impossible. A critique of the way in which everything, even—or perhaps even more irresistibly—art, has been absorbed by spectacle, making impossible any form of appearance that proves to be contrary to the forms of submission. This text by Pasolini—which takes on an implacable significance in the light of his last film, *Salò or the 120 days of Sodom*—is a cry of desperation at the impossibility of generating a representation that might enable one to organize other forms of existence. By seeing how violence takes hold, not only of history, but of each one of us, generating in its brutality an apathy that leads to boredom where even torture becomes nothing more than a background landscape against which to dance. Where what has remained off-stage—in light or darkness—is space, the "with", in the final instance, politics.

—

1— Georges Didi-Huberman, *Survival of the Fireflies*, Minneapolis, University of Minnesota Press, 2018 [original in French: *Survivance des lucioles*, Paris, Les Éditions de Minuit, 2009].

III.

During the night of September 26-27, 2014, 43 students of
the Escuela Normal Rural Raúl Isidro Burgos of the village
of Ayotzinapa disappeared in the city of Iguala in the state of
Guerrero. This college is part of a system of a public teacher
training college, whose origins go back to the Mexican Revolution, where students are trained for work in rural communities. As it happens, it was at this particular institute that both
Lucio Cabañas and Genaro Vázquez studied, two dissident
community leaders who were later to become leaders of the
armed struggle in Guerrero in the early 1970's.

In late September 2014, students from several rural
colleges gathered in Ayotzinapa in order to set out for the
October 2 demonstration in Mexico City in commemoration
of the massacre of students during the mobilizations of 1968.[2]
The young students commandeered two buses of a commercial company and went in search of more.[3] One of the
buses, after agreement between the driver and the students,
went to the town of Iguala in order to leave the passengers
already on board but, on arrival at the bus station, the driver
reneged on his promise to hand over the vehicle to the

—

2— A march has been organized yearly since 1977 in commemoration of the
violent crushing by members of the Mexican army of a student meeting during
the mobilizations of 1968. An unknown number of participants were killed.

3— At present there are 245 Public Teacher Training Colleges in Mexico, seven-
teen of these are Rural Colleges, forming part of an educational project that arose
from the Mexican Revolution and has played an important educational and social
role in extremely marginalized peasant communities. This is a field where educational, and pedagogical work has been indissoluble from political struggle that, in
some cases, has given rise to movements of a revolutionary or guerrilla nature.
For this reason the Escuelas Rurales have been subject to close political scrutiny
and for many years have had tense relations with both municipal administrations and the state government over limitations in budgets and resources. In view
of this situation, the students have developed strategies of pressure, such as the
commandeering of buses and occupation of motorway turnpikes, which have led
to increasingly violent confrontations. Indeed in December, 2011, several years
before the disappearance of the 43 students, there was a confrontation between
students of the Raúl Isidro Burgos Rural College with the Guerrero State police
over the blocking of the Autopista del Sol, the main highway connecting Mexico
City with the Port of Acapulco. In this clash a young man was killed and several
students were detained. Hence, the whole matter surrounding the case of the
43 must be seen in the historical context of the Rural Teacher Training Colleges,
which focus tensions between students, peasants and guerrillas with the police,
armed forces and, more recently, organized groups of narcotics traffickers.

students and left the vehicle with the students locked inside. The students called on their companions who were waiting on the outskirts of the town. They answered the call for help and, after liberating the locked-in students, commandeered another three commercial buses. After leaving the Iguala bus station in three different directions, the *normalistas* were attacked.

The following day, in a state of informational chaos, with several students injured or dead, the worst was confirmed: 43 students were missing. Nobody knew where they were or where they had been taken.

Little by little reports began to appear in the newspapers regarding what had begun as a confrontation and was beginning to look like a massacre. Images started to circulate in the web, and in Facebook of a dead *normalista* without a face. The skin and eyes had been removed. His name was Julio César Mondragón, and his wife learned of his death after recognizing the clothes he was wearing in the image that circulated on the social network.

With the municipal president in flight—he had requested temporary leave of absence the day after the attacks—investigations began. Different versions came and went. A week after the events, under pressure by student organizations, a video was published, amid increasing public outrage, in which the detained young people were seen in vehicles of the municipal police. Later, the police officers, who were now under arrest, stated that the students had been handed over to a group of drug traffickers known as Guerreros Unidos.

In a climate of social uproar, unprecedented in the whole convulsive period since president Calderón declared the war on the *narcos*, the government, forced by international condemnation, began the search. Clandestine mass graves appeared one after the other; it seemed that wherever you dug, corpses appeared, but they were not of the students.

On November 7, 2014, the then General Attorney of the Republic, Jesús Murillo Karam, gave a press conference to present what he described as the "historical truth" of the Ayotzinapa case: the *normalistas* had been attacked by the Guerreros Unidos, a group of drug traffickers who confused them with members of a rival group, Los Rojos. The students had been taken to a rubbish dump in the municipality of Cocula, where they were murdered and then cremated; the

ashes were subsequently thrown into the San Juan river.
They had completely disappeared, there was nothing left—
not even a bone to tell the tale.[4]

Nearly a year after the disappearance of the students,
and with a new General Attorney replacing Murillo, the
results of an investigation carried out by the Interdisciplinary Group of Independent Experts (GIEI) were published:
the "Ayotzinapa Report, an investigation and initial con-
clusions on the disappearances and homicides of the Ayotzinapa *normalistas*."[5]

This group was convened by the Inter-American Human
Rights Commission with the agreement of the Mexican Government and the representatives of the victims in order to
collaborate in the investigation of the crimes. Thanks to this
report several things were, at least, established beyond doubt.

On the one hand, between September 26 and 27, what
took place was a coordinated attack on a large-scale in
which 43 students disappeared; six individuals were crim-
inally executed—in the case of the *normalista* Julio César
Mondragón with evident signs of torture—and three more
persons died including the driver and a passenger in a bus
transporting the football team Los Avispones, which was
attacked presumably because it was mistaken for one of
the vehicles taken by the *normalistas*; 40 persons received
serious injuries, one of them is still in coma, and 110 individuals were subject to pursuit and aggression or attempts
on their lives during those hours.

On the other hand, what the report demonstrates
is that concerted attacks took place in several different

—

4— Remains found in from the bags the San Juan river in the municipality of
Cocula were sent to the Forensic Medicine Laboratory at the University of Innsbruck in Austria. From those remains, the only missing students that could be
identified were Alexander Mora and Jhosivani Guerrero de la Cruz, the latter
almost a year after the disappearance and with a result that was not entirely
conclusive. Nonetheless, while the Equipo Argentino de Antropología Forense—
which has been present throughout much of the process at the request of the
parents and other representatives of civil society—accepts the identification, it has
not certified the place of origin of the fragment presented, leaving open the possibility that the remains found at Cocula do not belong to the missing students and
that the fragments that do may have come from another site.

5— The Grupo Interdisciplinario de Expertos Independientes is made up of
Alejandro Valencia Villa, Ángela María Buitrago, Carlos Martin Beristaín, Claudia
Paz y Paz Bailey, and Francisco Cox Vial.

locations. In a process of sustained violence, ambushes, roadblocks and pursuits continued throughout the night. Unlike the previous investigations that assured that the students had taken four buses and had been attacked on the orders of the municipal president, José Luis Abarca, for having deliberately interrupted the governmental report that his wife had delivered the same day, the investigation by the GIEI pointed to the existence of a fifth bus, references to which had been eliminated from the official files. The investigation leaves open the hypothesis that this last bus may have been what detonated the violent attacks. The unaware students may, have taken a bus in the control of Guerreros Unidos that was transporting heroin to the United States.[6]

The report reconstructing the different attacks shows clearly the direction and coordination of the police. From six o'clock in the evening of that September 26, all the movements of the students were being monitored by means of a coordination system (C4) linking the three levels of government and including the National Defense Ministry. This implies the presence of federal, state and municipal agents as well as military personnel in all scenarios, whether as perpetrators or observers.

The report also points out that there are no conclusive forensic data to confirm that the incineration of the bodies could have taken place in the rubbish tip at Cocula. The conditions of the place, according to the evaluation of the GIEI, do not uphold the viability of the destruction of bone, as was affirmed by the government.[7]

Thus the Attorney General's "historical truth" fell apart and the students returned to the limbo of the disappeared, with the mixture of hope and fear that this implies.

—

6— While several reporters and researchers mentioned at the time the existence of a fifth bus, it was only with the appearance of the Report and the recommendation of the GIEI that the matter has received attention. On this basis, there has been speculation regarding the existence of a route of transportation of heroin between Guerrero and Chicago. The fifth bus has become a putative key to understanding not only the virulence of the attack but also its configuration and the involvement of the local and federal authorities.

7— See Grupo Interdisciplinario de Expertos Independientes (GIEI), "Informe Ayotzinapa, Investigación y primeras conclusiones de la desaparición y homicidios de los Normalistas de Ayotzinapa," 2015. Available at: <http://prensagieiayotzi.wix.com/giei-ayotzinapa#!informe-/c1exv>. Accessed on October 31, 2015.

IV.

"Fue el Estado" [It was the State]. Doubtless the phrase
that appeared in the mass protests at the disappearance
of the 43 students from the Ayotzinapa rural college put a
name to something the Mexican government was intent on
denying, namely that what happened was a crime of state.
Even assuming the attack was not ordered and organized
at the highest level of government—as was indeed the
case of the massacre of 1968—it is a fact that it was both
perpetrated and observed by agents belonging to the three
levels of government.

"It was the state" points to the responsibility of the Mexican government in the case of Ayotzinapa and identifies it
as part of an accumulated history, a "palimpsest" of violence.
However, if the genealogy of violence enables us to bring back
to memory a whole history of horror, what gets lost under all
this repetition are the differences, and what is missing from
the picture is the present configuration of politics.

V.

We must not lose sight of the fact that the situation of violence in Mexico is not only a consequence of the narcotics
business but is, rather, linked to the political and economic
model currently prevailing in the country: the deregulation
of the economy, the "flexibilization" of the labor market, the
weakening of governmental infrastructures, impunity and
corruption, the breakdown of the social fabric, have all con-
tributed to establishing the conditions for an orgy of plunder,
wherein the politics have disappeared.

For the nations that in the 1980's were referred to as
"developing countries," neoliberalism means continuing
exploitation, but of a sort that is radically differentiated
from past forms of domination. As the historian Adolfo Gilly
describes it:

> This new despoilment acquires a condensed expression
> in the wave of privatizations of public property and ser-
> vices that has taken place over the last thirty years: lands,
> communications media, transport and telecommunications,

banks and financial services, public security and military services, petroleum and petrochemicals, mines and steel-works, social security systems and pension funds, ports, highways, drinking water systems, dams, energy, even the perverse process—imposed without frontiers on the length and breadth of Latin America—of open-cast mining, destructive of nature and human lives.[8]

The case of Mexico, which unfortunately is by no means unique, suggests that the correlate of neoliberalism is necropolitics. This notion put forward by Achille Mbembe explicates a type of organization in which sovereignty resides in the capacity to have people killed, and enables us to understand what goes on in spaces where politics become a work of death.

The growth of the narcotics business in Mexico and its complex relation with the state and structures of government was able to develop in the way it has owing to the conditions established by neoliberalism. In these conditions, the enclaves of extraction and circulation of valuable resources become privileged zones of death. The articulation between war, extraction and circulation of resources has generated a structure of sovereignty that is based exclusively on the distinction between those who carry arms and those who do not. Here the monopoly of violence is articulated in a new configuration of power. Mbembe describes it as follows:

> War machines are made up of segments of armed men that split up or merge with one another depending on the tasks to be carried out and the circumstances. Polymorphous and diffuse organizations, war machines are characterized by their capacity for metamorphosis. Their relation to space is mobile. Sometimes they maintain complex relations with state forms (from autonomy to incorporation). The state may, of its own doing, transform itself into a war machine. It may moreover appropriate to itself an existing war machine or help to create one.[9]

—

8— Adolfo Gilly, "El tiempo del despojo. Poder y territorio," *Sinpermiso*, 2014. Available at: <http://www.sinpermiso.info/sites/default/files/textos//gily.pdf>. Accessed on October 31, 2015.

9— Achille Mbembe, "Necropolitics," *Public Culture*, trans. Libby Meintjes, 2011. Available at: <http://www.dartmouth.edu/~lhc/docs/achillembembe.pdf.>. Accessed on November, 2015.

As Mbembe explains, the state is better conceptualized in our days by the image of this indefinite and indeterminate machine that facilitates the emergence of previously unheard-of configurations.

No doubt "it was the state," but the state that is no longer what it used to be, but merely the sum of forces of exchange and negotiation that administer the territory and the population in a systematic exploitation made up of many machines that are difficult to put a name to.

VI.

Fear was what drew us out of childhood. For a generation born at the end of the seventies and the beginning of the eighties, 1994 was the year in which we began to be adults. The appearance of the Ejército Zapatista de Liberación Nacional broke the spell of the promise of modernization and globalization by showing us the faces and letting us hear the voices of those systematically excluded. The possibility of a fairer world was articulated along with the hum of death. Political assassinations accelerated the alarm caused by an economic crisis that had left hopes of a better future looking far more precarious, and a decade of convulsions ended with the fiasco of a transition that never came.

In 2000, Vicente Fox became the first president of Mexico in 70 years who did not belong to the Partido Revolucionario Institucional (PRI). He was awarded the possibility of putting right what had gone out of joint, of putting a name to what had been ignored, of putting on trial those responsible for various crimes of state, but preferred to do none of this.

This negligence provided ample room for all kinds of ills and the very worst slipped in along with them.

In 2006, Felipe Calderón, the following president, after an election that granted him power by a margin of 0.56%, declared war on the narcotics cartels. From then on it is calculated—although there are no official figures—that more than 121,000 people have died in the ensuing violence and more than 300,000 have disappeared.[10]

—

10— These figures are based on the report released by the Centro de Investigaciones para el Desarrollo, A.C., on August 26, 2012. The report includes data

VII.

How has your life been in the last six years?
What worries you?
What has changed in your life?
How is your family?
Do you have some presentiment at the moment?
Do you have some worry that keeps you awake at night?
Do you miss something from the past?
Do you remember any dream you have had in the last
six years?

These were the questions that received the public at the entrance to the Teatro El Galeón in Mexico City, where the project *Lo que viene*[11] was being presented by the Teatro Ojo collective as president Felipe Calderón's sexennium of government (2006-2012) neared its end.

In the theatre no dramatic function was underway but, rather, ten-hour daily sessions in which the stage was just a black box in which, on the floor, a newspaper library was arranged stocked with the periodicals for every day of those six years. An archive to be consulted, while on improvised tables the attending public drank coffee, played, drew, conversed, and listened. A chair and a microphone remained available in the middle of the space for anyone who wished to respond to or speak about the contents of the above-mentioned questions. At the same time, a charge-free telephone number received live responses from people in other parts of the Republic.

A theatre devoid of theatre in which the stage was set for nothing more than talk—confused, broken, fragmentary, evasive, fleeting narratives—in which each narrator strove to articulate a story encapsulating his or her own personal

—

that suggest that, in the first two years of the Peña Nieto administration, 9,384 individuals disappeared. *Cf.* Homero Campa, *Proceso*, February, 2015. Available at: <http://www.proceso.com.mx/?p=395306>. Consulted on October 29, 2015.

11— *Lo que viene* [*What is to come*] was presented in the Teatro El Galeón in Mexico City from October 18 to November 11, 2012. The members of the Teatro Ojo collective who participated in this project were: Héctor Bourges, Karla Rodríguez, Laura Furlan, Patricio Villarreal, Jorge Pérez Escamilla, Itzel Aparicio, Emanuel Bourges, Gisela Cortés and Elizabeth Pedroza.

experience, woven in the instability of first person narrative. By posing questions about the past, Teatro Ojo reassumed the forum, so as to open up the imagination to the future in that which is intuited—perhaps because it has already arrived—which is coming.

It was in this forum that I learnt I was not the only person dreaming about waves. Apart from the constant presence of the fear of earthquakes, in the sessions of *Lo que viene* a recurring motif in the participants' dream was that of waves. I used to think that my fixation on waves was the result of the fascination they held for me when I was young. My parents, who had never learnt to swim, sent me to classes before I could even walk. Since then, every time we went to the seaside I used to swim off into the distance— to my parents' terror and my delight—until I almost disap- peared from sight. One night, however, when I was 16 years old, camping with friends on the coast of Guerrero, a storm blew up. I was ready to brave the ocean when a fisherman who was sheltering from the rain next to us said to me: "in this sea you only have one opportunity to enter and one to leave." My desire to swim left me.

What I understood in the forum that day was that the presentiment of the irremediable was not just a personal sensation that troubled my sleep, and what was manifested in many of us by the image of waves was not the vastness of the ocean, but simply fear of what is coming. Teatro Ojo's operation of collective questioning about dreams was inspired by the idea of replicating a project of Charlotte Beradt, who—in Germany between 1933 and 1939—col- lected a *corpus* of dreams. These, as Didi-Huberman points out, were "a psychic document of totalitarianism, of polit- ical terror inasmuch as an obsessive—obsessing—process, even in the deepest reaches of people's souls."[12] Teatro Ojo intuited that in the memory of those years, in dreams and presentiments of the future there would be material to work on. With these "minimal earth tremors" they wished to return to the public, to give form to fear, so as to help the claim to emerge.

—

12— Didi-Huberman, op. cit., p. 104.

VIII.

While we who were present there stammered our attempts
at signifying—with or in front of the others—our experiences over those last six years, in one corner of the stage a
screen showed a video of the progress made in the construction of a memorial that the government was erecting for the
victims of the war against *el narco*.

Only a few hundred meters separated *Lo que viene*
from the Memorial to the Victims of Crime, that the former
president Felipe Calderón had erected in the Campo Marte,
a federal property until then under the jurisdiction of the
Defense Ministry. The new park was unable to open its gates
during Calderón's mandate, the delay being due not only to
the magnitude of the work involved but to the increasing
unrest expressed by the Movimiento por la Paz con Justicia
y Dignidad [Peace with Justice and Dignity Movement]. The
latter, which was a social movement led by the poet Javier
Sicilia, whose son was murdered in the city of Cuernavaca
in 2011, held a meeting with president Calderón to demand
an end to the war on the drugs traffickers and, likewise,
the elucidation of the killings and disappearances. At that
meeting Calderón undertook to promote a General Law on
Victims. Yet once the legislators had passed this law, it was
vetoed by the President himself. Instead of the agreed law,
Calderón decided to erect a monument for the victims on
military property.

The space had to wait for its inauguration until after
Enrique Peña Nieto's assumption of the presidency, and the
gates were opened to the public under the invitation: "Paint
what you feel, express what you think."

The "memorial" is a park adorned with colossal steel
sheets on which one can write or erase messages, memories, and demands. On these stelae there are inscriptions
with fragments and phrases from recognized writers as
well as messages in which one can read comments such
as "Alfonso Arqui Medina, we miss you!" or "Marcela, I
love you." The names that figure in these graffiti may or
may not belong to victims of the violence of recent years,
but there is no way to know that since there is no official
register, nor does this "memorial" represent any kind of
undertaking to stage a legal process to explain the deaths

and bring to trial those directly or indirectly responsible for the crimes of this war.

Far from being a space for questioning state violence, whence one might consider what kind of memory would be possible—or whether any kind of memory at all would be possible—in line with the dialogue sought by the Movimiento por la Paz con Justicia y Dignidad, Calderón's "memorial" expressed nothing more than a pious hope that the breakdown in justice could be resolved through a mere commemoration, effected in the public space through an exercise of the symbolic force of power: a kind of mausoleum, a space where what is lost cancelled the possibility of *appearance*.

IX.

Appearance[13] is not only a problem involving vision, but the very possibility of politics—a necessary condition for constructing what Hannah Arendt calls reality, a common world, a world-in-common that unites us while it separates us. Beyond that, and breaking with any foundation of politics based on the nature of man, the social contract, family life or the origin of the community through the possession of language for describing the just and the unjust, the common world is that which is constructed as a space of appearance. This is how Arendt herself describes it:

> The space of appearance comes into being wherever men are together in the manner of speech and action, and therefore

—

13— The concept of "appearance" will be central to my arguments. I have borrowed it from Hannah Arendt's observations in *The Human Condition* where she explores the problem of the "space of appearance." The word "appearance" comes from the Latin *apparitĭo, -ōnis* (which originally meant "a waiting upon"). In the fourteenth century it came to be used in English in the sense "coming into view," "becoming visible," and also acquired the sense of "apparent form" or "semblance." All these notions, along with that of "vision of a fantastic or supernatural being" (usually expressed by apparition) are still present today. This ambivalence of meaning complicates the use of appearance as a category since it brings with it suggestions, on the one hand, of the mystical and, on the other, of the original and related problem tied up with the dichotomy of truth and appearance. Nevertheless, and perhaps because of this *imbroglio*, appearance is of central importance for breaking those political configurations that affirm the existence of a natural order. What is problematized by appearance is the way in which what appears makes its appearance, it is thus a question of aesthetics as well as epistemology and politics.

predates and precedes all formal constitution of the public realm and the various forms of government, that is, the various forms in which the public realm can be organized. Its peculiarity is that, unlike the spaces which are the work of our hands, it does not survive the actuality of the movement which brought it into being, but disappears not only with the dispersal of men—as in the case of great catastrophes when the body politic of a people is destroyed—but with the disappearance or arrest of the activities themselves.[14]

The *space of appearance*, following Arendt's argument, does not depend on a particular assignation of the public nor on a configuration of the state, but is constituted in the coming together of human beings and can only be destroyed through the disappearance of the people.

One way of defining what is happening in Mexico is the idea of a domination of broad spectrum where war and crisis interlace.[15] These conditions of violence try to limit and disarticulate the social fabric with a power that is ever more authoritarian. Paradoxically, the latter is no longer in a particular body, but is disseminated in a multiplicity of unco-ordinated bodies in which there is no longer a political calculation but a pure administration of profits. Hence fear and criminalization are part of a disciplinary device that seeks the end of all activity. In these conditions the question regarding the possibility of appearance becomes central since it is there that, perhaps, remains some possibility of doing politics.

X.

Aesthetics not only works with art but, going beyond objects and experiences, defines the conditions of possibility

—

14— Hannah Arendt, *The human condition*, Chicago, The University of Chicago Press, 1958, p. 199.

15— This description of the situation in Mexico has been articulated by Dolores González Saravia, Coordinator of Processes of Positive Transformation of Conflicts of the civil organization Serapaz, as presented at the 2nd and 3rd Forums on Culture and Social Emergency held respectively in December 2014 in the Casa del Lago and in January 2015 in the Centro Cultural Universitario Tlatelolco, both in Mexico City.

of the sensible and the sensibility. In this sense, aesthetics is the question about what appears, and about the way in which it appears. If it is clear that aesthetics is a very loaded category, it is also possible to trace a genealogy that may allow us to establish a critique of the conditions of appearance.

Following Kant's proposals on aesthetics, set forth in the first *Critique*, as revised by Foucault and re-conceived by Rancière, aesthetics is seen as a structure that determines the forms of appearing, from which the representations of what appears are determined, and from which the forms of the perceptible are distributed, generating a distribution of visibilities and enunciations that are already political.

It is important to fully understand the significance of these diverse aspects of the politics of appearing and to understand how it is that the perceptible configures a specific field of experience that establishes the frames from which distribution operates.

Under this schema politics is an aesthetic matter because it has to do with appearances. Appearances that appear by a general law that determines the distribution of functions and roles in the community (what Rancière refers to as "la police") and, on the other hand, to appear that is generated as action, as a process of disagreement that challenges, on the basis of a subjetivation that is thought of as de-identification—that law of appearing which in Rancière is politics itself. As he himself defines it:

> I now propose to reserve the term politics for an extremely determined activity antagonistic to policing: whatever breaks with the tangible configuration whereby the parties, and their parts, or lack of them, are defined by a presupposition that by definition has no place in that configuration—that of the part of those who have no part. [...] Political activity is whatever shifts a body from the place assigned to it or changes a place's destination. It makes visible what had no business being seen, and makes heard a discourse where once there was only place for noise; it makes understood as discourse what was once only heard as noise.[16]

16— Jacques Rancière, *El desacuerdo*, Buenos Aires, Nueva Visión, 1996, p. 45 [original in French: *La Mésentente. Pollitique et Philosophie*, Paris, Galilée,

Under Rancière's distinction between *the political* (the law of appearing) and *politics* (disagreement over the existing distribution) it becomes clear that appearance is always aesthetic, but in the case of *the political* it marks a form of identification while, in the case of politics, a disagreement is generated with the existing forms of distribution that enables new political subjects to appear. Rancière's thesis on the "aesthetics of politics" is interesting, since in some way it lends a greater complexity to Hannah Arendt's proposal on the space of appearance; it allows us to think of two moments: one that establishes itself as a law, and the other that would be properly speaking the moment of politics.

In this sense, politics can be thought of as a manifestation that undoes the perceptible order of the police by means of a series of interventions that, under the idea of the actualizing and testing of equality, permits the frames of appearance to be transformed in order to open other fields to experience. This notion of politics breaks with classical and modern political theory that seeks a basis of the community; here the only principle is that this basis does not exist, and that politics in this sense is an activity that allows the distribution of the sensible to be questioned. Politics, therefore, occurs when, in spite of its unlikelihood, appearances surface.

XI.

Although, for over a decade, Teatro Ojo has been working on the questioning of how a theatre without theatre can intervene in memory in order to destabilize history, in *Lo que viene* the operation implied the reassuming of the political conditions of the theatre in order, in a re-siting of the stage, so as to make the common appear. In its Greek tragic origins, the stage was the appearance space in which actors represented the conflict between *oikos* and the *polis*. In Teatro Ojo's appropriation, the stage marks the spatial and temporal opening of an appearance. What the theatrical dislocation seems to mark in this theatre devoid of theatre

—

1995; English version: *Disagreement. Politics and Philosophy*, trans. Julie Rose, Minneapolis, University of Minnesota Press, 1998].

is that, the agora having been swept away, the stage can become the place of the political, and this can be set up in the street, amid ruins, a football field or the passages of the city.

In the case of *Lo que viene*, although the project had been mounted in a theatre, the space did not harbor any kind of theatrical performance. Following in the steps of the avant-garde, theatre of the absurd, of estrangement, of cruelty—it sought in art the possibility of the public. A place from which to leave the private sphere, of distancing from the world so as to bring our fears, our mutterings and stammerings into appearance, before others, among others, so as to assert, like Antigone, that if our mourning is public it is because it is political.

The fortress of the private, the intimate, the individual, the emancipatory sublimations in closed and exclusive communities are a way of making the common world disappear, of debilitating the possibility of antagonism, discrepancy, disagreement. It needs to be clear that to have a world in common, to appear to the others, is to affirm that although there is a world in common, there are a variety of positions, a total diversity of forms of comprehension and desire. The supposition of recognition in love or hate—in the figures of identification that, as friends or enemies, found modern political theory—cannot be the basis for being "with." As Butler remarks, citing Hannah Arendt, "one does not choose with whom to cohabit the world,"[17] the fact of one's being there, one's own appearing, is what establishes one's right to exist and to be there.

XII.

At the beginning of October, 2014, a series of photographs appeared with the faces of the disappeared *normalistas*. The montage was composed of photographs of the size known in Mexico as "infantil." In the portrait, the framing centers on the faces that appear against a white background. These photographs are used for official documents.

In this series, we see the faces of forty students of the rural teacher training college of Ayotzinapa. Three more

—

17— Ray Filar, "Willing the Impossible: An Interview with Judith Butler," *Transformation*, 2014. Available at: <http://www.opendemocracy.net/transformation/ray-filar/willing-impossible-interview-with-judith-butler>. Accessed on July 22, 2015.

are represented by a presumably male silhouette, always the same, with longish hair that contrasts with the hair of the photographed students, always short and slicked back with gel. Almost all look serious. Most of them still have a child-like appearance, although many show a severe expression.

The photographs probably come from the college's own archives; they were handed over to the authorities in order to begin the search as fast as possible. Inevitably their index—"that-has-been"—, is fixed in the institutional apparatus itself.

While this series was intended officially to facilitate the location of the students as missing persons, it was also appropriated spontaneously during the protests in a variety of ways. Following this appropriation, it is not only a set of faces but a community of faces. In this community, along the lines traced by Didi-Huberman in *Peuples exposés, peuples figurants*, a parcel of humanity is figured which exhibits a people.

These images remind one of the clinical photographs of Philippe Bazin. These explore the faces of the new-born, women or old people, tensing in a radical way the clinical coldness of the framing with the *pathos* of the face. There it would seem that, as Bazin himself explains in the book by Didi-Huberman, "...all these faces that advance upon us, that look at us, and whose flesh has an extreme presence, will reconstruct mentally the feeling of the people."[18]

The series of the *normalistas* is built of ID photos, made according to the requirements of a classificatory apparatus based on the knowledge and formats of forensic anthropology. The crudeness of the overall image, its technical and clinical aspect makes the series a mark of an aesthetic regime that made them invisible. The appropriation of this in the protests transformed the bureaucratic gesture into a political one inasmuch as the image became a denunciation of that same casting that excluded them as a party—that is to say, as the people—without a part to play.

The image of this community of faces contrasts with the *selfies* that circulate constantly in Internet and which establish an "I" by the medium of a face. This collective face shows something that has no representation. As Didi-Huberman has observed, what is generally referred to as "people" represents

---

18— Philippe Bazin, "Entretiens. Propos recueillis par Christiane Vollaire," *Agora. Éthique, médicine, société*, no. 39 (1997-1998), p. 72.

the rich and famous. "The people," on the other hand, is an empty signifier that only acquires a face in the appearance of a "missing person announcement." The circulation of this series in the social networks, in the streets, accompanying protests, and in works of art has brought into appearance a people faced with disappearance.

The 43 are not the only ones; there are thousands of other nameless and faceless men and women who have vanished and that we have allowed to disappear. Because of the conditions described above, violence in Mexico falls mainly—and with the greatest brutality—upon marginalized groups: single and working women, young unemployed people, migrants and the rural population.

What was it in the case of the students of Ayotzinapa that made their disappearance visible? Without doubt it was the evidence of collusion, or even worse, the impossibility of differentiating between authorities and organized crime. But it was also the fact that these were students, a representation that arouses the emotions linked to a history of repressions that is impossible to silence. Were it not so, surely these 43 vanished students would be faceless and would have passed unnoticed, like most of the victims, among soon forgotten newspaper reports.

The force of the Ayotzinapa case lies in the fact that the community of faces that has made its appearance makes visible this exposed people that we have allowed to disappear.

XIII.

Following this disappearance I made my appearance along with many others. We took to the streets to refuse to be this mere void that avoids death by being nothing. Being together did not remove my fear but it did break the spell. These have been instances that do not succeed yet in delineating a movement. But their appearance enables us to assume that politics is not entirely given and that the only way to imagine it will be by insisting. Once and again, here and elsewhere. As Didi-Huberman states:

> It depends on us alone that the fireflies do not disappear. Now, for this we ourselves must assume liberty of

movement, a withdrawal that is not a retreat, the diagonal force, the faculty to bring parcels of humanity, the indestructible desire, into appearance. We must, therefore, convert ourselves—in withdrawal from the reign and the glory, in the breach opened between the past and the future—into fireflies and form once again a community of emitted lights, of dances in spite of all, of thoughts that transmit. To say yes in the night furrowed by flashes of brightness and not to be content with describing the no of the light that blinds us.[19]

It will be necessary to have the patience and the intelligence to know how to direct those emotions, to generate a critique that will maintain us, denying any naturalization. Because everything can always be different, even if that difference never in fact comes to be.

XIV.

I still dream of waves.

—

19— Didi-Huberman, op. cit., pp. 119-120.

El regreso de los monumentos

—

CUAUHTÉMOC MEDINA

Hasta hace muy poco, solía suponer que la noción del monumento era históricamente irredimible: un intento por marcar socialmente la ausencia y deshacer materialmente la muerte y el olvido, relacionado con la economía del heroísmo mediante la cual los Estados-nación, los partidos y las hegemonías modernas procesaban la muerte en términos de la construcción de la agencia colectiva, que aunque podría ser intrínseca a la narrativa del poder moderno, al menos habían caído en desgracia en términos de la articulación cultural.

Como todos sabemos, el "monumento" se ha convertido en objeto de una serie de inversiones teóricas. La visión de Robert Smithson de la entropía como la cualidad estética de los "monumentos al revés" de la modernidad, por ejemplo, aparece casi inevitablemente como un punto de referencia para cualquier cuestionamiento de la temporalidad de "lo moderno" una vez que se lo declara incapaz de reclamar cualquier proyección en una temporalidad significativa. En una línea similar, uno podría argumentar que la idea del monumento como una forma de construcción pública del discurso aparece como la bestia negra de la escultura contemporánea, un referente de formas de retórica autoritaria que, como la obra reciente del Raqs Media Collective en la Bienal de Venecia (2015) demuestra, se presta a ser deconstruida como fantasmas de debilidad y miedo del orden gobernante. La precisión del intento de Raqs de erigir este tipo de iconoclastia como una especie de preámbulo itinerante de los pabellones nacionales en los Giardini en Venecia sugiere la forma en que la noción del monumento aparece, en la práctica contemporánea, como un referente del inconsciente del poder político moderno y colonial. Como la evocación de Sam Durant de los objetos de reflexión de la historia estadounidense, (*Proposal for White and Indian Dead Monument Transpositions*, Washington, D.C., 2005) el monumento apareció para el arte contemporáneo sobre todo como una forma de arte muerta, cuya pesada muerte lo abre precisamente a una serie de intervenciones críticas que resaltan la obsolescencia del género para escenificar la calidad fantasmal de muchísimas narrativas hegemónicas. Tendía a suponer que la obsolescencia del monumento era, en sí misma, la condición de posibilidad de todas esas operaciones críticas y estéticas.

En 2008, en una obra que considero especialmente inteligente al respecto, Ximena Labra decidió escenificar la insignificancia del "monumento" como una forma de arte público al producir tres copias idénticas de la placa que conmemora la masacre del movimiento estudiantil mexicano en 1968, en la Plaza de las Tres Culturas en Tlatelolco, y luego desplazar los falsos monumentos de fibra de vidrio en una gira desquiciada por varios lugares alrededor de la Ciudad de México. El resultado de tal Odisea espacial de Tlatelolco sugirió la banalidad monumental de dichas inscripciones y objetos conmemorativos en la práctica social: en fotografías y un video, Labra demostró que los monumentos desplazados se incorporaron inmediatamente al caos de la megalópolis, como un simple telón de fondo de la vida cotidiana, y como un medio notable de olvido. La insignificancia de la inscripción en las placas y la capacidad de los ciudadanos para descartar su presencia y significado me pareció una confirmación de la forma en que el monumento se naturalizó cada vez más como una forma de visualidad condenada a una flagrante invisibilidad, una vez que los habitantes de nuestras ciudades son capaces de condenarlos como un mero ruido visual en el contexto de un espacio público cada vez más dominado por la publicidad y la hegemonía casi universal de las pantallas electrónicas.

Para mi sorpresa, en los últimos meses, la conjunción de agitación política ante el creciente horror de la violencia extendida en México y la corrupción demasiado evidente del sistema político de representación han desencadenado una improbable reactivación del papel político del monumento, incluso si esto ocurre mediante una serie de renuncias y actos de distanciamiento. Como parte de una convulsión generalizada, ha resurgido con fuerza en los últimos meses entre las intervenciones artísticas en el tejido de la protesta social.

En los últimos dos años ha habido una serie de instancias en las cuales la importancia pública de los monumentos públicos se ha vuelto políticamente cargada en México, en formas que van más allá de los circuitos restringidos del arte y la teoría contemporáneos. Un asunto sorprendente fue el clamor general, en la prensa y las redes sociales, contra el llamado *Guerrero Chimalli* (2014) que el escultor mexicano Sebastián inauguró en el municipio de Chimalhuacán, un suburbio de clase trabajadora al este de la Ciudad de México. Durante cerca de cuatro décadas, Sebastián ha plagado las ciudades de todo México con relucientes emblemas abstractos o criptofigurativos que sirven a los políticos locales como un medio para simbolizar sus afirmaciones de modernización. Más que una cuestión de moda, la razón del éxito de Sebastián ha sido un método bien concebido que evita la falta de fondos para encargar arte público en la mayoría de las ciudades de México ofreciendo a los políticos donar su trabajo con la condición de que sus asociados sean contratados para su producción material, una forma hábil de travestir la producción de escultura monumental banal en una instalación urbana producida con presupuestos de construcción estándar. Esta vez, finalmente, este método enfrentó a Sebastián con un escándalo mayor, provocado tanto por la apariencia particularmente ridícula de su estatua monumental (que recordó al público un robot de una serie de televisión japonesa), sino también porque llegó a resumir la arbitrariedad con que las administraciones de las ciudades deciden la identidad y la apariencia de muchos centros urbanos. Por primera vez en muchos años, gracias a la indignación provocada por *Guerrero Chimalli*, la cuestión de la falta de políticas artísticas públicas en México salió a la luz como un aspecto más del fracaso de la gestión democrática en el país. De forma paralela, han surgido una serie de acciones activistas en diferentes contextos desde las elecciones federales de 2012, en las que los símbolos nacionales se han convertido en medios para expresar la ira o el duelo político. Artistas de performance como César Martínez Silva comenzaron a acompañar las manifestaciones contra el candidato oficial (y actual presidente) Enrique Peña Nieto en 2012, con grupos que cubrían las estatuas en las calles con bolsas de plástico negras, aludiendo tanto a la vergüenza que los héroes sentían por la situación del país como a la forma en que las mafias se deshacen de cadáveres en todo el país. Tales acciones, similares a la forma en que la bandera mexicana se volvió negra para muchos activistas, tienen una hermosa ambivalencia, ya que se presentan como formas de iconoclasia sutil y como formas de ofensa honoraria, en términos de aparecer para expresar el estado de vergüenza nacional al evitar a las caras de los héroes tener que presenciar la degradación del presente. A pesar del modo festivo que suelen tener las manifestaciones y las protestas sociales, el hecho de que las protestas reaccionen contra actos específicos de violencia transforman esas mismas procesiones en expresiones públicas de duelo. La prevalencia del negro entre las personas en las calles se relaciona tanto con el resurgimiento del anarquismo en el movimiento social, como con la forma en que la tragedia social y los rostros de los desaparecidos y muertos definen el *pathos* actual de nuestra sociedad.

No es de extrañar que ese estado de ánimo público relacione su funcionamiento con el concepto del monumento. El aumento de la violencia relacionada con el tráfico de drogas, la explotación de inmigrantes y el asesinato de mujeres, y en general la epidemia de personas desaparecidas y asesinadas y la extensión de áreas enteras en el país bajo el control del llamado crimen organizado, han provocado un aumento en las prácticas artísticas que implican protestas con una cierta ritualidad de duelo. Hay mucho que decir sobre la compleja respuesta estética a las nuevas condiciones de la crisis social. Sin embargo, es interesante que una convulsión social caótica provocada, en diversas formas, por las consecuencias de la revolución neoliberal que países como México han experimentado en las últimas tres décadas, supongan tal actividad de prácticas afectivas, políticas y estéticas. Sugiere que, dada la naturaleza brutal de los cambios sociales que significa el aumento de la violencia directa o extendida, el arte ha adquirido cierto papel de servir al menos como una manera de asumir subjetivamente la necesidad de proporcionar cierta representación y acción en torno a un momento particularmente desafiante en la historia.

Sin duda, no estoy bajo el hechizo de la creencia bastante ingenua de que podríamos fingir métodos artísticos para domar o transformar las condiciones sociales de la violencia en un lugar como México sin abordar las brutales disparidades y transformaciones provocadas por la agenda neoliberal. Estoy convencido de que una gran parte de la inestabilidad social, cultural y de género que se ha traducido en el recrudecimiento de la violencia en México se relaciona con la política neoliberal que se ha aplicado al sur, a saber, la privación radicalizada de las masas empobrecidas, que están integradas en el mercado global bajo el

disfraz de mano de obra barata y confiable, sometidas a
la doble embestida de su integración a la economía del
deseo del consumismo y la conveniente destrucción de
sus medios tradicionales de supervivencia. De hecho, más
que el fracaso del sistema judicial o la corrupción de los
funcionarios del gobierno, tiendo a ver el aumento de la cri-
minalidad en el sur como parte de las tendencias desregu-
ladoras del mercado neoliberal: pues ¿qué son las nuevas
mafias sino la doctrina de una privatización radical de los
servicios de seguridad, y una forma extrema de expresión
de un tipo de empresa que finalmente se ve libre de cualquier regulación, hasta el punto de haber podido privatizar
los asesinatos en masa y las fosas comunes en términos
de gestión de nuevas formas de esclavitud, y el aumento de
la acumulación en un mercado global de alta velocidad?
Actualmente enfrentamos una condición en la que la violencia aparece con las formas más extremas posibles como
una manera de llenar el vacío dejado por los proyectos
emancipadores de la modernidad, y las agencias sociales
(estado, partido, sindicato, etc.) que sirven para definir
los sitios de la acción social. A pesar de estar orientadas
en direcciones opuestas, la protesta social y la violencia
extrema operan en un vacío dejado por las antiguas políticas de emancipación, en un momento en que la ideología
de la soberanía del mercado convenció a la mayoría de los
partidos y facciones políticos de la imposibilidad de desafiar la lógica del desarrollo capitalista, que supone implíci-
tamente que la violencia en apariencia autoinfligida de los
pobres está más allá de cualquier posible alivio, como una
expresión del ruido y las pérdidas colaterales de un curso
de desarrollo incuestionable.

El pasado 26 de septiembre de 2014 todos estos elementos conspiraron para provocar el peor crimen masivo y
de violación a los derechos humanos que ha tenido lugar en
el país desde 1968: la desaparición y el probable homicidio
de 43 estudiantes normalistas de la Escuela Normal Rural
en Ayotzinapa, Guerrero, a manos de una banda indefinible
compuesta por policías municipales de la ciudad de Iguala y
miembros del crimen organizado. El hecho de que la participación de la policía en la desaparición y el asesinato de
los estudiantes pudo documentarse en video, y el hecho
de que aparentemente el crimen fuera llevado a cabo por

autoridades electas de partidos políticos de izquierda, encendió una protesta social prolongada que duró más de ocho meses, y cuyas consecuencias a largo plazo son difíciles de predecir.

Después de siete meses de agitación social, y en un momento en que las masas que acompañaban a los padres de los 43 estudiantes desaparecidos comenzaron a disminuir en las plazas, a un grupo de artistas anónimos se les ocurrió el proyecto de erigir lo que denominaron un "anti-monumento" a los estudiantes desaparecidos: un número 43 fundido en hierro y pintado de rojo, que mide más de tres metros de altura y está precedido por un signo de más, fue llevado por los manifestantes a la esquina de avenida Reforma y Bucareli, justo en el bulevar que cuenta con algunos de los monumentos públicos más importantes del país. El manifiesto que acompañó a esta instalación no autorizada afirmó que este "+43" era de hecho un "anti-monumento", ya que su propósito no era servir como memorial, sino más bien como un reclamo al futuro. Según este manifiesto, el "anti-monumento" debe permanecer en su lugar como un recordatorio del deber del gobierno de localizar a los estudiantes desaparecidos y a los otros treinta mil ciudadanos que han desaparecido en los últimos años, pero que será retirado una vez que esas desapariciones se aclaren. En otras palabras, se presenta como una continuación de las protestas: como una forma de ocupar el espacio público que adopta una postura e interpela a las autoridades, en lugar de una mera forma simbólica destinada a poblar la memoria histórica de la población.

Uno podría pensar que la afirmación de que este objeto es un anti-monumento debe debilitarse en la práctica. En ese mismo contexto, donde la política se niega a plantear posibles opciones como parte de una articulación de la protesta social, la protesta política sólo puede desarrollarse en torno a catástrofes y tragedias. Sólo por medio de los detalles de las víctimas individualmente reconocibles que se muestran en la arena pública en efigies y fotografías, la protesta puede alcanzar cierto nivel. Nos guste o no, estamos limitados por una esfera política que con frecuencia sólo permite nuestra intrusión en términos del *pathos* de la victimización. Participamos en una esfera pública en la que el papel del intelectual y el artista público se ha visto seriamente socavado, lo que, combinado con la extendida desconfianza hacia los políticos y la hegemonía en el *ethos* de la cultura actual, tiende a otorgar cierta autoridad y liderazgo a aquellos individuos que, en cierta medida, también son víctimas del proceso de violencia que denuncian. La reducción neoliberal de la política no sólo se esfuerza por reducir el aparato estatal al ejército y la policía concebidos como parte del mismo "aparato de seguridad": por fuerza de la violencia extendida que produce, frecuentemente reduce el alcance de la oposición pública a una agenda similar de víctimas. Sufrimos un doble cierre en el cual las condiciones de vida actuales no pueden transformarse porque la violencia conduce la agenda política hacia el modelo del Estado policial neoliberal, cuya intervención en los niveles local y global en la guerra contra el terrorismo o la guerra contra las drogas sólo refuerza la complicidad entre la violencia y el gobierno neoliberal. Porque existe una relación peligrosa entre el cierre político de hoy y los límites irónicos producidos por la política de la memoria.

Es en este contexto en el que nuestra renovada implicación con la lógica de los monumentos y la política de la memoria parece inevitable y está destinada al fracaso: nos atan a un sentido agudizado del deber histórico, al mismo tiempo que nos confinan a un círculo vicioso de falta de opciones sociales.

The Return of
the Monuments

CUAUHTÉMOC MEDINA

Until very recently, I tended to assume that the notion of the monument was historically unredeemable. An attempt to socially mark absence and materially undo death and forgetfulness, which related to the economy of heroism by which nation-states, parties and modern hegemonies processed death in terms of the construction of collective agency, which although it might be intrinsic to the narrative of modern power, had at least fallen from grace in terms of cultural articulation.

As we all know, the "monument" has become the subject of a number of theoretical investments. Robert Smithson's vision of entropy as the aesthetic quality of the "Monuments in reverse" of modernity, for instance, appears almost inevitably as a point of reference for any questioning of the temporality of "the modern" once this is declared unable to reclaim any projection into a significant temporality. In a similar vein, one could argue that the idea of the monument as a form of public erection of speech appears as the *bête noire* of contemporary sculpture, a referent of forms of authoritarian rhetoric which, as the recent Raqs Media Collective work at the Venice Biennale (2015) demonstrates, lends itself to being deconstructed as phantoms of weakness and fear of the ruling order. The precision of Raqs's attempt to erect these kinds of iconoclasm, as a sort of itinerant preamble to the national pavilions in the Giardini in Venice, suggests the way the notion of the monument appears, in contemporary practice, as a referent of the unconscious of modern and colonial political power. Like Sam Durant's evocation of the objects of meditation of American history, (*Proposal for White and Indian Dead Monument Transpositions,* Washington, D.C., 2005) the monument appeared to contemporary art above all as a dead art form, whose weighty death opens it precisely to a number of critical interventions that highlight the obsolescence of the genre in order to stage the phantom quality of any number of hegemonic narratives. I tended to assume that the obsolescence of the monument was, in itself, the condition of possibility of all those critical and aesthetic operations. In a work I find especially clever in that regard, in 2008 Ximena Labra decided to stage the meaninglessness of "the monument" as a form of public art by producing three identical copies of the slab commemorating the massacre of the Mexican student movement in 1968 at the Plaza de las Tres Culturas in Tlatelolco, and then displacing the fake fiber glass monuments in a deranged tour of several places around Mexico City. The result of such a *Tlatelolco Public Space Odyssey* suggested the monumental banality of such inscriptions and commemorative objects in social practice. In documentary photographs and a video, Labra demonstrated that the displaced monuments were immediately incorporated into the chaos of the megalopolis, as a mere backdrop of everyday life, and as a remarkable means of oblivion. The meaninglessness of the inscription on the slabs and the citizens' ability to dismiss their presence and meaning struck me as a confirmation of the way the monument was increasingly naturalized as a form of visuality condemned to a blatant invisibility, once the inhabitants of our cities are able to condemn them as mere visual noise in the context of a public space increasingly taken over by advertising and the near-universal hegemony of electronic screens.

To my surprise, in recent months the conjunction of political restlessness at the growing horror of extended violence in Mexico and the all-too-evident corruption of the political system of representation have triggered an unlikely reactivation of the political role of the monument, even as this occurs through a number of disclaimers and acts of distancing. Part of a generalized upheaval, it has reemerged with a vengeance in the last months as part of the artistic interventions in the fabric of social protest.

In the last two years there have been a number of instances in which the public significance of public monuments has become politically charged in Mexico, in ways that go well beyond the restricted circuits of contemporary art and theory. A surprising issue was the general uproar in terms of the press and social media reaction to the so called *Guerrero Chimalli* [*Chimalli Warrior*] (2014) that Mexican sculptor Sebastián inaugurated in the municipality of Chimalhuacán, a working class suburb east of Mexico City. For close to four decades Sebastián has plagued cities all through Mexico with shiny abstract or cryptofigurative emblems that serve local politicians as means of symbolizing their claims to modernization. More than a matter of fashion, the reason for Sebastián's success has been a well-conceived method that circumvents the lack of funds for commissioning public art in most cities in Mexico by

offering to donate his work to politicians on the condition
that his associates be hired for its material production,
a wise way of travestying the production of banal monumental sculpture as an urban facility produced with stan-
dard construction budgets. This time, finally, this method
confronted Sebastián with a huge scandal, provoked both
by the particularly ridiculous appearance of his monumental statue (which reminded the public of a robot from a
Japanese TV series), but also because it came to epitomize
the arbitrariness with which city administrations decide
on the identity and appearance of any number of urban
centers. For the first time in many years, thanks to the
outrage provoked by the *Guerrero Chimalli*, the question
of the lack of public art policies in Mexico came to light as
yet one more aspect of the failure of democratic management in the country. In parallel, a number of activist actions
have emerged in different contexts since the 2012 federal
elections, in which national symbols have been turned into
means of expressing anger or political mourning. Performance artists such as César Martínez Silva started to
accompany the demonstrations against the official candidate
(and current president) Enrique Peña Nieto in 2012, with
groups that covered statues in the streets with black gar-
bage plastic bags, both alluding to the shame the heroes felt
about the situation in the country and the way mafia gangs
dispose of corpses all around the country. Such actions,
similarly to the way the Mexican flag was turned black by
many activists, have a beautiful ambivalence, because they
appear both as forms of subtle iconoclasm and as forms of
honorary offense, in terms of appearing to express the state
of national shame by covering the faces of the heroes from
having to witness the degradation of the present.

Despite the festive mode that demonstrations and
social protests usually have, the fact that protests react
against specific acts of violence transform those same pro-
cessions into public expressions of mourning. The preva-
lence of color black among people in the streets relates both
to the reemergence of anarchism in the social movement,
and the way social tragedy and the faces of the missing and
dead define the current *pathos* of our society.

Small wonder that such public mood relates its operation to the concept of the monument. The rise of violence

related to drug trafficking, the exploitation of immigrants and the murder of women, and in general the epidemics of missing and murdered people in the country and the extension of whole areas in the country under the control of so-called organized crime, have provoked a surge in artistic practices that involve protest with a certain rituality of mourning. There is much to be said about the complex aesthetic response to the new conditions of social crisis. It is nevertheless interesting that a chaotic social upheaval provoked, in a variety of ways, by the consequences of the neoliberal revolution that countries like Mexico have experienced in the last three decades, involve such an activity of affective, political and aesthetic practices. It suggests that given the brutal nature of the social changes involved in the rise of direct or extended violence, art has acquired a certain role in serving at least as a means to subjectively coming to terms to the need of providing a certain representation and action around a particularly challenging time in history.

I am not, to be sure, under the spell of the rather naive belief that we could feign artistic methods to tame or transform the social conditions of violence in a place like Mexico without addressing the brutal disparities and transformations provoked by the neoliberal agenda. I am convinced that a great deal of the social, cultural and gender instability that has translated into the upsurge of violence in Mexico is related in large part to the foremost neoliberal policy that has been applied to the south, namely, the radicalized deprivation of the impoverished masses, who are integrated into the global market in the guise of cheap and dependable labor, subjected to the dual onslaught of their integration of consumerism's economy of desire and the expedient destruction of their traditional means of survival. In fact, more than the failure of the judiciary system or the corruption of government officials, I tend to see the rise in criminality in the South as part of the deregulating trends of the neoliberal market: for what are the new mafias if not the tenets of a radical privatization of security services, and an extreme form of expression of a form of free enterprise that is finally deprived of any regulation, to the point of having been able to privatize mass murder and mass graves in terms of the management of new forms of slavery, and the increase of accumulation in a high-speed global market? We are currently facing a condition in which violence appears with the most extreme possible forms as a way of filling up the void left by the emancipatory projects of modernity, and the social agencies (state, party, union, etc.) who serve to define the venues of social action. Despite being oriented in opposite directions, social protest and extreme violence operate in a void left by the former politics of emancipation, at a time when the ideology of the sovereignty of the marketplace has convinced most political parties and factions of the impossibility of challenging the logic of capitalist development, which implicitly assumes that the apparently self-inflicted violence of the poor is beyond relief, as an expression of the noise and collateral losses of an unchallengeable course of development.

On September 26, 2014 all those elements conspired to provoke the worst mass crime and human rights violation that has taken place in the country since 1968: the disappearance and probable killing of 43 student teachers from the Rural Teachers' College in Ayotzinapa, Guerrero, at the hands of an indefinable gang made up of municipal police from Iguala City and members of mafia gangs. The fact that the participation of the police in the disappearance and killing of the students was documented on video, and the fact that the crime was apparently conducted by elected authorities from left wing political parties, ignited an extended social protest that has lasted more than 8 months, the long-term consequences of which are hard to predict.

After seven months of social upheaval, and at a moment when the masses that accompanied the parents of the 43 missing students started to dwindle in the squares, a group of anonymous artists came up with the project of erecting what they dubbed an "anti-monument" to the missing students: a number "43" cast in iron and painted red, measuring more than three meters tall, and preceded by a plus sign, was brought by the demonstrators to the very central corner of Avenida Reforma and Bucareli, right on the boulevard that features some of the most important public monuments of the country. The manifesto that accompanied this unauthorized installation claimed that this "+43" was in fact an "anti-monument," since its purpose was not to serve as a memorial, but rather as a claim on the future. According to this manifesto, the "anti-monument" must stand in place as a reminder of the government's duty to locate the missing students and the other thirty thousand citizens who have been disappeared in the last years, but will be removed once those disappearances are cleared up. In other words, it is presented as a continuation of the protests: as a way of occupying public space that takes a stance and interpellates the authorities, rather than a mere symbolic form aimed to populate the historical memory of the population.

It could be said that the claim that this object is an anti-monument is to be weakened in practice. In that very same context, where politics refuses to draw possible alternatives as part of an articulation to social protest, political protest can only develop around catastrophes and tragedies. It is only through the specifics of individually recognizable victims who are displayed in the public arena through effigies and photographs that protest is able to reach a certain level. Like it or not, we are constrained by a political sphere that frequently only allows our intrusion in terms of the *pathos* of victimhood. We participate in a public sphere in which the role of the public intellectual and artist has been seriously undermined, which, combined with the extended distrust for politicians and hegemony in the ethos of culture today, tends only to lend a certain authority and leadership to those individuals who, to a certain extent, are also victims of the process of violence they denounce. The neoliberal reduction of politics not only strives to reduce the state apparatus to the military and the police conceived as part of the same "security apparatus", by force of the extended violence it produces, it frequently reduces the scope of public opposition to a similar agenda of victims. We suffer from a double closure whereby the current conditions of living cannot be transformed because violence conducts the political agenda toward the model of the neoliberal police state, the intervention of which, locally and globally in terms of the war on terror or the war on drugs, only reinforces the complicity between violence and neoliberal rule. For there is a dangerous relationship between the political closure of today and the ironic confines produced by the politics of memory.

It is in that context that our renewed involvement with the rationale of monuments and the politics of memory appears both unavoidable and destined to fail. They bind us to a heightened sense of historical duty, at the same time as they confine us to a vicious circle of a lack of social alternatives.

Un deslave de imágenes: una historia que no es historia, 2014-2015*

CUAUHTÉMOC MEDINA

* El autor ha decidido no mostrar las imágenes en este artículo. El texto es una revisión de la ponencia en el simposio internacional "La imagen contemporánea: del espacio simbólico como hegemonía al espacio simbólico como problematización", con los ponentes: Luis Camnitzer, Alfredo Jaar, Mari Carmen Ramírez, Cuauhtémoc Medina y Beatriz Santiago Muñoz, Teatro de la Universidad de Puerto Rico, Río Piedras, domingo 25 de octubre de 2015, 9-18 h. Debido a que este trabajo comenta imágenes accesibles por medios públicos, cuyos derechos de autor son dudosos o complejos, el lector puede visitar el sitio en internet si requiere consultarlas. Se publicó por primera vez en la revista *Re-visiones*, núm. 5. Disponible en: <http://www.re-visiones.net/index.php/RE-VISIONES/article/view/16/54>.

*Cuando uno critica a su país, uno en
realidad se critica a uno mismo.*
ALEJANDRO GARCÍA PADILLA
Gobernador de Puerto Rico,
24 de octubre de 2015

1. Los hechos

El 26 de septiembre de 2014 se produjo una de las violaciones a los derechos humanos más ostentosas del continente, que detonó un episodio de confrontación y protesta en la sociedad mexicana. Las fuerzas de seguridad del municipio de Iguala, en el estado de Guerrero, atacaron con armas de fuego a un centenar de alumnos y activistas de la Escuela Normal Rural de Ayotzinapa que habían ingresado a la ciudad con la intención de tomar una serie de autobuses comerciales para transportar a los alumnos de las normales rurales a la conmemoración de la matanza de Tlatelolco en la Ciudad de México.

Ese "secuestro" de unidades es parte de un curioso *modus vivendi*, en el que escuelas que han tenido una politización radical por décadas sostienen una constante negociación con las autoridades y un entrenamiento de sus estudiantes como cuadros políticos, mediante acciones que tienen como foco algunos de los símbolos visibles del capitalismo de la localidad.[1] Esta vez la rutina degeneró en una matanza feroz e inédita. Las fuerzas de seguridad de Iguala detuvieron a los estudiantes-activistas con armas de fuego. En enfrentamientos en extremo desiguales, donde los estudiantes si acaso tenían piedras para defenderse, los policías mataron a seis personas en la calle, incluyendo a los miembros de un equipo de fútbol cuyo único error fue estar también en la ciudad a bordo de un autobús. No contentos con la agresión, los supuestos encargados de la seguridad tomaron prisioneros a 43 estudiantes y los hicieron desaparecer sin dejar registro judicial alguno de su detención. Desde entonces, en medio de una crisis política que

—

1— El mejor y más confiable recuento de los hechos lo proporciona el "Informe Ayotzinapa" del Grupo Interdisciplinario de Expertos Independientes (GIEI) nombrado por la Comisión Interamericana de Derechos Humanos (CIDH).

se desbordó sobre las estructuras del gobierno federal y que puso fin a la ilusión de modernización neoliberal que prometía el gobierno de Enrique Peña Nieto, los asesinatos de septiembre de 2014 y la desaparición forzada en masa de los normalistas del plantel de Ayotzinapa levantaron una crisis política y moral. Este que es, sin duda, el mayor crimen político ocurrido en México desde la sangrienta represión del movimiento estudiantil de 1968 ha devenido también en una crisis profunda de la noción de justicia y de verdad.

El caso ha revelado la monstruosa ineficacia e indiferencia judicial en que vive el país, que pasa por un período desquiciantemente paradójico, de supuesto relativo crecimiento económico, añadido a una brutal ampliación de las desigualdades y la inseguridad. Tenemos una combinación característica de nuestro tiempo en la que la reconversión liberal convive con la industrialización de las fosas comunes y el creciente recurso a la violencia por el control del territorio, y donde la inversión extranjera en maquiladoras desarrolla en torno suyo tierras de muerte, feminicidios y la identificación de desempleo laboral y asesinato. La rutina de una degradación formidable la resumen muy claramente las cifras proporcionadas en octubre de 2015 por el Alto Comisionado de las Naciones Unidas, al tratar de representar la crisis de derechos humanos de México como auténticamente excepcional, en relación con un país que, nominalmente al menos, no está en guerra:

> Para un país que no se encuentra en medio de un conflicto, las cifras calculadas son, simplemente, impactantes: 151,233 personas asesinadas entre diciembre de 2006 y agosto de 2015, incluyendo miles de migrantes en tránsito. Desde 2007, hay al menos 26,000 personas cuyo paradero se desconoce, muchas posiblemente como resultado de desapariciones forzadas. Miles de mujeres y niñas son abusadas sexualmente o se convierten en víctimas de feminicidio. Y prácticamente nadie ha sido condenado por dichos crímenes.[2]

—

2— Zeid Ra'ad Al Hussein, "Declaración del Alto Comisionado de la ONU para los Derechos Humanos, Zeid Ra'ad Al Hussein, con motivo de su visita a México", 7 de octubre de 2015. Disponible en: <http://www.ohchr.org/SP/NewsEvents/Pages/DisplayNews.aspx?NewsID=16578&LangID=S>. Consultado el 15 de noviembre de 2015.

¿Qué gota colma un vaso? ¿Cómo pueden cuatro decenas de jóvenes tomar sitio, rostro, peso, en medio de esta formidable aritmética de la indiferencia? En gran parte, porque su caso fue activado por el peso infinito de algunas imágenes. Como ocurre en forma creciente en las agitaciones del cuerpo social del presente, la imagen aparece en el caso de los normalistas de Ayotzinapa como agente de la evidencia absoluta y del dolor interminable. Estas notas quieren explorar algunas aristas de ese papel histórico, no porque haya lección que sacar de lo que, finalmente, es una imparable desgracia, sino por el modo característico en que una cierta politización del afecto ocurre hoy por hoy por la mediación de toda clase de batallas de las imágenes.

2. Un signo subrayado por su tachadura

La primera imagen es terrible hasta un punto ingobernable, tanto que voy a mostrarla únicamente velada, neutralizándola lo suficiente para hacer posible reflexionarla. En efecto, se trata de una imagen cuyo propósito evidente es aniquilar la voluntad y el pensar, al sepultar a sus espectadores en un vértigo de terror insoportable. Lo interesante es que, en el caso de la reciente crisis mexicana, ese resultado esperado devino en un escándalo inesperado.

Cuando aún no se disipaban las señales de la violencia del día del crimen, entre las 11 de la noche y la medianoche del 26 de septiembre, empezó a circular por la *web* la imagen de un sexto cadáver, marcado por un desfiguramiento intolerable.[3] Tirado a la vista de todos en la calle,

—

3— "Esa imagen aterradora empezó a circular en Twitter en horas de la madrugada, antes de que el Ministerio Público de Iguala llegara al lugar donde yacía el cuerpo para realizar la primera inspección ocular y el levantamiento del cadáver. El crimen presuntamente se cometió en una calle de terracería, a la altura de un almacén de Coca-Cola y una cancha de tenis, sitio conocido como Callejón del Andariego. En el expediente se registró la hora de la diligencia: 9:55 de la mañana. Sobre la ruta de la fotografía en redes sociales no se conoce que la policía de Guerrero o la Federal hayan realizado un rastreo o peritaje cibernético. En cuanto a la hora en la que la imagen se subió a redes sociales, da constancia el hermano adolescente de Julio César, Lenin Mondragón, quien, según el testimonio de su tío Cuitláhuac, fue el primero en percatarse de que su hermano estaba muerto, al reconocerlo por su camiseta, su bufanda y sus manos, en la fotografía del muchacho desollado. Era la precisamente dispuesto para que fuera constatado como un signo legible, los asesinos habían dejado en un callejón de Iguala el cuerpo de un estudiante despojado del rostro. La imagen de este desollado, su mirada emergiendo de un amasijo de huesos y sangre, pasó súbitamente a un lugar cuyo nombre adquiere en este caso un valor irónicamente insultante: el "Facebook". Ciertamente, este "Libro de caras" se había convertido en alojamiento de un rostro sin rostro, y en un sitio que había sido diseñado y que él había usado para el intercambio de banalidades y flirteos fue que su mujer, madre de un bebé de dos meses, Marissa Mendoza, lo reconoció expuesto en una morgue virtual e impúdica. Las declaraciones de Marissa a la prensa al ver el cuerpo de su marido tienen aristas sensibles que es necesario registrar en todo su estruendo:

> En el Internet, en Facebook, subieron varias fotografías, entre ellas, pues, la de Julio César. Entonces, como yo conozco su ropa, conozco parte de su cuerpo y todo, descubrí que era él. [...] Sentí mucha tristeza de que ya no volvería a ver a Julio César y se me vinieron muchas imágenes, así como si yo hubiera estado con él en el momento en que le hicieron eso, de que le quitaron la cara completa, vivo, torturándolo de la manea más cruel, porque ni siquiera tenía impacto de bala, solamente tenía muchos golpes, en la parte del pecho, la cintura, las manos.[4]

Un ver excedido de ver; un cuerpo deformado para convertirlo en un disparador de "muchas imágenes".

Esta imagen imposible de ver y de no ver, cuya autoría no ha sido reclamada en absoluto (tanto el asesinato y la mutilación, como las fotografías del cuerpo), atravesó los últimos días de septiembre de 2014 las mentes

—

madrugada cuando el resto de la familia aún tenía la esperanza de que el joven estuviera vivo." Blanche Petrich, "Fauna nociva mutiló el rostro del normalista Mondragón: peritos", *La Jornada*, 26 de junio de 2015. Disponible en: <http://www.jornada.unam.mx/2015/06/26/politica/004n1pol?partner=rss>.

4— Alejandra Arteaga, "Me preguntaron en el Semefo: ¿está segura que quiere verlo?", *Milenio*, viernes 23 de octubre de 2014. Disponible en: <http://www.milenio.com/estados/normalistas_asesinados-matanza_en_Ayotzinapa-Normal_de_Ayotzinapa-policia_Iguala_0_382762094.html>. Consultado el 15 de noviembre de 2015.

y cuerpos de quienes lo vimos en toda clase de sitios de la red en una operación paradójica: tocó a Julio César Mondragón, el estudiante desollado, poner rostro a los millares de víctimas sin rostro y movilizar a la sociedad para, finalmente, querer reponer alguno de esos rostros deslavados. Hay innumerables actos, mantas, dichos, contra-imágenes, que en un modo u otro tratan de reparar simbólica y políticamente ese rostro arrebatado. De modo frecuentemente autoconsciente, elaborado en mantas y murales, el agente de la protesta se ha pensado como reposición de ese rostro vacío: como la nueva "cara" a llenar el espacio de ese rostro arrebatado, de ese signo ausente. Tan poderosa fue la interpelación de esa imagen.

Lo más duro de pensar son, sin embargo, las condiciones de este signo ominoso: cómo la elaboración de ese signo por demás doloroso devino de la interferencia entre una serie de sistemas de comunicación que jamás se imaginaron operando en el terreno de lo público. Todavía en junio de 2015 el rostro de Mondragón fue materia de polémica, porque los forenses locales del estado de Guerrero trataron de explicar su desollamiento como un evento postmortem producto de "la fauna nociva que se encontraba en ese lugar", versión inmediatamente repelida por la indignación de sus familiares, los estudiantes y el movimiento social.[5] En respuesta a esa indagación, sin embargo, emergió un hecho catastrófico: la serialidad del desollamiento, la multitud de casos donde, en efecto, la marca determinante de un cadáver abandonado en Guerrero o en otros estados mexicanos fue la falta del rostro; la pertenencia de ese gesto de tortura y desfiguramiento al juego de repetición y diferencia de un código de comunicación.

Como ya me ha tocado señalar en otro lado: "Toda muerte tiene un efecto multiplicador. Por eso, las ejecuciones no tienen como único destinatario a la víctima. Son y establecen un perverso sistema de comunicación".[6] Por intolerable que nos resulte, hay evidencias de sobra que dejar cadáveres desollados es una forma más o menos

—

5— Petrich, *art. cit.*

6— Cuauhtémoc Medina, "Espectralidad materialista", *Teresa Margolles, ¿De qué otra cosa podríamos hablar?*, Barcelona, Editorial RM, 2009, p. 20.

frecuente de mensajería entre, o desde, los grupos criminales que poco a poco han ido controlando las rutas y regiones de ese país ensangrentado llamado México. No se trata del único mensaje, ni de un mensaje inarticulado, como un grito: quitar el rostro al enemigo es sólo parte de un repertorio, una letra de un alfabeto abierto, que tiene variaciones regionales, dialectos de grupo, formas imitativas y exclamativas, puntuación, faltas de ortografía y hasta subrayados. Por todas partes en México aparecen día a día cuerpos que, de una u otra manera, operan como signos, como envíos y, digamos, necrogramas de terror. En muchas ocasiones, en un género que la prensa llama "narcomensajes", escritos en tela, papel o vinil, acompañan, envuelven, sostienen y apuntan cuerpos o pedazos de cuerpos, en una trama comunicacional en la que un cadáver es, a la vez, ilustración de un dicho, criptograma de un sobreentendido o signo de exclamación y emisario. Este flujo continuo de mensajes corporales se extiende, por supuesto, por una variedad de medios de comunicación, siguiendo una lógica que ya hace tiempo José Alejandro Restrepo refirió al explorar las claves de la tradición barroca y contrarreformista de las imágenes, la "gramática de los cuerpos" de la violencia colombiana después de 1950: "Desde el Barroco hasta nuestros días de la 'sociedad del espectáculo' asistimos al triunfo incontestable de la imagen y al protagonismo del cuerpo con su tremendo poder de seducción de masas".[7]

Por repugnante que nos resulte, acostumbrados a la hipótesis reconfortante de que los cuerpos de los muertos son emisarios de silencio, esos cuerpos marcados, inscritos, lacerados, mutilados, que los ejecutores lanzan a nuestras calles, responden a una lógica convenida, a un código instaurado por su repetición. Quien haya torturado, asesinado y desfigurado a Julio César Mondragón pretendió dejarlo plenamente expuesto como un artefacto grotesco, como una imagen encarnada que buscaba al menos un doble efecto: canalizar un código para el cual carecemos de la clave, dirigido a otros asesinos, a policías y mafiosos, quizá

—

7— José Alejandro Restrepo, *Cuerpo gramatical. Cuerpo, arte y violencia*, Bogotá, Universidad de los Andes, Fundación Valenzuela y Klenner, 2006, pp. 19-21.

a los miembros de una mafia u otra, al mismo tiempo que
tener un efecto público local: difundir y expandir terror,
establecer una territorialidad, definir la soberanía sobre
la ciudad de Iguala que, aparentemente, sin saber exacta-
mente dónde se metían, los estudiantes asesinados y desaparecidos transgredieron en cierto modo.

La función de estos signos es comunicar y hacer callar.
En este caso, si como sostiene el reciente informe del Grupo
Interdisciplinario de Expertos Independientes (GIEI) de la
Comisión Interamericana de Derechos Humanos (CIDH), de
septiembre de 2015, un elemento probable de explicación
de la ferocidad del ataque contra los normalistas fue haber
secuestrado, sin saberlo, un autobús usado por los narcotraficantes para ser transportado al norte, esta muerte signifi-
caba la sanción a una ley absoluta.

Pero ese signo, al ser lingüístico, flota y se reinscribe.
Si los estudiantes asesinados y desaparecidos cayeron
víctimas de una tragedia derivada de un malentendido
asesino (aplicar las técnicas de la protesta política e
ideológica, sus protocolos de relación con "el estado de la
burguesía", en un espacio controlado ahora por una mafia
hecha gobierno, donde narcotráfico y fuerzas estatales
están fusionadas, donde el imperio de la ley ha sido reempla-
zado por el exhibicionismo constante de la fuerza), recí-
procamente, los actos de violencia criminal se transforman
bajo una nueva gramática en un contexto inesperado. Esta
víctima-imagen destinada a crear silencio y terror local
produjo un resultado expandido: se reinscribe como politización, como indignación, como escándalo, como protesta.
Se erige como signo-resumen de un estado de cosas, cuyo
estallido desplaza, con sus ondas expansivas, la estructura
político-policial entera.

3. Omnivideo

Hemos entrado en una era en la que estar insertos socialmente consiste en la omnipresencia del registro electrónico, por la vía del control de nuestras interacciones
económicas, espaciales, intelectuales y afectivas a cargo
del espionaje electrónico imperial, y de la progresiva
transformación del mundo en un set de video interminable.

No existe prácticamente acto que no quede, al menos en su sombra, registrado por alguna imagen en movimiento. El resultado de esa hiperconectividad es paradójico: por error logístico, por circularidad tecnológica, o por el contraespionaje civil, actos de corrupción y violencia y falsificaciones históricas llevadas a cabo por gobiernos y corporaciones quedan continuamente al descubierto en las redes y medios. Ocasionalmente el panóptico atrapa a su propio autor, y los registros de vigilancia, en un efecto que merece ser llamado "de Watergate", devienen en crisis política generalizada. Pueden convertirse en un catalizador político eficaz.

En ese punto es que conviene añadir una segunda imagen, también reinscrita, también llena de recovecos, mucho menos espantosa, pero no menos perversa. Es, por mucho, una imagen mucho más simple: un video de vigilancia que, como sucede alrededor de todo el mundo, captura *in fraganti* no al ciudadano, sino a la autoridad transgresora.

Alrededor del 5 de octubre de 2014, una semana después de la matanza y las desapariciones, los medios de comunicación y las redes sociales emitieron una serie de imágenes fugaces. Es la secuencia que dura unos cuantos segundos de una cámara de video de vigilancia que capta el paso veloz de los vehículos de la policía municipal de Iguala transportando en sus pick-ups, a toda velocidad, a algunos de los estudiantes desaparecidos. La imagen delata su carácter remoto y no humano en su movimiento mecánico, el modo brusco en que, accionada a distancia, sigue el paso de las patrullas a toda velocidad. Más allá de los relatos, antes de que los estudiantes atacados o sus dirigentes pudieran empezar a articular su propia (y en ocasiones, compleja y no por ello resbalosa) versión de los hechos, o los padres de los desaparecidos condujeran moralmente al movimiento de protesta, ese video produjo una segunda sacudida. Como si el destino de la fotografía digital no fuera ser manipulable, el video se ha convertido en un testimonio prácticamente irrefutable: su efecto es multiplicar el avistamiento, transformar espectadores en testigos, transportarse como metáfora (nunca más apropiadamente, lanzada más allá del foro) del ojo ciudadano. En el escaso segundo que captó, en efecto, a los estudiantes siendo trasladados por la policía, ese video estableció

de modo definitivo la responsabilidad de un crimen de
Estado: más allá de cualquier alegato legal o político, establece la culpabilidad pública de una desaparición forzada y
la hecatombe de un derrumbe moral masivo del sistema
político partidario.

Lo que hizo especial esa testificación remota fue su
correlato político. Detrás de esos policías municipales
que desaparecen a los estudiantes, y probablemente los
entregan a los sicarios, estaba un gobierno local emanado
de la izquierda partidista. José Luis Abarca, un joyero local,
había llegado a la presidencia local de Iguala impulsado
por el Partido de la Revolución Democrática (PRD), la organización emergida como resultado del fraude electoral perpetrado contra Cuauhtémoc Cárdenas en 1988. De pronto,
el partido que había sostenido la hipótesis electoral de la
izquierda de los años 1980 a 2000 (que había identificado
transición democrática con avance de las causas populares)
aparecía, de un plumazo, desvirtuado como accesorio
de la matanza y como representación de una amalgama de
gobierno y mafia. Que Abarca y su mujer se hubieran foto-
grafiado con toda clase de políticos, incluyendo al presidente Peña Nieto, emanado del Partido Revolucionario
Institucional (PRI), dio el tiro de gracia moral al aparato
político en su conjunto, que se había unificado para apoyar
las reformas neoliberales del año 2013, y que en adelante
alimentaría el imaginario de la unidad de Estado y mafia
designada popularmente como "narco-Estado".

A partir de ese imaginario (que, por supuesto, no aparecía sólo radicado en imágenes, sino en palabras, relatos y
el odio militante a la policía) se produce una rápida síntesis.
No sólo, para horror de quienes proveníamos de una tra-
yectoria socialdemócrata, los militantes de los normalistas
agreden en una de las primeras manifestaciones multitu-
dinarias de protesta a Cárdenas y a uno de los principales
intelectuales críticos del país, el antiguo trotskista Adolfo
Gilly. El *ethos* de las protestas de 2014-2015 oscila entre
el escepticismo ciudadano anti-partidista de la franja de
una clase media ilustrada desilusionada, y el anarquismo
adicto a los estallidos y el choque físico de las masas jóvenes
proletarias. Esa mezcolanza, unida a la adhesión del zapatismo a la "digna rabia", orienta el movimiento de protesta
a una constante coalición y fricción entre las agendas de

luto social y reivindicación de derechos humanos y las de
la expectativa de subversión revolucionaria o, al menos,
de desquite social y simbólico. Fractura que, con el tiempo,
vendrá a diluir y fraccionar el movimiento de protesta, pola-
rizado entre los llamados "manifestantes pacíficos" y quienes
reivindican como "libre expresión" el choque policiaco. Todo
ello azuzado por el uso irresponsable y estratégico de la
fuerza, el encarcelamiento de militantes, y la contrainsur-
gencia por parte de las autoridades nacionales y locales.

En cualquier caso, todo ese proceso acaba con-
densándose en otra imagen: esta vez en la forma de una
acción-texto. El 22 de octubre de 2014, en medio de la exci-
tación de manifestaciones que combinan sectores pacíficos y
discursivos con contingentes adictos al choque físico, y bajo
la amenaza constante de la represión policial, un grupo
entonces anónimo, que hoy se reivindica como parte del
colectivo Rexiste, monta una acción con pintura y velas en
el Zócalo o plaza mayor de la Ciudad de México. En una
acción coordinada, toman la esquina suroeste de una de
las plazas políticas más amplias y significativas del orbe,
para escribir en grandes letras mayúsculas no menos
monumentales un slogan enarbolado como juicio ciudadano: "FUE EL ESTADO".[8] Esta frase espinosa, productiva
y peligrosamente ambivalente opera, lo mismo que los
normalistas desaparecidos, como un concepto-bisagra, como
un significante flotante, como una secuencia fundacional.
Pues por un lado especifica, contra la denegación del aparato judicial del Estado, la convicción que el video de Iguala
ya había asentado: sobre los 43 estudiantes de Ayotzinapa
pesa el crimen de Estado por excelencia, el crimen sin pres-
cripción: la desaparición forzada. Pero del otro lado, en
una confusión incluso teórica que refuerza la negativa del
aparato judicial de realizar una investigación creíble, soli-
difica la convicción social de que el crimen fue organizado
por una conjura del más alto nivel, una acción directa de la
presidencia y quizá del ejército. Lo convierte, quizá contra
la evidencia disponible, en dato que puede poner nueva-
mente en circulación en círculos amplios de la sociedad

8— "RexisteMX", *time-lapse* de la acción "Fue el Estado", 22 de octubre de
2014. Disponible en: <https://www.youtube.com/watch?v=17KKGX9dLH4>.
Consultado el 15 de noviembre de 2015.

la idea necesariamente vaga, políticamente no-especificable, demagógicamente incuestionable, de la supuesta obligación ética de la revuelta.

¿Habría alguna alternativa? Quizá seguir en estas frases de expresión de lo inexpresable lo que en algún momento sugirió Diego Tatián para Argentina: que enunciados como "aparición con vida" y "no matarás" "no son enunciaciones reductivas sino que logran presentar lo impresentable, designar la decantación de un dolor común que de ninguna manera puede decirse sino así".[9]

4. Objetos y destellos de una ausencia

Con pasos vacilantes (en parte debidos a la dificultad de digerir una experiencia que todavía no se aleja) he tratado de poner en palabras parte del indiscutible impulso que las imágenes pueden tener en activar, por medio de emociones tan diversas como el horror del dolor, el escándalo de la evidencia y la sutura de la identificación, el cuerpo social.

Con pintura, impresos, proyectores láser y pintas lo mismo que con imágenes proyectadas en la calle, las marchas y choques que puntuaron la actividad de protesta luctuosa de finales de 2014 e inicios del 2015 han estado habitadas de palabras, de imágenes y de fantasmas. Los nombres de las calles de la ciudad son sustituidos por nombres alusivos a los desaparecidos y normalistas, las protestas son activadas por intervenciones con letreros y eslóganes emitidos en láser y los manifestantes atraviesan el espacio público con efigies de los desaparecidos, lo mismo que con banderas del país teñidas de negro de luto. Hay, además de los cantos y coros, los gritos y "pases de lista", una constante interferencia de cuerpos-imágenes, actos-letreros y numerales politizados. Contra lo que supone el sentido común, en esas manifestaciones no había distinción entre realidad virtual y realidad física, en tanto espacio y el llamado hiperespacio. Estaban vinculados en una sola superficie de representación. Uno tiene la sensación de que el espacio

---

9— Diego Tatián, "Carta enviada a *La Intemperie* por Diego Tatián (abril 2005)", Oscar del Barco *et al.*, *No matar*, Córdoba, Universidad Nacional de Córdoba, 2007, p. 83.

físico de la marcha se reduplica en las emisiones de las redes
sociales, y por tanto la manifestación misma se comporta
como la superficie de tránsito fugaz de mensajes electró-
nicos de la pantalla universal de nuestros teléfonos y compu-
tadoras. Se trata de un espacio manifestatario transformado,
multiplicado, tecnificado: el correlato de una sociedad
donde la vida de los cuerpos y la circulación de imágenes
son flujos ligados por una multitud de mediaciones y consti-
tuidos por la figura del destello.

Esta figura del carácter físico y virtual del proceso
agitacional viene a demostrarse en la nueva gramática del
monumento. En abril de 2015, a siete meses de las desapariciones forzadas, el paso de cuerpos y voces no dejó detrás
de sí sólo murmullos y reclamos. En total sigilo, mientras
la manifestación tenía lugar, un grupo que decidió permanecer anónimo tomó una esquina particularmente notoria
del boulevard de avenida Reforma para dejar plantado un
monumento metálico de tres metros de altura, hecho con
acero pintado de rojo. Designado por sus propios autores
como un "anti-monumento", el gesto perpetúa en la vía
pública, y sin mediar autorización oficial, el reclamo sinté-
tico de las redes sociales. Un signo enmarcado en la síntesis
del *hashtag* "+43" se injertaba en la misma avenida que
tiene varios de los monumentos y esculturas más importantes del país, en una avenida que sirve, a su manera, de
altar a la historia patria. El injerto metálico, que finalmente ha tenido que ser respetado por la autoridad debido a
la presión de ciudadanos e intelectuales por preservarlo,
no era un signo mudo: estaba acompañado de un manifiesto emitido, naturalmente, en el internet, ese laberinto
informático que, desdoblado en plaza pública inmaterial,
se ha convertido en el hipertexto teórico de todo acto de
significación público:

> Si un monumento remite a un acontecimiento del pasado
> que es necesario aprehender (en latín *momentum* signi-
> fica "recuerdo"), el proyecto +43 es la construcción de un
> antimonumento porque no aspira a perpetuar el recuerdo,
> sino a alterar la percepción de que un hecho es inamovible.
> +43 se define como una protesta permanente de reclamo
> y de justicia al Estado en el espacio público. +43 quiere
> ser una llamada de atención a los transeúntes que cruzan

cotidianamente la zona. Es un anti-monumento porque es
una transgresión y un reclamo al Estado que quiere olvidar
—¡y quiere que olvidemos!— la terrible realidad de violencia cotidiana a la cual él mismo nos somete y que ha
cobrado la vida de más de 150 000 personas y ha desaparecido a más de 30 mil +43. [...] +43 es un antimonumento
porque está destinado a ser retirado el día que el Estado
esclarezca los más de 150 mil homicidios y presente con
vida a las y los más de 30 mil +43 desaparecidos.[10]

No estamos en el terreno del arte, sino en el de las pasiones
desbordadas de la escena pública: en un intercambio de
rostros siempre atosigado por la posibilidad de que el
espectador pueda pasar a contar como "uno más". Por
supuesto, una movilización no la llevan a cabo una serie
de objetos visuales, sino los cuerpos y los signos que atraviesan esos cuerpos. Pero aun así me parece difícil argumentar en contra de que una de las características de las
movilizaciones que atraviesan la grave crisis social mexicana de esta década es la constatación de los choques del
imaginario visual, y la disputa por hacerse cargo de ese
espacio de intervención. La puesta en movimiento de un
campo político habitado de efigies fantasma.

—

10— Comunicado Antimonumento, *Nuestra aparente rendición*, abril de 2015.
Disponible en: <http://nuestraaparenterendicion.com/index.php/biblioteca/
colaboraciones/item/2782-comunicado-antimonumento-%2043>. Consultado el
15 de noviembre de 2015.

A Landslide of Images: A Story that is Not History, 2014-2015*

CUAUHTÉMOC MEDINA

* The author has decided to not reproduce the images in this article. The text of this article is the revised form of a lecture given at an international symposium: "La imagen contemporánea: del espacio simbólico como hegemonía al espacio simbólico como problematización," with the speakers Luis Camnitzer, Alfredo Jaar, Mari Carmen Ramírez, Cuauhtémoc Medina, and Beatriz Santiago Muñoz, Teatro de la Universidad de Puerto Rico, Río Piedras. Sunday, October 25, 2015, 9-18 h. Since this lecture comments on images available from public media, images whose copyright status is unclear or complex, the reader is directed to the Internet to view them. This text was published for the first time on *Re-visiones*, no. 5. Available at: <http://www.re-visiones.net/index.php/RE-VISIONES/article/view/32/55>.

When you criticize your country
you are in fact criticizing yourself.
ALEJANDRO GARCÍA PADILLA
Governor of Puerto Rico,
October 24, 2015

1. The incidents

On September 26, 2014 one of the most brazen violations of human rights on this continent occurred, triggering a period of confrontation and protest in Mexican society. The law enforcement authorities of the city of Iguala in the state of Guerrero used firearms to attack approximately a hundred students and activists from the Escuela Normal Rural de Ayotzinapa, who had entered the city with the intention of commandeering a series of commercial buses to take them to the commemoration of the massacre at Tlatelolco Square in Mexico City in 1968.

This "hijacking" of transport units is part of a curious *modus vivendi*, where schools that have gone through a radical politicization for decades maintain a constant negotiation with the authorities and a training of their students as political cadres by means of actions that are focused on various visible symbols of local capitalism.[1] This time, however, the routine degenerated into a ferocious and unprecedented massacre. The law enforcement authorities of Iguala used firearms to stop the students-activists. In the ensuing, extremely unequal confrontation, in which the students only had stones to defend themselves with, the police killed six persons in the street, including the members of a football team whose only mistake was to also have been in the city on a bus. Not content with this aggression, the so-called enforcers of the law took 43 of the students as prisoners and made them "disappear" without any judicial record of their arrest. Since then, in the midst of a political crisis that has overwhelmed the structures of the federal government,

---

1— The best and more trustworthy account of the incident is offered by the "Informe Ayotzinapa" [Ayotzinapa Report] prepared by the Grupo Interdisciplinario de Expertos Independientes (GIEI) named by the Inter-American Commission on Human Rights (IACHR).

and which put an end to the illusion of a neoliberal modernization promised by the government of Enrique Peña Nieto, the assassinations of September 2014 and the enforced disappearance en masse of students from the Ayotzinapa normal school, have provoked a political and moral crisis. This incident, without a doubt the greatest political crime that has occurred in Mexico since the bloody repression of the student movement in 1968, has also caused a profound crisis in the notions of justice and truth.

The case has exposed the monstrous judicial inefficiency and indifference affecting the country, which is experiencing a maddeningly paradoxical period of alleged economic growth compounded by a brutal intensification of inequality and insecurity. We have a combination characteristic of our times, where liberal reconversion coincides with the industrialization of common graves and the increasing resort to violence for the control of territory, and where foreign investment in the *maquiladoras* [sweatshop factories] cultivates around them lands of death, femicide, and the identification of labor unemployment and murder. The routine of a formidable degradation is well summed-up by the figures cited in October 2015 by the High Commissioner of the United Nations when describing the human rights crisis in Mexico as truly exceptional for a country that, at least nominally, is not at war:

> For a country that is not engaged in a conflict, the estimated figures are simply staggering: 151,233 people killed between December 2006 and August 2015, including thousands of transiting migrants. At least 26,000 people missing, many believed to be as a result of enforced disappearances, since 2007. Thousands of women and girls are sexually assaulted, or become victims of the crime of femicide. And hardly anyone is convicted for the above crimes.[2]

Which straw is the last straw? How can four dozen young people occupy a place, a face, weight, in the midst of this

---

2— Zeid Ra'ad Al Hussein, "Statement of the UN High Commissioner for Human Rights, Zeid Ra'ad Al Hussein, on his Visit to Mexico", October 7, 2015. Available at: <http://www.ohchr.org/EN/NewsEvents/Pages/DisplayNews.aspx?NewsID=16578&LangID=E>. Consulted on November 15, 2015.

formidable arithmetic of indifference? To a large extent, because their case was activated by the infinite weight of several images. As is often the case in the agitations of today's social body, in the case of the students of Ayotzinapa the image acts as the agent of absolute evidence and interminable pain. The following comments explore some of the edges of this historical role, not because there is a lesson to be learned from what is, ultimately, an inexorable disgrace, but for the characteristic mode in which a certain politicization of emotion is carried out nowadays by the mediation of all kinds of battles of images.

2. A sign underlined by its crossing-out

The first image is horrible to the point of unbearableness, so much that I will only show it veiled, neutralizing it sufficiently to make it possible to reflect on it. In effect, this is an image whose evident intention is to annihilate the will and prevent reflection by burying its observers in an intolerable vertigo of terror. What is interesting is that, in the case of the recent Mexican crisis, this expected result led to an unexpected scandal.

When the traces of the violence were still fresh from the day of the crime, between 23 hours and midnight of September 26, the image of a sixth cadaver began to circulate through the Internet that was marked by an intolerable disfigurement.[3] Thrown into the street in plain view of

—

3— The journalist Blanche Petrich reported: "This terrifying image began to circulate in the early hours of the morning, before the Public Ministry of Iguala arrived at the place where the body was to realize a first visual inspection and to remove the cadaver. The crime was presumably committed on a dirt road near a Coca-Cola warehouse and a tennis court; a place known as the Callejón del Andariego. The police report registered the hour of the discovery as 9:55 am. It is not known if the police of the state of Guerrero or the Federal police conducted a cybernetic investigation to trace the photograph's path through the social networks. As regards the hour when the image was uploaded to the social networks, the adolescent brother of Julio César, Lenin Mondragón, was—according to the testimony of his uncle Cuitláhuac—the first to realize that his brother was dead, recognizing in the photograph the flayed youth's shirt, his scarf, and his hands. It was the morning when the rest of the family still nursed hopes that the young man was still alive." Blanche Petrich, "Fauna nociva mutiló el rostro del normalista Mondragón: peritos," *La Jornada*, June 26, 2015. Available at: <http://www.jornada.unam.mx/2015/06/26/politica/004n1pol>.

everyone, positioned this way precisely so that it could be
perceived as a legible sign, the assassins had left in an alley
in Iguala the body of a student without a face. The image of
this flayed victim, his gaze emerging from a mash of bones
and blood, immediately entered a place whose name in this
context acquires an ironically insulting significance: Facebook. Indeed, this "book of faces" had become the home of a
face without a face, and in a place that had been designed
for the exchange of banalities and flirts, and which the victim
himself had used for this purpose, it was his wife, the mother
of their two-month old baby, Marissa Mendoza, who recognized him exposed in a virtual and indecent morgue. The
statement made by Marissa to the press upon recognizing
the body of her husband contains sensitive edges that have
to be registered in all of their turmoil:

> Various photographs were uploaded on the Internet, on
> Facebook, among them, the one of Julio César. Since I rec-
> ognized his clothes, recognized part of his body and every-
> thing, I discovered that it was him. […] I felt very sad that I
> would never see Julio César again and many images came
> upon me, as if I had been there with him at the moment
> when they did that to him, when they removed his face
> entirely, while he was alive, torturing him in the cruelest
> manner, because he did not have any bullet holes, only
> many blows, on his chest, his waist, his hands.[4]

A seeing that surpasses seeing; a body deformed in order to
convert it into a trigger of "many images."

This image, impossible to see and to not see, whose
authorship has not been claimed at all (neither that of the
assassination and mutilation, nor that of the photographs
of the body), penetrated in the last days of September 2014
the minds and bodies of those of us who saw it on all types
of websites in a paradoxical operation. It fell to Julio César
Mondragón, the flayed student, to give a face to the thousands of victims without a face, and to mobilize society to

---

4— Alejandra Arteaga, "Me preguntaron en el Semefo: ¿está segura que quiere
verlo?," *Milenio*, Friday October 23, 2014. Available at: <http://www.milenio.
com/estados/normalistas_asesinados-matanza_en_Ayotzinapa-Normal_de_Ayot-
zinapa-policia_Iguala_0_382762094.html>. Consulted on November 15, 2015.

finally recover some of those faded faces. There are innumerable acts, blankets, sayings, counter-images, that in one way or another have attempted to symbolically and politically recover this stolen face. Often in a self-conscious manner, superimposed on blankets or murals, the agent of protest has been conceived as a reinstatement of this empty face; as the new "face" to fill the space of this stolen face, of this absent sign. That is how powerful the plea of this image was.

What is hardest to conceive, however, are the conditions of this ominous sign: How the elaboration of that extremely painful sign was derived from the interference between a series of communication systems that never would have imagined themselves operating in the public sphere? In June 2015 Mondragón's face was still the subject of controversy, because the local forensic authorities from the state of Guerrero attempted to explain the flaying as a *post mortem* occurrence caused by "harmful fauna that is found in the location," a version of the events immediately rejected by the indignation of the family members, the students, and the social movement.[5] The response to this investigation, nevertheless, uncovered a catastrophic fact. The seriality of the flaying, the multitude of cases where the determining mark of an abandoned cadaver in Guerrero or other Mexican states was its missing face; the belonging of this gesture of torture and disfigurement to a game of repetition and differentiation of a communication code.

As I have noted elsewhere: "Every death has a multiplier effect. For this reason, the executions do not have the victim as their only addressee. They are and they establish a perverse system of communication."[6] As intolerable as it may be for us, there is more than enough evidence that leaving flayed cadavers is a more or less frequent form of messaging between, or from, the criminal groups that have gradually been taking control of the routes and regions of this bloodied country called Mexico. It is not the only message, nor an unarticulated message, like a scream: removing the face of an enemy is only one component of a repertoire,

—

5— Petrich, art. cit.

6— Cuauhtémoc Medina, "Espectralidad materialista," *Teresa Margolles, ¿De qué otra cosa podríamos hablar?*, Barcelona, Editorial RM, 2009, p. 20.

one letter of an open alphabet that has regional variations, group dialects, imitative and exclamatory forms, punctuation, spelling mistakes, and even underlinings. All around Mexico bodies appear every day that, in one or another way, operate as signs, as messages and, we could say, as necrograms of terror. Often they are accompanied by what the press calls "*narco* [drug trafficker] messages," written on cloth, paper, or vinyl, wrapped around, holding, or pointing at bodies or parts of bodies, in a communicational link where the cadaver is simultaneously the illustration of a saying, a cryptogram of the implied, or a sign of exclamation and emissary. This continuous flow of messages naturally spreads through a variety of communication media, following a logic that José Alejandro Restrepo already referred to some time ago when discussing the keys of the Baroque and Counter-Reformation tradition of images, the "grammar of the bodies" of the Columbian violence after 1950: "From the Baroque period to our present era of the "society of spectacle" we are witness to the indisputable triumph of the image and of the prominence of the body with its tremendous power of seducing the masses."[7]

As repugnant as it might seem to us, accustomed to the comforting hypothesis that the bodies of the dead are emissaries of silence, those marked, inscribed, lacerated, mutilated bodies, which the executors deposit on our streets, respond to an agreed-upon logic, a code reinforced by its repetition. Those who tortured, assassinated, and disfigured Julio César Mondragón intended to leave him plainly in sight as a grotesque artifact, an embodied image, that had two objectives at least: employ a code for which we lack the key, addressed to other assassins, members of the police, and Mafiosi, perhaps the members of one or another mafia group, at the same time as to have a local public effect: spread and expand terror, establish a territoriality, define the sovereignty over the city of Iguala, a sovereignty that the assassinated students and disappeared victims apparently disobeyed in a certain manner, without precisely knowing what they had done.

The function of these signs is to communicate and silence.

—

7— José Alejandro Restrepo, *Cuerpo gramatical. Cuerpo, arte y violencia*, Bogotá, Universidad de los Andes, Fundación Valenzuela y Klenner, 2006, pp. 19-21.

In this case, as the recent report by the Interdisciplinary Group of Independent Experts (GIEI) from the Inter-American Commission on Human Rights (IACHR) from September 2015 claims, a probable explanation for the ferocity of the attack against the students is that they had hijacked, without knowing it, a bus employed by the drug traffickers for transport to the north of the country, and this death signifies the punishment for breaking an iron law.

Yet this sign, being linguistic, floats and is re-inscribed. If the assassinated and "disappeared" students were victims of a tragedy caused by a deadly misunderstanding (of applying the techniques of political and ideological protest, the protocols of a relationship with "the *bourgeois* state," to a space now controlled by a mafia that has become the state, where drug trafficking and government authorities have fused, where the rule of law has been replaced by the constant exhibitionism of force), then reciprocally, in a new grammar the acts of criminal violence are transformed into an unexpected context. This victim-image intended to instill local silence and terror has produced a magnifying effect: it is re-inscribed as politicization, as indignation, as scandal, as protest. It turns into the sign-summary of the state of things, whose explosion displaces, in expanding waves, the entire political-police structure.

3. Omnivideo

We have entered an era where being socially connected entails the omnipresence of the electronic record, via the control of our economic, spatial, intellectual, and emotional interactions by electronic imperial espionage, and the progressive transformation of the world into a permanent video set. Hardly an act exists that is not recorded, at least its shadows, in some moving image. The result of this hyper-connectivity is paradoxical: due to logistic error, technological circularity, or civil counter-espionage, acts of corruption and violence as well as historical falsifications carried out by governments and corporations are continually being exposed in networks and in the media. Occasionally the panopticon traps its own inventor and the records of vigilance, in what could be termed a "Watergate" effect, lead to a general political crisis.

They can convert themselves into a potent political catalyst.

In this line, it is fitting to add a second image, similarly re-inscribed, also full of hidden nooks, much less frightening, but no less perverse. It is, in all aspects, a much more simple image: a video surveillance that, as occurs all around the world, did not capture *in fraganti* the law-breaking citizen, but the authorities.

Around October 5, 2014, a week after the massacre and the disappearances, the media and the social networks emitted a series of fleeting images. The sequence from a video surveillance camera lasting only a few seconds captures the rapid passing of the vehicles of the Iguala municipal police transporting, at full speed, some of the disappeared students in their pick-ups. The image reveals its remote and non-human character in its mechanical movement, the brusque manner in which the camera, remote-controlled, follows the path of the police vehicles at full speed. Beyond the stories, before the students who were attacked or their leaders were able to begin articulating their own (and occasionally complex and therefore not slippery) version of the events, or the parents of the disappeared morally led the protest movement, this video triggered a second shock. As though the fate of the digital photograph could not be a manipulable being, the video has become a practically irrefutable testimony: its effect is to multiply the sighting, to transform spectators into witnesses, to transport itself as a metaphor (and never more appropriately, thrown from outside the forum) of the civil eye. In the brief second that it captures, in effect, the students being moved by the police, this video establishes in a definitive manner the responsibility of a state crime beyond any kind of legal or political accusation, it corroborates the public guilt of an enforced disappearance and the hecatomb of the massive moral collapse of the system of political parties.

What made this remote witnessing special was its political correlative. Behind those municipal police who "disappeared" the students, and probably turned them over to the assassins, was a local government that had originated from a leftist party. José Luis Abarca, a local jeweler, had reached the local mayorship of Iguala propelled by the Partido de la Revolución Democrática [PRD, Party of the Democratic Revolution], the organization that arose from the electoral fraud committed against Cuauhtémoc Cárdenas in 1988. Suddenly, the party that had espoused the electoral premises of the left from the 1980s to 2000 (and which had identified democratic transition with the advancement of popular causes), seemed at one stroke to be nullified, seemed an accessory to the massacre as well as the embodiment of the amalgamation of state and mafia. That Abarca and his wife had themselves been photographed with all types of politicians, including president Peña Nieto, from the Partido Revolucionario Institucional [PRI, Revolutionary Institutional Party], was the moral *coup de grâce* for the entire political apparatus, which had joined together to promote the neo-liberal reforms of 2013 and from then on in the public eye had symbolized the fusion of state and mafia popularly known as the *narco-estado* [drug trafficker-state].

In the public eye a rapid synthesis was made that naturally did not appear solely in the form of images, but also in words, stories, and a militant hate towards the police. To the horror of those of us from a social-democratic background, in one of the first demonstrations the student militants attacked Cárdenas and one of the leading critical intellectuals of the country, the former Trotskyist Adolfo Gilly. The *ethos* of the protests in 2014-2015 oscillates between the civil, anti-political party skepticism of a section of the disillusioned middle class, and an anarchism addicted to the violent outbreaks and physical clash of the proletarian youth masses. This hotchpotch, united with the Zapatistas' promotion of a *digna rabia* [dignified anger], drives the protest movement to continuous coalition and friction between the agendas of social mourning and the assertion of human rights on the one side, and on the other of the expectation of revolutionary subversion or at least of social and symbolic retribution. A rupture that in the long run will dilute and fragment the protest movement, polarized between the so-called "pacifist demonstrators" and those who claim the clash with the police as "free expression." All of this, in turn, fanned by the irresponsible and strategic use of force, the jailing of militants, and the counter-insurgency of the national and local authorities.

In any case, all of this process ends up being condensed in another image: This time in the form of an action-text. On October 22, 2014, in the midst of the ferment of demonstrations that combined pacifist and discursive sectors with contingents addicted to the physical clash, and under the permanent threat of police repression, a group until then anonymous, and which today claims to be part of the collective Rexiste ["Rexist"], carried out an action with paintings and candles in the Zócalo, the main public square of Mexico City. In a tightly coordinated action they occupied the southeast corner of one of the largest and most important political squares in the world, in order to write in giant capital letters no less monumental a slogan that was hoisted as a civil verdict: "FUE EL ESTADO" [IT WAS THE STATE].[8] This prickly, productive, and dangerously ambivalent phrase operates, the same as the disappeared students, like a pivot-concept, like a floating signifier, like a foundational sequence. Because on the one hand it specifies, rejecting the denial of the State's judicial apparatus, the conviction already verified by the video from Iguala. The 43 students of Ayotzinapa were the victims of a crime of state *par excellence*, a crime without statute of limitations: the enforced disappearance. Yet, on the other hand, in a confusion—also theoretical—that reinforces the refusal of the judicial apparatus to realize a credible investigation, the phrase bolsters the social conviction that the crime was organized by a conspiracy at the highest level, a direct action of the presidency and possibly of the army. It transforms into a fact, perhaps against the available evidence, but which can once again be put into a circulation in broad sectors of society, the necessarily vague, politically unspecific, demagogically unquestionable idea of the assumed "ethical obligation" of the revolt.

Is there an alternative? Perhaps to follow in these phrases expressing the inexpressible, what at one point Diego Tatián suggested for Argentina: that statements such as "found alive" and "thou shall not kill" "are not reductive statements, but rather are able to present the unpresentable, designate the decantation of a common pain that in no way can be expressed but in this manner."[9]

—

8— "RexisteMX," time-lapse video of the action "Fue el Estado," October 22, 2014. Available at: <https://www.youtube.com/watch?v=17KKGX9dLH4>. Consulted on November 15, 2015.

9— Diego Tatián, "Carta enviada a *La Intemperie* por Diego Tatián (abril 2005)," Oscar del Barco, *et al.*, *No matar*, Córdoba, Universidad Nacional de Córdoba, 2007, p. 83.

4. Objects and glimmers of an absence

I have attempted with hesitant steps (partly due to the
difficulty of digesting an experience that has still not faded
away) to put into words part of the indisputable impulse
that images can have in activating, by means of emotions as
diverse as the horror before pain, the scandal of evidence,
or the suture of identification, the social body.

With paint, printed materials, laser projections, graffiti,
as well as with images projected in the street, the marches and
clashes that have punctuated the activity of sombre protest at
the end of 2014 and beginning of 2015 have been populated
by words, images, and ghosts. The names of streets in the city
have been substituted by names alluding to the disappeared
and students, the protests are activated by interventions with
signs and slogans emitted by laser, and the demonstrators
traverse the public space with effigies of the disappeared, just
like with national flags shrouded in the black of mourning.
Aside from the songs and choruses, the shouts and "roll calls,"
there is a constant interference of body-images, acts-signs,
politicized numerals. Contrary to common sense, in these
demonstrations there is no distinction between virtual reality
and physical reality, to the extent that space and so-called
hyperspace are linked into a single space of representation. One has the sense that the physical space of the march
is duplicated in the emissions of the social networks, and
therefore the demonstration itself behaves like the evanescent
walking surface for the electronic messages of the universal
screen of our telephones and computers. This was a space of
demonstrating that is transformed, multiplied, technified.
The correlation to a society where the lives of the bodies
and the circulation of images are flows linked by a multitude
of mediations and constituted by the figure of the glimmer.

This figure of the physical and virtual character of the
agitational process is demonstrated by the new grammar
of the monument. In April 2015, seven months after the
enforced disappearances, the passage of bodies and voices
not only left behind murmurs and demands. In total secrecy,
while a demonstration was taking place, a group that decided
to remain anonymous occupied a particularly notorious
corner of the boulevard of Avenida Reforma in order to
plant a metallic monument three meters high, made of steel

painted red. Designated by its own creators as an "anti-monument," the gesture remains standing in the public street, without official authorization, the synthetic advertisement of the social networks. A sign framed in the synthesis of the hashtag: "+43" inserted itself in the same boulevard that contains various of the country's most important monuments and sculptures, an avenue that serves, in its way, as the altar of patriotic history. The metallic graft, which ultimately has had to be respected by the authorities because of pressure from citizens and intellectuals to preserve it, was not a mute sign. It was accompanied by a manifesto distributed, not surprisingly, via Internet, that digital labyrinth that, augmented into the immaterial public square, has become the theoretical hypertext of any act of public significance:

> If a monument refers to a past event that is necessary to grasp (in Latin *momentum* means "remember"), the project +43 is the construction of an "anti-monument" because it does not aspire to perpetuate memory, but to alter the perception that an incident is immovable. +43 can be defined as a permanent protest and demand for justice from the State in public space. +43 aims to demand attention from passers-by who cross through the area daily. It is an anti-monument because it is a transgression and a demand from the State that wants to forget—and wants us to forget!—the terrible reality of the daily violence that it subjects us to and that has taken the lives of more than 150,000 people and has made more than 30,000 +43 disappear. […] +43 is an anti-monument because it is destined to be removed when the State explains the more than 150,000 homicides and returns alive the more than 30,000 + 43 disappeared.[10]

We are not in the territory of art but in that of the overflowing passions of the public sphere, in an interchange of faces always harried by the possibility that the observer decides to join those as "one more." Naturally, a mobilization is not made by a series of visual objects, but by bodies and the

—

10— Comunicado Antimonumento, *Nuestra aparente rendición*, April 2015. Available at: <http://nuestraaparenterendicion.com/index.php/biblioteca/colaboraciones/item/2782-comunicado-antimonumento-%2043>. Consulted on November 15, 2015.

signs that traverse those bodies. Yet even so, it appears to me to be difficult to argue against one of the characteristics of the mobilizations that traverse the grave social crisis of Mexico of this decade, is the ascertainment of the clashes of the visual imagination and the dispute to control this space of intervention. The setting-into-motion of a political field inhabited by ghost effigies.

TEATRO OJO

(Ciudad de México, 2002) Colectivo cuya práctica se ha desplazado de los territorios propiamente teatrales hacia otras formas de pensar y concebir la escena.

Algunas de sus piezas videográficas han formado parte de exposiciones como la primera Biennale Online (2013), curada por Jan Hoet y Cuauhtémoc Medina, entre otros curadores. En 2014 se exhibió en España la pieza *México, mi amor, nunca mires atrás* en la exposición "Playgrounds" del Museo Nacional Centro de Arte Reina Sofía y en la exposición "El contrato" en Azkuna Zentroa.

A lo largo de su práctica artística, el colectivo ha realizado varios trabajos escénicos en colaboración con el MUAC, entre ellos: *Atlas Electores 2012* (2012); la participación en la pieza *Nicolas Paris: ejercicios de resistencia* (2012); la producción de la obra *Si cortas una cebolla por el medio podrás ver y contar todas las túnicas o capas que forman círculos concéntricos a su alrededor. Del mismo modo, si seccionas una cabeza humana...*; apariciones en la exposición "Ergo, materia. Arte povera", (2010); la obra *~750nm [espectro visible]*, transferencias escénicas en la pieza *Desvío al rojo* de Cildo Meireles (2009); y la instalación *Escena larvaria-El tiempo se siente menos si nos estamos quietos*, en torno a la exposición "Axolotl" (2009).

Otras piezas escénicas relevantes son: *Sesión permanente*, FONCA-UNAM (2017); *Desorganizar la mímesis*, Redcat, Estados Unidos (2015); *Gran rifa d'un fabulous viatge a Mèxic*, Fira Tàrrega, España (2014); *Ponte en mi pellejo*, Friburgo, Madrid y Atenas (2012-2013); *Lo que viene*, INBA (2012); *México, mi amor, nunca mires atrás*, FONCA (2010); *¡No?* (CCU Tlatelolco, UNAM, 2008); *S.R.E. Visitas guiadas* (UNAM, 2007).

En 2011 recibieron la medalla de oro en la Prague Quadriennale, dentro de la categoría "Theatre Architecture and Performance Space". Su trabajo se ha presentado en Argentina, Colombia, España, Estados Unidos, Grecia, India, República Checa, Serbia y Suiza.

BIOGRAPHICAL SKETCH

—

TEATRO OJO

(Mexico City, 2002) A collective whose practice has shifted from theatrical territory proper to other ways of thinking and conceiving of scenes.

Some of their video pieces have been included in exhibitions like the first Online Biennale (2013) curated by Jan Hoet and Cuauhtémoc Medina, among other curators. In 2014 the piece *México, mi amor, nunca mires atrás* was shown in Spain at the exhibition "Playgrounds" at the Museo Nacional Centro de Arte Reina Sofía and at the exhibition "El contrato" at Azkuna Zentroa.

The collective has completed several stage productions in collaboration with the MUAC, including: *Atlas Electores 2012* (2012); participation in the piece *Nicolas Paris: Ejercicios de resistencia* (2012); the production of the work *Si cortas una cebolla por el medio podrás ver y contar todas las túnicas o capas que forman círculos concéntricos a su alrededor. Del mismo modo, si seccionas una cabeza humana...*; appearances in the exhibition "Ergo, materia: Arte povera" (2010); the work *~750nm [espectro visible]*; stage changes in the piece *Desvío al rojo* by Cildo Meireles (2009); and the installation *Escena larvaria-El tiempo se siente menos si nos estamos quietos* in association with the exhibition "Axolotl" (2009).

Other relevant pieces for the stage are: *Sesión permanente*, FONCA-UNAM (2017); *Desorganizar la mímesis*, Redcat, USA (2015); *Gran rifa d'un fabulous viatge a Mèxic*, Fira Tàrrega, Spain (2014); *Ponte en mi pellejo*, Freiburg, Madrid and Athens (2012-2013); *Lo que viene*, INBA (2012); *México, mi amor, nunca mires atrás*, FONCA (2010); *¡No?* (CCU Tlatelolco, UNAM, 2008); *S.R.E. Visitas guiadas* (UNAM, 2007).

In 2011 Teatro Ojo received the gold medal in the category "Theatre Architecture and Performance Space" at the Prague Quadriennale. Their work has been shown in Argentina, Colombia, the Czech Republic, Greece, India, Serbia, Spain, Switzerland and the United States.

CRÉDITOS DE EXPOSICIÓN
—
EXHIBITION CREDITS

Esta publicación es una cooproducción entre el—This publication is a coproduction between MUAC , Khanabadosh y—and Zurich University of the Arts

CRÉDITOS DEL PROYECTO
—PROJECT CREDITS
EN LA NOCHE, RELÁMPAGOS (2015-2017)

Teatro Ojo
Alonso Arrieta
Héctor Bourges
Laura Furlan
Karla Rodríguez
Patricio Villareal
Fernanda Villegas

Un proyecto de—A Project by *Draft*, una iniciativa de—an initiative by **Khanabadosh (Mumbai)** y el—and **Institute for Contemporary Art Research (IFCAR), Zurich University of the Arts**

Dirección artística—Artistic Directors
Gitanjali Dang
Christoph Schenker

Curaduría—Curatorship
Helena Chávez Mac Gregor · IIE, UNAM
Cuauhtémoc Medina · IIE-MUAC, UNAM

EN LA NOCHE, RELÁMPAGOS
—AT NIGHT, LIGHTNING / VIDEOS

Teatro Ojo, en colaboración con —in collaboration with **Rafael Ortega**

Con el apoyo de—With the support of **artEDU Foundation, TV UNAM, Fundación BBVA Bancomer** y—and **Secretaría de Cultura**

SIMPOSIO TEATRAL "Y SE ME VINIERON MUCHAS IMÁGENES…"
—THEATRICAL SYMPOSIUM "AND MANY IMAGES CAME UPON ME…"

Coordinación—Coordination
Teatro Ojo
Helena Chávez (IIE-UNAM)

Participantes—Participants
Carlos Amorales y Buró Fantasma; Elia Baltazar, José Luis Barrios, José Antonio Cordero, Cráter Invertido, Ileana Diéguez, Dolores González Saravia, Manuel Hernández, Nadia Lartigue, Juan Francisco Maldonado

y—and **Esthel Vogrig; Israel Martínez,
Ana María Martínez de la Escalera,
Antonio Martínez Marvel** y—and
Federico Navarrete

Registro videográfico
—Videographic Register
**Carlos Arriaga, Alfonso Cornejo, Daniel
González, Jota Izquierdo** y—and **Arian
Sánchez**

Registro fotográfico—
Photographic Register
Enrique González Careaga

Diseño gráfico—Graphic Design
Jota Izquierdo

Coordinación del simposio—
Symposium Coordination
Marco Morales
Virginia Roy

Programas públicos—Public Programs
Luis Vargas Santiago

Procuración de fondos—Fundraising
Gabriela Fong

María Teresa de la Concha
Josefina Granados
Alexandra Peeters

Comunicación—Media
Carmen Ruiz

Ekaterina Álvarez
Francisco Domínguez
Ana Cristina Sol

Auditorio—Auditorium
Mauricio de la Cueva

Curador en jefe—Chief Curator
Cuauhtémoc Medina

AGRADECIMIENTOS
—
ACKNOWLEDGEMENTS

El Museo Universitario Arte Contemporáneo, MUAC, agradece a las personas e instituciones cuya generosa colaboración han hecho posible el proyecto *En la noche, relámpagos*.
—
The Museo Universitario Arte Contemporáneo, MUAC, wishes to thank the people and institutions whose generous assistance that have made possible the project *At Night, Lightning*.

Nicólas Alvarado, Manuel Amador, Lucía Baca, Edgar Chávez, Francisco Dorado, Ana Enamorado, Olinca Marino, Rafael Mondragón, Yolanda Morán, Gabriela Reyes, Diego Teo, Laura Valencia, Andrés Villalobos, Marissa Villarreal y—and Federico Zuvire.

Casa Xitla, Cofaddem "Alzando Voces", Defensa Madre Tierra, Familiares en Búsqueda María Herrera A.C., Fundem-Fundec, Comité de búsqueda los Otros desaparecidos de Iguala, Mujeres de Pacto y—and Serapaz.

TEATRO OJO EN LA NOCHE, RELÁMPAGOS se terminó de imprimir y encuadernar el 6 de abril de 2018 en los talleres de Offset Rebosán S.A. de C.V., Acueducto 115, col. Huipulco, Tlalpan, Ciudad de México. Para su composición se utilizó la familia tipográfica Linotype Centennial, diseñada por Adrian Frutiger. Impreso en Domtar Lynx de 216 g y Bond blanco de 120 g. Diseño y supervisión de producción Periferia. El tiraje consta de 1000 ejemplares.

—

TEATRO OJO AT NIGHT, LIGHTNING was printed and bound on April 6, 2018 in Offset Rebosán S.A. de C.V., Acueducto 115, col. Huipulco, Tlalpan, Mexico City. Typeset in Linotype Centennial, designed by Adrian Frutiger. Printed on 216 g Domtar Lynx and 120 g Bond white paper. Design and production supervision by Periferia. This edition is limited to 1000 copies.

—

pixel

pixel

extraído de la imagen

Taken from the image

del rostro desollado del normalista
Julio César Mondragón